M. KEMPINSKI & CO.

ELFI PRACHT

M. KEMPINSKI & CO.

Herausgegeben von der
Historischen Kommission zu Berlin

NICOLAI

© 1994 Nicolaische Verlagsbuchhandlung
Beuermann GmbH
Lektorat: Katrin Wiethege
Gestaltung: Dorén + Köster
Satz: Mega-Satz-Service
Lithos: O.R.T. Kirchner GmbH
Druck: Heenemann GmbH
Bindung: Lüderitz & Bauer GmbH
Alle Berlin

Der Kempinski Aktiengesellschaft, Berlin, sei
für die freundliche Unterstützung gedankt.
ISBN 3-87584-458-0

Inhalt

Geleitwort

Mit dieser Geschichte des Hauses Kempinski legt die Historische Kommission zu Berlin eine wissenschaftlich fundierte, auf allen bislang auffindbaren Quellen basierende Untersuchung vor, die frühere, verkürzte und damit unzutreffende Versuche einer Darstellung dieses Unternehmens ersetzen soll. Die Materialfunde sowohl zur Unternehmens- als auch zur Familiengeschichte waren erstaunlich vielfältig und reichhaltig. Sie ermöglichen über den Umkreis des Unternehmens hinaus auch neue Erkenntnisse zur Wirtschafts- und Kulturgeschichte Berlins. Der zeitliche Bogen ist vom Kaiserreich bis in die ersten Jahrzehnte nach dem Zweiten Weltkrieg gespannt. Alle großen politischen und wirtschaftlichen Entwicklungen in diesem Zeitabschnitt spiegeln sich in der Unternehmensgeschichte wider.

Es ist zu wünschen, daß durch diese Veröffentlichung – exemplarisch dargelegt am Haus und der Familie Kempinski – die verschiedenen Stationen der Geschichte der Juden in Deutschland als Bestandteil der deutschen Geschichte wieder deutlicher werden.

Berlin, März 1994   Stefi Jersch-Wenzel
Historische Kommission zu Berlin
Sektion für deutsch-jüdische Geschichte

Vorwort

Als der Verleger Axel Springer in den fünfziger Jahren mit der Familie Ullstein wegen der Übernahme des renommierten Zeitungs-, Zeitschriften- und Buchverlages verhandelte, äußerte er eine Bitte, die für ihn insgeheim eine Bedingung war: »Ich möchte den Namen Ullstein weiterführen dürfen. Im neuen demokratischen Deutschland sollen glanzvolle jüdische Familiennamen, die von den Nazis getilgt worden waren, wieder auferstehen.«

Die Ullsteins hatten ihr Unternehmen, das sie, ähnlich wie die Familie Kempinski, während der nationalsozialistischen Gewaltherrschaft verkaufen mußten, erst im Jahre 1952 zurückerhalten – nach jahrelangen, aus heutiger Sicht völlig unerklärlichen Verzögerungsmanövern der von den Besatzungsmächten eingesetzten Treuhänder. Von den fünf Brüdern Ullstein, die den Verlag großgemacht hatten, war nur noch einer am Leben, Rudolf, der mehr Drucktechniker als Verleger war. Unter den Angehörigen der nächsten und gar der übernächsten Generation bestand wenig Neigung, aus England oder Amerika nach Berlin zurückzukehren. Deshalb wollte man die zurückerhaltene, die »restituierte« Firma verkaufen, aber dennoch den Markennamen Ullstein erhalten. So kam Springers Wunsch den Ullsteins sehr gelegen.

Nur relativ wenige Firmennamen weisen heute in Deutschland noch wie Kempinski oder Ullstein auf jüdische Gründer und frühere Inhaber hin. Unzählige Unternehmen aller Art, am sichtbarsten aber Einzelhandelsgeschäfte, wurden während der zwölf Jahre der nationalsozialistischen Gewaltherrschaft »arisiert«, wie man den Zwangsverkauf damals bezeichnete.

In den ersten fünf Jahren, 1933 bis zu den November-Pogromen 1938, war der Verkauf »freiwillig«. Boykotte, die Aufwiegelung der Bevölkerung, Einschüchterungsmaßnahmen, Verunglimpfungen, psychischer und physischer Druck bis hin zum Terror sorgten dafür, daß die Besitzer von Unternehmen mürbe wurden und verkauften, in fast allen Fällen weit unter Wert.

Vom Herbst 1938 an wurde die »Arisierung« zwangsweise durchgeführt. Schon am 14. Oktober 1938, also vor den Ausschreitungen vom 9. und 10. November und den Massenverschikkungen von Juden in die Konzentrationslager Buchenwald, Dachau und Sachsenhausen, hatte Hermann Göring verkündet: »Die Zeit ist gekommen, um die Juden aus dem Wirtschaftsleben zu vertreiben, und ihr Vermögen muß in die Hände des Reiches übergehen ... statt als Quelle des Reichtums für inkompetente Parteimitglieder zu dienen.«

Dennoch kam ein großer Teil der »arisierten« Betriebe in die Hände von meist der NSDAP nahestehenden Privatleuten. Manche deutsche Karriere, die erst nach dem Krieg zu Erfolgen führte, begann Jahre zuvor mit der Übernahme spottbilligen jüdischen Eigentums.

In der Schlußphase der »Arisierung«, beginnend etwa 1941, versuchten die Reichsfinanzbehörden mit Hilfe der Gestapo möglichst viel von dem noch vorhandenen privaten jüdischen Vermögen einzuziehen und für das Reich zu »verwerten«. Einem Befehl des »Reichsführers SS« Heinrich Himmler zufolge sollte damit die »Endlösung«, das heißt die physische Vernichtung des deutschen Judentums, finanziert werden.

Kurz vor der »Machtübernahme« der Nationalsozialisten im Januar 1933 wurde jüdisches Eigentum im Deutschen Reich auf über zehn Milliarden Reichsmark geschätzt. Im April

1938 war es trotz der Zurechnung der jüdischen Vermögen in Österreich auf acht Milliarden abgesunken. Bei Kriegsende im Frühjahr 1945 gab es in Deutschland kaum noch Juden und so gut wie kein Vermögen in jüdischen Händen.

Anfang 1933 hatte es im Deutschen Reich ungefähr 50 000 Betriebe gegeben, die sich in jüdischem Besitz befanden. Sie wurden systematisch zwangsverkauft, »arisiert« oder auch enteignet.

Auch die bekannten Berliner »Kempinski-Betriebe« waren 1937 »arisiert« worden. Einem überlebenden Erben der Familie war es zu verdanken, daß »Kempinski« in Berlin wieder auferstehen konnte und inzwischen erneut zu einem Markenzeichen erster Güte geworden ist. Durch die »Kempinski«-Hotelkette wurde der Name dieser aus Schlesien stammenden jüdischen Gastronomenfamilie weltweit zu einem Begriff deutscher Qualitätsleistung. Anders als in vielen vergleichbaren Fällen ist sich die Leitung der heutigen »Kempinski AG« der Tatsache bewußt, daß es in der Unternehmensgeschichte auch einen nicht zu vergessenden dunklen Punkt gibt. Das Management verschweigt das in der Öffentlichkeit nicht.

»Kempinski« lebt also weiter. Verschwunden aber sind aus den Bildern der deutschen Städte und noch mehr aus dem Gedächtnis der Menschen die Namen nicht nur unzähliger kleiner Einzelhandelsgeschäfte, sondern auch die von großen Unternehmen, etwa Kaufhäusern wie N. Israel, Schocken, Tietz (dieser allerdings verschämt im »Hertie«-Konzern weiterexistierend), von Bekleidungsfirmen wie »Bamberger und Hertz« (Hauptsitz in Frankfurt a. M., mit Filialen in Köln, Leipzig und München), von überregionalen Lebensmittellieferanten wie »Eugen Schwarz an der (Münchner) Domfreiheit«, von international tätigen Ausstattungsgeschäften wie »M. Untermayer« (Augsburg) oder »F. V. Grünfeld« in Berlin, obwohl die letztere Firma unter anderem – man könnte sagen »arisiertem« – Namen weiterexistiert. Im Bankgewerbe sind einige wenige jüdische Namen wieder aufgetaucht, z. B. »Warburg« in Hamburg und »Oppenheim« in Köln; sogar einen »Rothschild«-Ableger gibt es wieder in Frankfurt, der Wiege dieses Bankiersgeschlechts.

Dem Gedenken und dem Nachdenken, dem Erinnern und Nicht-Vergessen ist auch dieses Buch über das Haus Kempinski gewidmet – Aufstieg, Erfolg, Zerschlagung und später erfolgreicher, verantwortlicher Neubeginn – nicht nur im Blick auf die Zukunft, sondern auch in Verpflichtung gegenüber der Vergangenheit.

Ernst Cramer

Einleitung

»Das ist unser neuer, faszinierender Tatsachenbericht, nein, viel mehr als ein Tatsachenbericht, fast der Roman eines Hauses, denn in seinem Mittelpunkt steht eines jener Berliner Häuser, dessen Namen man in Hamburg, in München oder Düsseldorf, in Paris, London und New York ebensogut kennt wie in Berlin: das Kempinski. Ein Haus, dessen Geschichte eine lange, glitzernde Kette von Geschichten ist, ein Defilee von berühmten Namen, von merkwürdigen Schicksalen und tollen Begebenheiten; ein Haus – nun bald hundert Jahre alt – das wie Berlin selbst im Rausch der Gründerzeit reich geworden ist, das den ersten Krieg, die Revolution, die Raffkes mit Gelassenheit ertragen hat, das wie Berlin die dunklen Jahre überlebte und schließlich aus den Trümmern von neuem erstand und seine Gäste willkommen heißt.«[1]

Mit diesem Werbetext kündigte die »Illustrierte Berliner Zeitung« 1956 den Vorabdruck des Romans »Bei Kempinski« von Hans Erman an. Die Verkürzung der Unternehmensgeschichte auf Anekdotisches, das um einige prominente Namen gruppiert wird, impliziert eine Harmonisierung, die dem Gegenstand keineswegs angemessen ist. Die hier zum Ausdruck kommende Betrachtungsweise, die die Zeit der nationalsozialistischen Herrschaft als eine von allen in gleichem Maß durchlittene und schnell überwundene erscheinen läßt, operiert mit der zweckgebundenen Herstellung einer ungebrochenen historischen Kontinuität. Diese Sicht ist gerade bei der Darstellung wirtschaftshistorischer Themen nicht selten. Es fehlen noch immer Untersuchungen, in denen mit kritischer Distanz und in problemorientierter Betrachtungsweise die Wirtschaftätigkeit von Juden als fester Bestandteil des deutschen Wirtschaftslebens verstanden und daher ihre Ausgrenzung nach 1933 als tiefgreifende, für die Betroffenen äußerst leidvolle Entwicklung herausgearbeitet wird.

Der Gegenstand der Untersuchung, ein Weinhandelsunternehmen, das auch und vor allem später im gehobenen Bereich des gastronomischen Dienstleistungsgewerbes tätig war, das glanzvolle Werden von M. Kempinski & Co. bis 1933 und der erfolgreiche Auftakt der Berliner Hotellerie mit dem Hotel »Kempinski« am Kurfürstendamm nach dem Zweiten Weltkrieg mögen dazu animieren, die dunklen Jahre des nationalsozialistischen Regimes auszublenden. Für das jüdische Familienunternehmen M. Kempinski & Co. allerdings war nach diesen zwölf Jahren nichts wie zuvor. Es ist demnach notwendig, die Firmenentwicklung parallel zur Geschichte der Juden in Deutschland zu betrachten.

An ihrem Anfang steht die West-Wanderung des Weinhändlers Berthold Kempinski aus dem Posenschen Raschkow über die schlesische Metropole Breslau in die Reichshauptstadt. Als Kempinski, der vitale und humorvolle Gründer, zu Beginn der 1870er Jahre in Berlin eintraf, war die gesetzliche Gleichstellung der deutschen Juden gerade erreicht worden. Nach den relativ liberalen Bestimmungen des preußischen Emanzipationsedikts von 1812, die jedoch wenige Jahre später wieder zurückgenommen wurden, und den nie in der vorgesehenen Form in Kraft getretenen Grundrechten der Reichsverfassung von 1849 beschloß der Reichstag des Norddeutschen Bundes 1869 im Rahmen der Verfassungsberatungen die volle rechtliche und politische Gleichheit aller Bürger ohne Unterschied des religiösen Bekenntnisses. Theoretisch konnten Juden nun öffentliche Ämter bekleiden; Gewerbefreiheit und Freizügigkeit waren schon länger gesichert.

Den gesetzlichen Fortschritten folgte bald eine Zunahme antijüdischer Ideologie und antisemitischer Aktivitäten. Schon Jahrzehnte zuvor hatten Säkularisierungstendenzen im deutschen Judentum eingesetzt: das abnehmende Interesse an der jüdischen Religion, der Zug in die Großstädte, in denen die traditionelle Lebensweise oft als unzeitgemäß empfunden wurde, Geburtenrückgang sowie die Zunahme der Taufen und Mischehen waren Symptome der gewollten Akkulturation oder beklagte Anzeichen einer Krise des Judentums – je nach Perspektive. Bis zum Ersten Weltkrieg ging es der Mehrheit der deutschen Juden wirtschaftlich recht gut. Sie gehörten überwiegend dem Bürgertum an. Einigen Kaufleuten, Bankiers und Industriellen, Wissenschaftlern, Künstlern und anderen Freiberuflern gelangen sogar glanzvolle Karrieren. Die traditionelle und problematische Konzentration der Juden in wenigen Berufssparten zeigte aber schon ihre Konsequenzen – verstärkt durch eine negative Wirtschaftsentwicklung seit 1913. Mit dem Ende des Kaiserreichs mehrten sich in dieser Bevölkerungsgruppe die Anzeichen sozialen Abstiegs und der Proletarisierung. Insbesondere mit dem Handel, in dem viele Juden ihre Existenz fanden, ging es – gesamtwirtschaftlich gesehen – bergab. Auch eine Großhandlung wie M. Kempinski & Co. konnte sich nur halten und entwickeln, wenn sie dem Zwang zur Innovation folgte.

Kommerzienrat Richard Unger, Schwiegersohn Berthold Kempinskis und Mitinhaber von M. Kempinski & Co. in der zweiten Generation, war der Repräsentant eines assimilierten, liberalen deutsch-jüdischen Großbürgertums. Unter der Ägide dieses Gentleman-Geschäftsmannes, Kommunalpolitikers und Wirtschaftslobby-isten machte das Unternehmen einen qualitativen Sprung: Kempinski – in der Reichshauptstadt konsolidiert und populär – umgab sich mit luxuriösem Ambiente und begann mit einer feineren, opulenteren Küche. Ihm zur Seite stand Hans Kempinski, der Weinhandels- und Gastronomiefachmann des Unternehmens – ein Neffe des Firmengründers. Die zwischen 1906 und 1910 erfolgten Umbauten im Stammhaus Leipziger Straße 25 waren Ausdruck dieser Entwicklung. Unter maßgeblicher Beteiligung der dritten Gesellschaftergeneration, die dem Judentum beinahe vollständig entfremdet war, wurde in der Weimarer Zeit eine tatkräftige Expansion der Firma M. Kempinski & Co. betrieben.

War die Firma bis zur Weltwirtschaftskrise 1929 weitgehend von antisemitischer Agitation und dem terroristischen Treiben der NS-Verbände verschont geblieben, so wurde das von der Rezession in hohem Maße betroffene und durch den 1933 mit der Machtübernahme durch die Nationalsozialisten einsetzenden Boykott zermürbte Unternehmen bald Beute einer Konkurrenzfirma: der Aschinger AG, die den jüdischen Familienbetrieb 1937 »arisierte«. Die Ungers und die Kempinskis teilten das Schicksal aller deutschen Juden: Sie verloren den Großteil ihres Vermögens und wurden in ein hartes Exil getrieben. Der Gesellschafter Dr. Walter Unger, ein Neffe Richard Ungers, wurde im Vernichtungslager Auschwitz ermordet. Das Lebenswerk der Menschen, die M. Kempinski & Co. aufgebaut hatten, wurde in der NS-Zeit vernichtet.

Nach 1945 versuchte der Gesellschafter Dr. Friedrich Wolfgang Unger, Sohn Richard Ungers, das Unternehmen wiederaufzubauen. Der mit Marshallplangeldern finanzierte Neubau des Hotels »Kempinski« am Kurfürstendamm war das Resultat dieser Bemühungen. Anfang 1953 erwarb die Hotelbetriebs AG, ein 1897 von dem Berliner Bankier Leopold Koppel gegründetes Unternehmen, die M. Kempinski & Co. GmbH, die Eigentümerin des Grundstücks und Betreiberin des Hotels. Damit endet die eigentliche Geschichte des Familienbetriebes Kempinski. Die Hotelbetriebs AG heißt heute Kempinski AG. Die beiden Bruchstellen in der Firmengeschichte von M. Kempinski & Co., die »Arisierung« 1937 und der Verkauf im Jahr 1953, müssen besonders deutlich herausgestellt werden; sie sind allerdings jeweils unter völlig anderen Bedingungen zustande gekommen und erfordern unterschiedliche Charakterisierungen.

Im Mittelpunkt dieser Arbeit steht – ausführlich dokumentiert – der Weg des jüdischen Familienbetriebs M. Kempinski & Co. Aufgabe wird es zudem sein, den wirtschaftlichen und kulturellen Stellenwert des Unternehmens in der breitgefächerten Berliner Gastronomie zu bestimmen. Auf die beiden Unternehmen, die in die Geschichte von M. Kempinski & Co. in so entscheidender Weise eingriffen – die Aschinger AG und die Hotelbetriebs AG – wird ausführlicher eingegangen, ohne daß hier eine Aufarbeitung ihrer Entwicklung geboten werden kann.

Der Zeitraum der Darstellung reicht von der Gründung im Jahre 1862 bis zum Ende der 60er Jahre dieses Jahrhunderts, als sich die Spuren der M. Kempinski & Co. OHG nach mehrfachem Besitzerwechsel in der Schweiz verlieren. Eine wissenschaftlichen Standards genügende Unternehmensgeschichte existierte bislang nicht.

Auf der Suche nach einer tragfähigen Quellenbasis für die vorliegende Monographie kam die Verfasserin in den Genuß der neuen Transparenz und Offenheit, wie sie in den Archiven der ehemaligen DDR seit der Wende vom November 1989 anzutreffen sind. Das Berliner Stadtarchiv machte mir dankenswerterweise den erst ansatzweise geordneten und verzeichneten Aktenbestand der Aschinger AG zugänglich, ohne den diese Arbeit nicht zustande gekommen wäre. Es handelt sich um etwa tausend Akten, von denen zahlreiche aus der alten Registratur der Firma M. Kempinski & Co. stammen: Diese Dokumente sind wohl im Zuge der »Arisierung« von der Aschinger AG übernommen worden. Schwerpunktmäßig decken die Akten die Zeit der Weimarer Republik und des Nationalsozialismus ab. Die Aschinger-Akten sowie die Registraturen anderer Firmen sind in der Folge der vom Berliner Magistrat zwischen 1945 und 1949 durchgeführten Beschlagnahmungen und Enteignungen von Unternehmen in das Berliner Stadtarchiv gelangt. Die nach 1945 im Westen neu angelegten, sicher sehr interessanten Aschinger-Akten konnten leider nicht aufgefunden werden. Erhellend waren auch die Akten verschiedener Banken, die im Zentralen Staatsarchiv Potsdam aufbewahrt werden; auch hier fehlt allerdings ein Großteil der Bestände.

Die Recherchen für diese Arbeit wurden 1990 durchgeführt. Bei der Kennzeichnung der Quellenbelege werden in dieser Arbeit die alten Archivbezeichnungen Stadtarchiv Berlin (inzwischen mit dem Landesarchiv Berlin zusammengelegt) und ZStA Potsdam (inzwischen Bundesarchiv Potsdam) beibehalten.

Es muß betont werden, daß das Kempinski-Firmenarchiv insgesamt entweder verlorengegangen ist oder sich in unbekanntem Privatbesitz befindet. Die Überlieferung der Firmenakten der Amsterdamer Filiale von M. Kempinski & Co. im Gemeentearchief Amsterdam läßt erahnen, wie reichhaltig das Kempinski-Archiv gewesen sein muß.

Bedauerlich ist, daß die Registratur der Hotelbetriebs AG durch Kriegseinwirkungen zerstört wurde; auch Akten, die über den Wiederaufbau des Konzerns im Nachkriegsjahrzehnt Aufschluß geben könnten, existieren nicht.

Insgesamt bleiben aufgrund der mangelhaften Quellenlage die Lücken in folgenden Bereichen sehr groß: die Frühzeit von M. Kempinski

& Co. in Raschkow bzw. Breslau, die Blütezeit im Kaiserreich, die Inflationsjahre und insbesondere die letzte Periode nach 1945. Die Entscheidungen des einzelnen im Management der Firma können kaum noch rekonstruiert werden, und es existiert auch wenig Material, das Aufschluß geben könnte über die Sozialverfassung des Unternehmens; die Situation der Beschäftigten bei M. Kempinski & Co. bleibt weitgehend im dunkeln. Die Verfasserin ist sich der Problematik bewußt, daß aufgrund der unterschiedlich dichten Überlieferung zu einzelnen Perioden der Firmenentwicklung eine – möglicherweise ungerechtfertigte – Schwerpunktverlagerung in dieser Arbeit erfolgt. Es ist vor allem zu bedauern, daß das Kaiserreich, die für Kempinski – objektiv und subjektiv – »beste« Zeit, nur verkürzt dargestellt werden kann.

Um so wichtiger waren die Auskünfte von Zeitzeugen. Ein Interview mit Frau Elisabeth Kohsen (s. A.), London, der Enkelin Berthold Kempinskis und Tochter Richard Ungers, gab mir viele wertvolle Informationen über die leitenden Persönlichkeiten des Familienbetriebes. Ein Interview mit Herrn Hans F. König, Bonn, seit 1942 in führender Position – zuletzt als Vorstandsmitglied – bei der Hotelbetriebs AG, hat einige wichtige Fragen die Nachkriegszeit betreffend beantwortet. Die Verfasserin ist den genannten Zeitzeugen zu großem Dank verpflichtet.

Zahlreiche Personen haben die Entstehung der vorliegenden Arbeit über das Unternehmen M. Kempinski & Co. mit der Bereitstellung von historischen Dokumenten, Anregungen, konstruktiver Kritik und ermutigendem Interesse begleitet. Ich möchte mich bedanken bei Herrn Dr. Hans Czihak und Herrn Dr. Klaus Dettmer, die mich im Stadtarchiv und Landesarchiv Berlin betreuten, bei Herrn Prof. Dr. Wilhelm Treue (†), Herrn Prof. Dr. Dr. Wolfram Fischer, Herrn Prof. Ernst Cramer, Herrn Thomas Jersch, Frau Dr. Monika Richarz und meinen Kolleginnen und Kollegen im Duisburger Steinheim-Institut. Herrn Dr. Hermann Simon danke ich für sein vermittelndes Engagement. In ganz besonderem Maße danke ich Frau Prof. Dr. Stefi Jersch-Wenzel, die drei Jahre lang die Untersuchung betreut und mit bewundernswerter Geduld den – nicht immer einfachen – Prozeß der Veröffentlichung zu einem Abschluß gebracht hat.

Anmerkung

Die Auslassungspunkte in den Zitaten markieren Auslassungen, die die Vf. vorgenommen hat.

1 Illustrierte Berliner Zeitung, Nr. 35 vom 1. September 1956. Die Ankündigung wird dem Buch von Hans Erman keineswegs gerecht. Der Autor konnte noch Quellenmaterial – insbesondere Zeitzeugenberichte – benutzen, das heute verloren ist. Seine Charakteristik des Spezifischen eines Gastronomiebetriebes wie M. Kempinski & Co. zeigt erhebliche interpretatorische Sensibilität.

I. Gründung, Konsolidierung und Prosperität im Kaiserreich

Von Raschkow über Breslau nach Berlin

Moritz Kempinski (1835–1910)

Berthold Kempinski (1843–1910)

Die Kempinskis stammen aus dem Posenschen Städtchen Raschkow, Kreis Adelnau. Es war eine vielköpfige Familie: Berthold Kempinski (1843–1910) und sein älterer Bruder Moritz (1835–1910) hatten mehrere Geschwister, deren Lebensweg wir leider nicht kennen. Die Mutter Rosalie, geborene Liebes, war früh gealtert, eine kranke Frau, de-

ren »unerschöpfliche Güte« und Sorge ihren vielen Kindern galt. Der Vater Raphael[1] hatte seine Vitalität und Fröhlichkeit, seinen Optimismus und Familiensinn dem Sohn Berthold vererbt; auch er war Kaufmann und offenbar erfolgreich: »Mit greifbarer Lebendigkeit steht Dein Vater vor mir: Gesund, kräftig, lebensmutig, die Freude an des Lebens süßer Gewohnheit aus

15

den Augen blitzend und das gütige Herz erfüllt von sieghaftem Humor; mit scharfem Verstande und weitem Blick einen großen kaufmännischen Wirkungskreis beherrschend, ragte er hoch empor über seine Umgebung.«[2]

Die Eltern legten großen Wert darauf, daß Berthold in den Genuß einer Gymnasialbildung kam. Die dem Sohn anläßlich seiner Heirat zugedachte Aussteuer wurde sorgfältig und liebevoll von der Mutter zusammengestellt – das sind Hinweise dafür, daß die Kempinskis schon in der Posener Provinz zum bürgerlichen Mittelstand gehörten, aufstiegsorientiert und bereit, über die Grenzen der Kleinstadt hinauszuschauen. Der jüdischen Familie Kempinski ging es offenbar in Raschkow recht gut.

Berthold Kempinski ließ die Beziehungen zu seiner Heimat nie abreißen. Auch dem späteren, erfolgsverwöhnten Berliner Gastronomen, in den Augen seiner Zeitgenossen ein typischer Selfmademan, bedeutete die emotionale Verbundenheit mit Herkunftsmilieu und Familie viel. Am Grab des Firmengründers führte sein Neffe Justizrat Dr. Strassmann aus:

»Welche Erfolge auch Deiner Ehrenhaftigkeit, Deinen kaufmännischen Talenten und Deinem unermüdlichen Fleisse beschieden waren, die wahren Wurzeln Deiner Kraft liegen in der Heimat und in Deinem Elternhause. Klein und unbedeutend ist Deine Heimatstadt und weltabgeschieden liegt sie im Posener Lande. In zärtlicher Liebe hingst Du an ihr, mit herzlichem Interesse und werktätig verfolgtest Du ihre Geschicke. Treue hieltest Du den Gespielen und Freunden Deiner Kindheit, und kein Landsmann suchte Dich auf, der nicht Deine Hilfe, Deinen Rat und herzliche Aufnahme gefunden hätte. Mit welcher Freude und wie gern sprachst Du von Deiner Gymnasiastenzeit, und wem schlug das Herz nicht höher, wenn er von der Heimat und dem Elternhaus Dich leuchtenden Auges und mit lebhaften Mienen fast mehr erzählen sah als erzählen hörte.«[3]

Über die religiöse Orientierung der Kempinskis wissen wir leider nur sehr wenig. Berthold und seine Frau gingen in Berlin in die liberale Synagoge in der Oranienburger Straße. Die Enkelin erinnert sich, daß die Großeltern »irgendwie noch sehr jüdisch« waren; religiöse Feste im Familienkreis hat sie allerdings nicht miterlebt.[4]

Ob Raphael Kempinski schon mit Wein handelte, wissen wir nicht. Auf jeden Fall hat Berthold erste Erfahrungen in seinem späteren Metier gesammelt, indem er als Vertreter für Ungarweine mit einem kleinen Wagen durch die Region reiste; seine besten Kunden sollen Gutsbesitzer und Landpfarrer gewesen sein.[5]

Bald aber reihten sich die Brüder Moritz und Berthold Kempinski in die Wanderungsbewegung ein, die zahlreiche Juden Posens in den Westen führte. Posen, diejenige Provinz des preußischen Königreichs mit dem höchsten Anteil jüdischer Bevölkerung, war auch Preußens Schlußlicht im Hinblick auf die Emanzipation der Juden. Bis zur Revolution von 1848 hatte hier das Reformedikt von 1812, das den Juden in Preußen staatsbürgerliche Rechte und Freizügigkeit brachte, nur eingeschränkt Gültigkeit. Für einzelne Juden bestand in Posen seit 1833 die – an Bedingungen geknüpfte – Möglichkeit, sich naturalisieren zu lassen. Positiv wirkten in Posen allerdings das Fehlen judenfeindlicher zünftlerischer Restriktionen und das Florieren eines breitgefächerten jüdischen Schulwesens. Posen war auch ökonomisch und kulturell die am weitesten zurückgebliebene Provinz im Königreich. Juden hatten hier nur geringe Aufstiegschancen und wanderten daher bis 1848 in großer Zahl nach Übersee aus.[6] Zwischen 1848 und 1871 setzte verstärkt die jüdische Binnenwanderung aus Posen (aber auch aus Westpreußen, Pommern etc.) nach Schlesien ein. Die jüdische Bevölkerung Schlesiens verdreifachte sich zwischen 1816 und 1871, wobei Breslau an der Spitze stand.[7] Von dort aus ging die Ost-

Helene Kempinski geb. Hess (1855–1932)

Moritz Kempinski zunächst unter seinem Namen ein Geschäft eröffnete, in das er dann zwei Jahre später seinen jüngeren Bruder Berthold als Kompagnon aufnahm. Seitdem firmierte die Weingroßhandlung in Breslau als M. Kempinski & Co.[12] Das Geschäft befand sich zunächst in der Albrechtstraße 13, später am »Ring« in der Ohlauerstraße 79. Eine Filiale in Mad bei Tokay sorgte für den prompten Warennachschub.

Nachdem die Brüder mehrere Jahre zusammengearbeitet hatten, kam es zu Auseinandersetzungen, in deren Verlauf Berthold Kempinski sich entschloß, aus der Breslauer Firma auszuscheiden und nach Berlin zu gehen. Die Geschwister trennten sich dann offenbar doch in Güte. Moritz gab sein Einverständnis, daß das Berliner Geschäft ebenfalls unter der Firmenbezeichnung M. Kempinski & Co. eingetragen wurde.

Die Breslauer Weinhandlung existierte auch weiterhin und wickelte in den ersten Jahren die Warenlieferungen für das neue Berliner Etablissement ab. Im März 1910 schrieb der »Berliner Börsen-Courier«, daß das Weinhaus M. Kempinski & Co. in Breslau noch immer floriere. Allerdings hatte Moritz Kempinski vermutlich keine direkten und geschäftstüchtigen Nachkommen. Geschäftsführer, nach dem Tod Moritz Kempinskis am 15. August 1910 möglicherweise auch Inhaber, war Eduard Krause, 1908 Vorstandsmitglied des 1901 gegründeten Vereins schlesischer Weinhändler e.V. Breslau, einer Zweigstelle des Zentralverbandes der Weinhändler Norddeutschlands.[13]

1930 wurde die Breslauer Weinhandlung von der Berliner Firma übernommen, nachdem unerquickliche Querelen mit den Erben Moritz Kempinskis durch Vergleich ihren Abschluß gefunden hatten.

In Breslau lernte Berthold Kempinski auch seine Ehefrau Helene Hess (1855–1932) kennen. Die zwölf Jahre jüngere Leipzigerin unterstützte ihren Mann in allen geschäftlichen

West-Wanderung oftmals weiter in die aufstrebende preußische Metropole Berlin. 1871 lebten in Posen 62000 Juden, 1910 war der jüdische Bevölkerungsteil auf 26000 gesunken.[8] Die Auswanderung begünstigte vielfach den wirtschaftlichen Aufstieg der Daheimgebliebenen.[9]

Moritz Kempinski ging als erster nach Breslau und eröffnete dort im Jahre 1862 eine Ungarweingroßhandlung. Das Gründungsjahr 1862 kann als gesichert gelten. Das Datum wird in einer Werbebroschüre genannt, die die Berliner Firma M. Kempinski & Co. um 1913 herausgegeben hat[10], es erscheint in Briefköpfen, auf Speisekarten, Weinpreislisten und in anderen Geschäftsdrucksachen. Auch als Richard Unger 1909 die Mitglieder des Geschichtsvereins »Brandenburgia« durch das Haus Kempinski führte, sprach er davon, daß die Firma »als Weingroßhandlung in Breslau im Jahre 1862 entstanden«[11] sei. Gelegentlich wird auch 1864 als Gründungsdatum genannt. Die Differenz kommt möglicherweise dadurch zustande, daß

Angelegenheiten. Sie stand zunächst in der Restaurantküche, kümmerte sich um wohltätige Stiftungen und hielt das Geld zusammen. Während Berthold Kempinski zwar in bezug auf seine persönlichen Bedürfnisse bescheiden, sonst aber doch großzügig war, näherte sich Helenes Sparsamkeit dem Geiz. »Richtig bürgerlich gut« – so charakterisiert die Enkelin im Jahre 1990 ihre Großmutter. Das Verhältnis zwischen den Eheleuten war trotz der zur Schau getragenen Nüchternheit und Zurückhaltung von intensiver Emotionalität geprägt: »Galant, lieber Onkel, warst Du nicht, und ich glaube kaum, daß Du Deiner Frau jemals eine Liebeserklärung gemacht hast. Aber wenn Du Chajeleben sagtest, dann klang eine Welt von Liebe und Zartsinn mit, die tiefe Verehrung für sie, Deine treue Gefährtin, die beste und selbstloseste Mitarbeiterin an Deinem Lebenswerke.«[14]

Helene und Berthold Kempinski gingen nach Berlin, um hier in der Friedrichstraße, die sich zum Zentrum der preußischen Hauptstadt entwickelte, ein Geschäft zu eröffnen. Das war im Jahr 1872 oder 1873[15], während des Höhepunktes der Gründerzeit also. Zunächst war es nur eine kleine Weinhandlung in der Friedrichstraße 178, Ecke Taubenstraße: »Der Satz ›Was ein richtiger Berliner ist, kommt aus Breslau‹ bewahrheitete sich auch an Berthold Kempinski. Er wurde am Ufer der Spree ein ›richtiger Berliner‹, der mit klugem Blick die Bedürfnisse der Großstadtbevölkerung erkannte.«[16]

Lagerräume befanden sich im Laufe der Jahre in der Königstraße 4–5, 50 und 61, in der Heiligegeiststraße 26–28, in der Potsdamer Straße 127, der Kommandantenstraße 24 und der Friedrichstraße 218, bis 1913 die Bestände in den riesigen Zentralkellereien im Haus in der Friedrichstraße 225 zusammengelegt werden konnten.

Das zunächst auf den Weingroßhandel beschränkte, gemietete Geschäftslokal befand sich zu ebener Erde in einem normalen, äußerst bescheidenen Wohnhaus. Um interessierte Käufer vor Ort von der Güte der angebotenen Ware überzeugen zu können, wurde bald eine Weinprobierstube eingerichtet[17], aus der eine Schoppenstube wurde, die nicht nur Weinhändlern zugänglich war. Hinter dem Laden befand sich das kleine Lokal, ein schmaler, enger, düsterer Raum, die Wände dicht mit Flaschenregalen verstellt. Auch die Fässer waren in Sichtweite der Gäste arrangiert. Ungefähr zwanzig Personen fanden in der Verkaufsstube Platz, an die sich die Küche und die Privatwohnung anschlossen.[18] Das neue Etablissement bewegte sich im Rahmen der damals üblichen Gaststätten»kultur«, die nicht hochentwickelt war und meistens nur einen »ungenügenden, engen und dumpfigen Aufenthalt«[19] ermöglichte, den man unter Umständen auch als ganz gemütlich empfinden konnte. Die sanitären Verhältnisse im Hause Friedrichstraße 178 müssen anfangs äußerst primitiv gewesen sein und veranlaßten Berthold Kempinski am 17. April 1879 zu einer Beschwerde bei der »wohllöblichen Ortspolizei-Verwaltung für die Canalisation zu Berlin«. Das im Hof gelegene und von anderen Mietern mitbenutzte »Closet« sei völlig verrottet und mache sich unangenehm bemerkbar: »Es [das Closet; E.P.] ist verstopft, die Wasserleitung versagt ganz, die Excremente reichen bis über die Brille und es verbreitet einen gesundheitsgefährlichen Gestank. Wir besitzen ein Restaurant und sind demnach auch unseren Gästen gegenüber in einer sehr unangenehmen Lage.« Der Vermieter habe sich bisher allen Sanierungswünschen gegenüber indolent gezeigt.[20]

In dieser wenig luxuriösen Atmosphäre bot Kempinski seinen Gästen bald auch neben Wein einen kleinen Imbiß: Standen zunächst nur ein Glas mit Soleiern und Brötchen auf der Theke, so ging Helene Kempinski nach einiger Zeit dazu über, einfache, solide Gerichte zuzubereiten: beispielsweise Kalbsbratwürste, Kalbsschnitzel, Gulasch, Zwiebelleber und vielleicht auch Krebse im Kräutersud.[21] Ungefähr fünfzehn Jahre lang befand sich die Weingroßhandlung Kempinski im Hause Friedrichstraße 178. Das gastronomische Angebot wird im Laufe der Zeit reichhaltiger geworden sein. Es scheinen auch hier schon die ehemals preiswerten Saisondelikatessen serviert worden zu sein, die so hervorragend zu gutem Wein passen: Austern, Hummer, Muscheln, Krebse, Kaviar.[22] Das Emblem des Hauses, ein mit Austernschalen geschmücktes Weinfäßchen, signalisierte am Eingang das Angebot.[23] Kempinski hat sich um die Popularisierung dieser kulinarischen Raritäten verdient gemacht. Eine »Art Revolution im Restaurantbetrieb«[24] bedeutete später die Einführung unkomplizierter Gerichte und zwar – das war Berthold Kempinskis genuine Idee – zum Einheitspreis und wahlweise zu bestellen als ganze Portion für 1,25 M und als halbe Portion für 0,75 bzw. 0,85 M. Auch als die Menüs im späteren Nobelrestaurant Kempinski immer feiner, raffinierter und reichhaltiger wurden, behielt man das Konzept der halben Portion und der festgelegten Preise bei. Sie ermöglichten auch weniger zahlungskräftigen Kunden ausgefeilte gastronomische Genüsse in schöner Umgebung und mehrten Ruhm und Erfolg des Hauses.

Berthold Kempinski ließ seinen Gästen von Anfang an viel persönliche Zuwendung zuteil werden; auch in der Leipziger Straße noch begrüßten der Seniorchef und sein Schwiegersohn Kommerzienrat Richard Unger persönlich ausgewählte Gäste. Allerdings war Berthold Kempinski nüchtern und selbstbewußt genug, sich durch gesellschaftlichen Rang und Glanz nicht beeindrucken zu lassen. Natürliche Liebenswürdigkeit, Humor, der manchmal einen sarkastischen Einschlag hatte, meistens aber gutmütig blieb, Bescheidenheit und eine ausgeprägte Fähigkeit, sich in die Psyche anderer einzufühlen, machten Berthold Kempinski bald zu einem der beliebtesten Gastronomen Berlins. Menschen zu ermutigen und zufriedenzustellen, war Leitmotiv seines Wirkens. So beruhigte er einmal einen Gast, der – auf einen ganz speziellen Beaujolais abonniert – dem Kellner unterstellte, ihm die Flasche mit gleichem Etikett, aber minderer Qualität kredenzt zu haben:

»Kempinski ließ sich ein Glas geben, schenkte ein, hielt den Wein gegen das Licht, kostete, ließ den Wein auf der Zunge vergehen, kostete nochmals, schnalzte, stellte behutsam das Glas nieder und sagte mit wichtiger Miene: ›Sie haben recht, es ist nicht die gleiche Qualität. Ich bin erstaunt, daß Sie ein so großer Weinkenner sind, denn der Unterschied ist nur für ganz große Feinschmecker zu bemerken. Ich werde Ihnen eine andere Flasche kommen lassen.‹« Dabei wußte Kempinski natürlich, daß es genau derselbe Wein wie stets war, daß lediglich eine spezielle Speise die Geschmacksnerven des Gastes getrübt hatte. Indem er den Mann in seinen Gourmet-Fähigkeiten bestärkte, gewann Kempinski einen guten und treuen Kunden.[25]

Als Helene Kempinski in der Friedrichstraße ihren Gästen neben den unprätentiösen Gerichten einmal einen opulenten Gänsebraten anbot, blieb der Erfolg aus. Eine Portion war aber doch bestellt worden – von Berthold Kempinski, der seine Frau trösten wollte.[26]

Ohne Frage: Kaufmännische Kreativität und Tüchtigkeit, weinfachliche Kenntnis und das gewinnende Wesen des Chefs machten das Weinrestaurant Kempinski bei der Berliner Bevölkerung so beliebt, daß man sich nach größeren, bequemeren Räumlichkeiten umzusehen begann.

Frieda Unger geb. Kempinski (1880 – nach 1955)

D er Umzug aus der »Klitsche« in der Friedrichstraße in das Berthold und Helene Kempinski gehörende vierstöckige Haus in der Leipziger Straße 25 markiert eine deutliche Zäsur in der Unternehmensgeschichte: Die Firma war nun etabliert. Am 1. Juli 1889 öffnete das Stammhaus Kempinski seine Pforten. Noch zeigte sich das schmale Gebäude – inmitten niedriger Wohn- und Geschäftshäuser gelegen – eher bescheiden, noch dominierten die je zwei großen Schaufenster im Erd- und ersten Obergeschoß, in denen das Leinenhaus F.V. Grünfeld seine hochwertigen Produkte präsentierte. Am 1. Oktober 1889 hatte das Landeshuter Textilunternehmen hier

sein erstes Berliner Verkaufshaus eingerichtet; erst 1904 zog Grünfeld in das eigene große Haus in der Leipziger Straße 20.[27]

Einen weiteren Schritt vorwärts tat M. Kempinski & Co. um die Jahrhundertwende mit der Erweiterung der Geschäftsleitung. 1899 trat der junge Richard Unger in die Firma ein. Unger, am 6. Juli 1866 geboren, entstammte einer Erfurter jüdischen Familie. Sein Vater Friedrich Unger (1826–1898) war dort als Kaufmann, Lotterie-Einnehmer, Inhaber eines Bankgeschäfts, Hofagent und Kommissionsrat tätig gewesen.[28] Nach dem Besuch des Realgymnasiums in Erfurt und einer Lehre im Berliner Bankhaus Veit Simon trat Unger in das väterliche Geschäft ein, obwohl feststand, daß sein älterer Bruder Gustav Juniorchef werden würde und für den Jüngeren daher kaum Entfaltungsspielraum blieb. Richard Unger blieb sehr lange in Erfurt, bis er sich entschloß, in Berlin sein Glück zu suchen. Er muß dann auf Berthold Kempinski und vor allem auf dessen einzige Tochter Frieda rasch einen nachhaltigen Eindruck gemacht haben. Am 7. Februar 1900 heiratete Richard Unger Frieda Kempinski. Unger hatte große Talente als Finanzier und baute sich im Laufe der Zeit einflußreiche Verbindungen auf, z.B. zu Dr. Emil Georg von Stauß, Vorstandsmitglied der Deutschen Bank. Er war der Gesellschafter, der die Konzeption des Unternehmens bestimmte und M. Kempinski & Co. nach außen repräsentierte. Unger war der richtige Mann, die geschäftliche Expansion von M. Kempinski & Co. schwungvoll, aber auf solider Grundlage zu realisieren. Unterstützt wurde er dabei von Hans Kempinski und den später in die Firma eintretenden Gesellschaftern, die sämtlich Familienmitglieder waren.

v.l.n.r.: Richard Unger (1866–1947), Frieda Unger, unbekannt

Die Kempinskis hatten volles Vertrauen zu ihrem Schwiegersohn, der zweifellos dazu ausersehen war, dereinst Chef des Hauses zu werden. Im Jahre 1900 wurde Richard Unger Mitgesellschafter von M. Kempinski & Co. Am 23. März 1900 erteilte ihm sein Schwiegervater die Generalvollmacht. Unger hatte nun das Recht, Berthold Kempinski »in allen [seinen] Angelegenheiten zu vertreten und Rechtsgeschäfte aller Art für [ihn] abzuschließen«.[29] Rabbiner Dr. Malvin Warschauer betonte in seiner Grabrede auf den Firmengründer dessen enges Verhältnis zum Schwiegersohn und setzte es in Relation zu den anderen verwandtschaftlichen Beziehungen:

»Mit der zärtlichsten Liebe hing er [Berthold Kempinski; E.P.] an seinem einzigen Kinde, der Tochter, und übertrug das gleiche starke Gefühl auf ihren Gatten, der ihm ein Sohn, auf ihre Kinder, die die Freude seines Lebensabends wurden. Und über den Kreis dieser Nächsten hinaus, in der ganzen größeren Familie betätigte sich seine hilfsbereite, teilnehmende Liebe, die zumal dem älteren Bruder, seinem dereinstigen Führer in Dankbarkeit ergeben und besonders dem Neffen zugewandt war, der wiederum zu ihm wie zu einem Vater in dankbarer Verehrung aufblickt.«[30]

Als Richard Unger Frieda Kempinski heiratete, war nämlich schon ein anderer junger

Mann in der Firma tätig, der in den nächsten Jahren in die Führungsetage aufrückte: Bertholds Neffe Hans Kempinski, Jahrgang 1875. Die Enkelin des Firmengründers erzählte, daß Hans Kempinskis Vater, eines der vielen Kinder von Raphael und Rosalie Kempinski, die Familie verlassen habe und nach Amerika gegangen sei. Das Kind blieb als Halbwaise in Breslau zurück.[31] Um 1890 holte Berthold Kempinski seinen Neffen nach Berlin und bot ihm die Gelegenheit, im Hause Kempinski eine Lehre zu absolvieren. Da der Junge sich als anstellig und intelligent erwies, wurde er später nach Bordeaux geschickt, um seine Kenntnisse des Weingeschäfts zu erweitern. Hans Kempinski – »klein, schmal, zäh, nervös, … der Typ des heutigen Managers« – entwickelte sich im Laufe der Zeit zu einem kenntnisreichen Wein- und Gastronomiefachmann.[32] Im Jahre 1901 wurde er Mitgesellschafter von M. Kempinski & Co.

Mit der Aufnahme von Richard Unger und Hans Kempinski als Gesellschafter wurde M. Kempinski & Co. um die Jahrhundertwende zur offenen Handelsgesellschaft. Diese juristische Form war einem Unternehmen angemessen, »bei welchem die persönliche Note und die traditionsgebundene Betriebsführung eine außerordentlich wichtige Rolle« spielten, das also vom Patriarchalismus und der Verantwortung der Chefs geprägt war. Eine Gesellschaft auf Aktien hätte allerdings wohl in den Jahren der Expansion und des schlechten Geschäftsgangs für eine solidere Kapitalbasis gesorgt.[33]

Infolge der wachsenden Popularität des Weinhauses Kempinski erwiesen sich durchgreifende bauliche Veränderungen am Gebäude in der Leipziger Straße als notwendig. Das expandierende Unternehmen vergrößerte sich durch den Hinzukauf benachbarter Häuser. 1897 wurde das Grundstück Krausenstraße 73, 1906 Krausenstraße 72 und der Neubau Krausenstraße 74 erworben. 1912 kam das Eckgrundstück Krausenstraße 71, Friedrichstraße

198–199 hinzu, in dem im gleichen Jahr das erste Kempinski-Feinkostgeschäft eröffnet wurde. Das Weinrestaurant Kempinski umfaßte schließlich einen ganzen Gebäudekomplex mit großen Hofflächen und architektonisch schwer zu lösenden Gestaltungsproblemen:

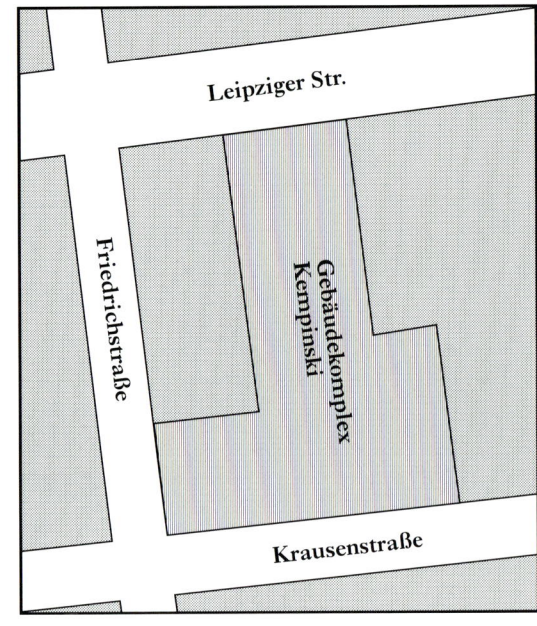

1906/07 beschritt Kempinski den Weg, den die in der Reichshauptstadt erfolgreichen Bierpaläste der bayerischen Brauereien und als erstes Weinrestaurant 1905 das Haus Trarbach mit seinen exquisiten Jugendstil-Interieurs von Richard Riemerschmid vorangegangen waren: Die Firma baute ihr Stammhaus in der Leipziger Straße 25 zu einem riesigen, luxuriösen Speiselokal aus. Die Hauptaufgabe, die sich dem leitenden Architekten Alfred J. Balcke stellte, war die Vereinheitlichung der zu verschiedenen Gebäuden gehörenden Fassaden sowie die der Innenräume. Ein Konglomerat diverser Baulichkeiten sollte in ein stilistisch homogenes Ganzes verwandelt werden. Die

Die Weinhandlung M. Kempinski & Co., Stammhaus in der Leipziger Straße 25, 1908

Detail der Giebelfassade, Leipziger Straße, 1908

Lösung, die Balcke schließlich fand, wurde von der Architekturkritik als Versachlichung beschrieben, die sich vom Prunk bestehender Großetablissements wohltuend abhebe.[34]

Das neue Kempinski-Haus zeichnete sich dadurch aus, daß das geschmacklich zweifelhafte Pompöse durchweg vermieden wurde; sehr verspielte und sogar exzentrische Gestaltungselemente fehlten allerdings nicht. Innen wie außen dominierte der Stil, der gerade en vogue war: Jugendstil mit Art déco-Einschlag. Die Fassade in der Leipziger Straße bildete nun einen starken Kontrast zu den schlichten Geschäftshäusern in der Nachbarschaft.

Die großen Schaufenster in der ersten Etage, früher von Grünfeld genutzt, wurden verkleinert und den Fenstern der übrigen Geschosse angeglichen.[35] Die beiden ersten Stockwerke präsentierten sich nach dem Umbau in einer Verkleidung aus rotem polierten schwedischen Granit, der mit Verzierungen aus Mutzscher Majolika besetzt war. Die oberen Geschosse waren verputzt und mit Kalkstuck-Dekorationen versehen. Das auffallendste Stuckelement stellten zweifellos die unter dem Dachsims tanzenden, von Trauben umgebenen, Galionsfiguren ähnlichen Weingöttinnen dar. Die Eingangstüren waren aus schwerer Bronze. Zusätzliche Aufmerksamkeit zog die Fassade dadurch auf sich, daß der Putz mit Keimschen Mineralfarben mehrfarbig bemalt und vergoldet war, wie eine Bauzeichnung des Architekten in der »Berliner Architekturwelt« von 1907 erkennen

läßt, die in dieser Form allerdings nicht ausgeführt wurde.

In der Krausenstraße gelang die optisch einheitliche Gestaltung der Fassaden. Vor allem hier bereitete dem Architekten und der ausführenden Firma Joseph Fraenkel der Wunsch von M. Kempinski & Co. große Schwierigkeiten, den gastronomischen Betrieb während des Umbaus fortzuführen. Insbesondere die Beibehaltung der rundbogenförmigen Parterrefenster mit ihren Sandsteingewänden war wohl ursprünglich nicht vorgesehen. Die Fassade in der Krausenstraße wurde vollständig verputzt, aufgelockert durch von Hand angebrachte Ornamente aus der Werkstatt des Bildhauers Robert Schirmer, der auch die berühmten, grün schimmernden Bacchusreliefs im Innern des Hauses schuf. Auch hier war der Putz mit mehrfarbiger Malerei versehen. Der große Erker war mit Kupferplatten verkleidet, was Assoziationen an wilhelminische Panzerschiffe weckte.[36] Das Dach wurde mit roten Biberschwänzen gedeckt. Das derart gestaltete Weinhaus Kempinski lockte seine Gäste mit einem farbenfrohen, heiteren Äußeren an.

Die Aufteilung und Gestaltung der Räumlichkeiten wurde entscheidend verändert. Es erfolgte eine funktionale Gliederung der Etagen, bei der nur die im zweiten und dritten Stockwerk gelegene Wohnung von Berthold und Helene Kempinski etwas störte. Zum Haus gehörten zwei Weinkeller. Der untere Weinkeller, das Faßlager, zog sich unter dem gesamten Gebäude hin. Im oberen Keller waren die Flaschenweine für den täglichen Verbrauch und Verkauf, die Austernbrechräume, die Schreib- und Telefonzellen, die marmornen Toiletten, die Arbeitsräume und die Unfallstation untergebracht. Im Erdgeschoß lagen der Weinladen und das Restaurant mit seinen überwiegend unveränderten Räumlichkeiten. Im ersten Obergeschoß präsentierten sich die neugestalteten Säle in phantasievollem Glanz. Hier fand

M. Kempinski & Co., Stammhaus Ansicht Krausenstraße, 1907

auch die Verwaltung ihre Unterkunft, und zwar Hauptbüro, Buchhaltung, Kasse, Expedition, Personalbüro und chemische Prüfstelle. Im zweiten Obergeschoß lagen die Küchen- und Vorratskammern, die Bäckerei und Konditorei, die Hefefabrikation und die Fleischerei, die Versilberei, Verzinnerei, Seifensiederei, Teller- und Glas-Malerei, die Kupferschmiede zur Ausbesserung der Kasserollen und Pfannen sowie eine Schlosserei. Bis auf die im dritten Stockwerk befindliche Dampfwäscherei waren alle Wirt-

schaftsräume auf der zweiten Etage, im Seitenflügel und im Quergebäude untergebracht. Den Abschluß bildete die Bon-Zählstelle im vierten Geschoß.[37]

Als Richard Unger am 17. Februar 1909 die Mitglieder des Geschichtsvereins »Brandenburgia« durch die Räume in der Leipziger Straße führte und ihnen einen Überblick über die Entwicklung des Hauses gab, wurde sein Stolz auf die Errungenschaften des technischen Fortschritts besonders deutlich: M. Kempinski &

Porzellan- und Glas-Malerei im Stammhaus Leipziger Straße, 1913

Küche im Stammhaus Leipziger Straße, 1913

Blick in die Bäckerei, Leipziger Straße, 1913

Co. besaß eine Müllverbrennungsanlage, Kühlräume, ein Kesselhaus und eine Akkumulatorenanlage.[38]

Auch im Inneren überwog eine Stilmischung aus Jugendstil und Art nouveau. Im Vestibül waren die Wände und der Fußboden aus grauem Marmor, verziert mit Mosaiken in Grün, Rot und Gold. Hier befand sich auch die Auskunftei, ein schalterähnliches Gebilde aus Edelholz, in der das Treffbuch auslag, eine Kempinskische Besonderheit, die der Kommunikation unter den Gästen diente. Im weiträumigen, prächtigen Treppenhaus fiel gleichfalls die farbenfrohe Gestaltung auf:

»Die Wände des Treppenhauses sind mit griechischem Cipollinmarmor bekleidet. Ein Wandbrunnen mit einem Relief des jungen Dionysos und Faunenmasken vom Bildhauer Hans Latt schmückt die eine Längswand. Die Füllungen des Geländers sind in Stucco, wie solche an der Fensterwand, ausgeführt. Ein großes dreiteiliges Fenster mit reicher Glasmalerei nach Kartons des Kunstmalers Fr. W. Mayer ausgeführt, bringt einen Bacchuszug, tanzende Mänaden, Panther usw. zur Darstellung. An der reich vergoldeten Decke hängt ein in Bronze getriebener, mit Rubinglastropfen dekorierter Beleuchtungskörper. ... Hier ist alles prickelnde Lebendigkeit, Weiß, Grün, Gold. Die Pracht des malerisch koloristischen Eindrucks ist zu einer für Berlin ungeahnten Höhe gesteigert. Wieder sind von besonderer Schönheit die grünen Mosaiks, schuppenförmig geordnet, am Rande mit hängenden Tropfen aus schillerndem Perlmutter. Der Reiz des Materials ist in jeder Beziehung überwältigend. Man müßte byzantinische Prunkarbeiten zum Vergleich heranziehen, wenn man Verwandtes anführen wollte.« Und die Glasfenster im Treppenraum hätten eine mittelalterliche Farbenglut ausgestrahlt.[39] Kempinski konnte mit einigen neugeschaffenen Räumlichkeiten glänzen: dem Erkersaal, dem

Grauen und dem Gelben Saal, dem Burgensaal und dem Estradensaal. Der vornehm, wohl auch etwas kühl wirkende Graue Saal galt innenarchitektonisch als besonders gelungen. Hier waren die Jugendstilelemente sehr ausgeprägt, hier schmückten die ansprechenden Bacchuszüge Schirmers die Wände:

»Der graue Saal ist in grau gebeiztem schwedischen Björkholz und glattem und gemasertem Ahornholz ausgeführt. Plaketten, Gesimse und Zierleisten sind in versilbertem Cartonpierre gearbeitet, die ummantelten Pfeilerausbildungen mit versilberten Metallstäben wurden in die Beleuchtungen eingebaut. Ein ringsumherlaufender Sockel aus Napoleon-Marmor schließt das Paneel nach unten ab. Von den ovalen Kuppeln des Plafonds hängen die ebenfalls in versilbertem Metall und Bernsteinperlen ausgeführten Beleuchtungskörper. An der Rückwand, über den gerundeten Nischen sind Reliefs, der Weinbau, das Keltern, der Tanz usw. eingelassen. Die Pilaster endigen in originellen Masken. Zwei große Fenster mit rotseidenen applizierten Vorhängen erhellen den Saal.«[40]

Der Burgensaal hingegen präsentierte sich eher konventionell. Die Decken in Gelb und Blau und die großflächigen Wandmalereien sorgten hier für ein farbenfrohes Ambiente. Die Gemälde stellten dar: Burg Rheinstein, die Wartburg, Schloß Eltz und Schloß Heidelberg. Max Creutz monierte die mangelnde künstlerische Qualität der Wandmalereien.[41]

Auch im neuen Gelben Saal überraschte eine originelle Farbgebung. Nach der Art von »Blakern« waren in das Paneel ovale Glasfüllungen gesetzt, vor denen die Wandleuchten aufgehängt wurden. Die blauen facettierten Glasmedaillons erinnerten an Platten aus Lapislazuli und schufen den Effekt eines dunkelblauen Sternenhimmels.[42] Überhaupt scheint der Innenarchitekt eine Vorliebe für irisierendes Material wie Perlmutt gehabt zu haben. Einstimmig wurde bei den Dekorationselementen die

zeitgemäße Kombination von abstrakten Formen und figürlichen Motiven (Masken, Mänaden, Putten u. a.) sehr gelobt.[43]

Die Gesamtkosten des Umbaus wurden auf etwa 1 600 000 Mark geschätzt.

Das, was Kempinski an Atmosphäre und kulinarischen Genüssen zu bieten hatte, kam bei den Berlinern an. Die Weinstuben konnten 2500 Gäste gleichzeitig bewirten; an manchen Tagen wurden 10 000 Besucher bedient. Gelegentlich mußte gar ein Schild mit der Aufschrift »Wegen Überfüllung geschlossen« am Eingang angebracht werden.[44] Der Umsatz an Speisen, der seit der Jahrhundertwende gegenüber den Weinen an Bedeutung gewann, war beachtlich. Täglich wurden verarbeitet: ungefähr fünfundzwanzig Zentner Fleisch, acht Zentner Fisch, vier Zentner Hummer, dreihundert Schock Krebse, an die zwei Zentner Kaviar, mehrere hundert Stück Geflügel, während der Jagdzeit etwa 2000 Rebhühner und andere Wildsorten; während der Saison benötigte die Küche täglich 20 000 Austern, manchmal auch mehr.[45] Die Menüs, die der Gast selbst zusammenstellen konnte, waren fein, frisch und solide. Die Stadtküche unter der Leitung von Carl Salomon produzierte auf noch höherem Niveau Exquisites und Raffiniertes. Im Weinrestaurant Leipziger Straße konnte man beispielsweise kombinieren:

Cantaloupe-Melone mit Krebsschwänzen
Legierte frische Spargelsuppe
Kalter Rheinlachs mit Salaten garniert,
Zarinnenart
Rehrücken in Sahne mit Preiselbeeren,
Kartoffelcroquettes und Kohlrabigemüse
oder
Chateaubriand mit Gemüse garniert
Frische Gartenerdbeeren auf Vanilleeis
mit Crème double
Kaffee

Gäste mit schmalem Portemonnaie beließen es bei Bouillon, deutschem Beefsteak mit Setzei

Der Graue Saal im Stammhaus Leipziger Straße, 1907

und Bratkartoffeln und Apfelmus zum Nachtisch. Kempinski galt vor Ausbruch des Ersten Weltkriegs als das »populärste Berliner Weinhaus«.[46] Es zog schon jetzt besonders viele Gäste aus der Provinz an. Der Erfolg von Kempinski beruhte auf der Konzeption, den Bürgern der Reichshauptstadt neue Eßgewohnheiten – weg von den damals schon so beliebten Würsten und Bouletten, dem wenig Ernährungsbewußtsein verratenden »Fast food«! – schmackhaft gemacht zu haben, ohne ihren Geldbeutel (halbe Portion!) übermäßig zu strapazieren.[47]

Wichtig war auch, daß die noblen Menüs von aufmerksamen Kellnern kredenzt wurden und sich alles in einer für damalige Begriffe überwältigend luxuriösen Atmosphäre abspielte, die geprägt war von Helligkeit, Modernität und Eleganz. Anders als die exklusiven Dressel, Huster, Hiller, F.W. Borchardt, Kannenberg, Töpfer, Grand Gala und Richards war Kempinski offen für alle Bevölkerungsschichten zwischen Feudalaristokratie und kleinem Bürgertum. Hans Erman spricht gar von einer Sozialisierung des Luxus.[48] Zu Kempinski kamen weniger Militärs, aber viele Beamte aus den nahegelegenen Ministerien, Politiker, Industrielle, Journalisten aus der Kochstraße, Theaterleute und eben auch der Schutzmann von nebenan zusammen mit der ihm verlobten Sekretärin.

Gerade der kleine Beamte und der Angehörige des neuen Mittelstandes werden in dem berühmten Kempinski-Lied als Kempinski-typisches Publikum angesprochen: Kempinski sei eben die »Volksküche für die bess're Welt« gewesen.

»Bei Kempinski

Hat der Berliner sechs Mark fünfzig
Und geht mit einer Dame aus,
So nimmt er davon fünfzig Pfennig
Und kauft ihr einen Blumenstrauß.
Ganz überrascht sagt sie: ›Ich danke!‹

Denn sie ist nicht verwöhnt darin,
Dann führt er sie mit Rothschild-Miene
Zum Restaurant Kempinski hin;
Denn erstens ist es da sehr billig,
Und zweitens ist das Essen schön,
Und drittens sieht man auch Bekannte,
Und viertens wird man da geseh'n.
Besonders aus dem letzter'n Grunde
Geht man in dieses Bienenhaus,
Denn ein Berliner mit zwei Talern
Gibt die nie ungesehen aus.
…
Man ißt zunächst zwei Erbsensuppen,
Bestellt 'ne Mosel: ›Leicht, ganz leicht!‹
Das heißt: den billigsten der Karte;
Die Zeche hat zwei Mark erreicht.
Jetzt ein Filet, dazu zwei Teller;
›Wir essen dann was and'res noch!‹
Das and're wird ein Schweizerkäse,
Er ißt den Käse, sie das Loch.
Die Zeche macht drei fünfzig,
Mit Trinkgeld zwanzig Pfennig mehr,
Denn bei Kempinski ist man nobel,
Sonst gäb' man fünfe weniger.«[49]

Kempinski Leipziger Straße war ein Kind des ambivalenten wilhelminischen Zeitalters: Den Lebensstil der Aristokratie goutierte nun die wirtschaftlich aufstrebende Großbourgeoisie ebenso wie der solide Kleinbürger, der einmal die »große Welt« erleben wollte. Kombiniert war die Orientierung an Traditionellem mit technischem Fortschritt wie überhaupt mit Innovationsfreudigkeit, einem Schuß Parvenühaftigkeit und einer Prise Intellektualismus. Der Einschlag ins Feudale, Palastähnliche wurde bei Kempinski im Zuge des Umbaus von 1910 noch verstärkt. Jetzt sollten auch diejenigen Räume, die zu Verwaltungs- und Wohnzwecken dienten, unter Hinzunahme des Seitenflügels, als Restaurant genutzt werden.[50]

Die leitenden Architekten Hart und Lesser drängten die zeittypische Jugendstil-Ausstattung zugunsten antikisierender Barock- und Rokoko-Elemente zurück. Es entstand neben dem Berliner Saal der pompöseste Gastraum im Haus Kempinski, der Cadiner Saal, dessen gelb-weiße Majolika-Wandverkleidung aus der kaiserlichen Fabrik in Cadinen stammte. Die Aufstellung einer Büste des regierenden Monarchen demonstrierte, so ist anzunehmen, die politische Einstellung der Inhaberfamilie. Den Höhepunkt seiner bisherigen Laufbahn hatte das Haus erreicht, als Wilhelm II. mit Gemahlin, Prinzessin Viktoria Luise und mehreren Ministern vor der Eröffnung der neuen Säle das Restaurant besuchte. Das brachte viel Aufregung und wurde als bedeutende Ehre und Anerkennung empfunden: »Es war eine große Sache.«[51] Frieda Unger hatte sich bei demselben Schneider, der auch für die Kaiserin arbeitete, ein neues Kleid machen lassen, man übte stundenlang den Hofknicks, Friedrich Wolfgang Unger schüttete noch kurz vor dem Empfang den Inhalt eines Tintenfasses über seinen schmucken Matrosenanzug. Elisabeth Unger bekam rote Wangen, was die Kaiserin zu einer kleinen Plauderei veranlaßte. Helene Kempinski legte offenbar keinen Wert darauf, an den Feierlichkeiten teilzunehmen.[52]

Berthold Kempinski hat den erneuten Umbau des Hauses und das große Ereignis des kaiserlichen Besuchs nicht mehr erlebt. Er starb am 14. März 1910 im Alter von 67 Jahren an Arteriosklerose. Einige Jahre zuvor schon hatte sich der Seniorchef vom Geschäft zurückgezogen, wirkte nur noch als stiller Teilhaber und widmete sich gelegentlich dem Weinhandel. Ob ihm sein Schloß am Rhein Ruhesitz war, wissen wir nicht. Anläßlich seines Todes bezeichnete das »Berliner Tageblatt« den Gründer des Hauses Kempinski in der Reichshauptstadt als einen der »populärsten Männer Berlins«.[53]

Rabbiner Dr. Warschauer rekapitulierte am Grab Berthold Kempinskis dessen Erfolgsgeschichte: »Es ist allgemein bekannt und bedarf keiner Schilderung, wie der Lebensweg des Verewigten ein stetig aufsteigender Weg zur Höhe des Erfolges, zu Gunst und Ehre, zum Glück war; wie es dem Toten beschieden war, aus kleinen Anfängen, erst in der Heimat, dann in der schlesischen Metropole, endlich hier bei uns sich so weit emporzubringen, daß sein Unternehmen vorbildlich für sein ganzes Gewerbe, sein Name einer der populärsten unserer Hauptstadt, sein Geschäftshaus eine von Fremden wie Einheimischen gleich gern gesuchte Erholungsstätte, eine charakteristische Erscheinung im Leben unserer Weltstadt geworden ist.

Das aber muß besonders gesagt werden: diese reichen Erfolge beruhten auf solider Basis, auf den sittlichen Qualitäten des Verewigten. Auf seinem beharrlichen, eisernen, von Jugend auf geübten, mit schlichter Anspruchslosigkeit gepaarten Fleiße; auf seiner Besonnenheit und Selbstbeherrschung, die seinem weitausschauenden, kaufmännischen Genie Zügel anlegen und ihn seine Pläne nie zu hoch führen ließen, so daß sie vom Erfolge stets übertroffen wurden; auf der strengen Reellität und Ehrenhaftigkeit seiner Geschäftsführung, die seiner Kundschaft unbedingtes Vertrauen einflößte; und endlich, was seine Erfolge in den Herzen der Menschen anlangt, auf einem Grundzuge seines Wesens, seinem schlagfertigen, unversiegbaren, sonnigen Humor, der ihm allezeit die Liebe und Freundschaft der Menschen gewann und ihm bis an sein Ende treu geblieben ist. Echter Humor ist aber stets der Zwillingsbruder der Herzensgüte. ...

Fürwahr ein glückliches Leben: reich an Erfolgen, die in treuer, ehrlicher Arbeit errungen wurden, und die der Verblichene sonnig, lebensfroh, bei aller Bescheidenheit und Anspruchslosigkeit auch zu genießen wußte, ein Leben bis zuletzt verklärt durch glückliche Heiterkeit, harmonisch beschlossen durch ein von keiner Todesahnung getrübtes, friedliches Ende...«[54]

Nach dem Tod des Gründers führten der Schwiegersohn Richard Unger und der Neffe Hans Kempinski das Unternehmen fort. Alleinerbin Berthold Kempinskis war dessen Ehefrau Helene. Helene Kempinski erteilte am 24. November 1910 Richard Unger die Generalvollmacht.[55] Für Unger begann nun die Periode seines Lebens, die – immer neben dem Management des Hauses M. Kempinski & Co. – durch das Engagement für öffentliche Belange geprägt war. Die Position eines Handelsrichters bekleidete Unger schon 1910. Seit dem 8. Dezember 1910 saß er für den Wahlbezirk Friedrichstadt in der Berliner Stadtverordnetenversammlung.[56] Er gehörte kontinuierlich der sogenannten Fraktion der Linken (so benannt nach der Sitzordnung im Parlament) an, die bis 1919 Mehrheitsfraktion im Kommunalparlament war. Unger bekannte sich also theoretisch zu linksliberalen Positionen, die besagten, daß das Deutsche Reich eher mit einer parlamentarischen Monarchie nach englischem Vorbild zu regieren sei und seine Wirtschaft nach dem Prinzip des Laisser-faire florieren würde. Diese allgemeine politische Einstellung konvenierte im Alltagsleben offenbar ohne Probleme mit ausgesprochen patriotischen Worten und Taten, die sich am Status quo des preußisch-deutschen Monarchismus orientierten. Ein Bericht des Berliner Polizeipräsidenten vom 20. Mai 1910 äußerte sich positiv über die politische Gesinnung des Kaufmanns: »Unger gilt als ein königstreuer Mann und erfreut sich mit seinen Angehörigen des besten Rufes.«[57]

Der Bankier und Weinhändler war als Parlamentarier kein großer Rhetoriker, er meldete sich während der neunjährigen Dauer seines Abgeordnetendaseins nur zweimal zu Wort, arbeitete aber fleißig in Kommissionen und Gremien mit: z. B. im Ausschuß für Anstellung und Pensionierung besoldeter Beamter und Lehrer und in den Markthallen-, Hafen- und Brennmaterialien-Deputationen.

Ernennungsurkunde Richard Ungers zum Preußischen Kommerzienrat, 1911

Im Jahre 1911 wurde ein Verfahren eingeleitet, mit dem geprüft werden sollte, ob Richard Unger würdig sei, den Titel eines Preußischen Kommerzienrats zu erhalten. Die Verleihung des Titels eines Kommerzienrats kostete den Ausgezeichneten einiges, sicherte aber den gesellschaftlichen Aufstieg und öffnete manche Tür. Die Berichte des Berliner Polizeipräsidenten geben Aufschluß über den Sozialstatus, den der Kaufmann bis dahin erreicht hatte. Da war zunächst das materielle Polster: Wurde 1910 noch gemeldet, daß Unger ein Einkommen von 78 000 bis 80 000 Mark jährlich und ein Vermögen von 500 000 bis 520 000 Mark versteuerte[58], so wurde er ein Jahr später schon mit einem Einkommen von 170 000 bis 175 000 Mark und einem Vermögen von 2160000 bis 2180000 Mark zur Steuer veranschlagt.[59] Ungers finanzielle Verhältnisse näherten sich schnell denen seines verstorbenen Schwiegervaters: Berthold Kempinski versteuerte ein jährliches Einkommen von 250000 bis 255000 Mark und ein Vermögen von 3060000 bis 3080000 Mark.[60] Weiterhin vermerkt der Polizeibericht über Unger wohlwollend, daß dieser eine Stadtvilla in Charlottenburg besitze und zusätzlich eine Zwölfzimmerwohnung im Hause Leipziger Straße 25 bewohne, für die er etwa 10000 Mark Miete im Jahr zahle.[61]

Das Renommee des von Unger und seinem Mitgesellschafter Hans Kempinski geleiteten Unternehmens spricht selbstverständlich auch für die beiden Kaufleute: »Die Firma hat sich von Jahr zu Jahr in größerem Umfange entwickelt ... Die Firma gehört zu den angesehendsten und bestfundierten Gaststätten des hiesigen Platzes, genießt Weltruf und wegen ihrer Solidität großes Vertrauen.«[62] Unger war aber nicht nur reich und bewies eine glückliche Hand in seinen Geschäften, er geizte auch nicht mit Stiftungen für wohltätige Zwecke. Schon zu Lebzeiten seines Schwiegervaters hatte er 16000 Mark für die Opfer eines Zechenunglücks und 4000 Mark für die vom Erdbeben betroffenen Sizilianer gespendet. In Erfüllung der Bestimmung des Testaments Berthold Kempinskis stellte Unger dann 100000 Mark zur Verfügung, die u. a. folgenden Institutionen zugute kamen: dem Kaiserin Auguste Viktoria-Haus zur Bekämpfung der Säuglingssterblichkeit im Deutschen Reich, den verschiedenen Unterabteilungen des Roten Kreuzes, dem Verein Berliner Kaufleute und Industrieller, der Jüdischen Gemeinde Berlin, dem Verein zur Speisung armer Kinder und Notleidender, dem Berliner Obdachlosen-Asyl und dem Magistrat der Stadt Raschkow für wohltätige Zwecke. Unger stiftete weiterhin dem Pensionsfonds für die Angestellten der Firma M. Kempinski & Co. 150000

Mark und verpflichtete sich zu regelmäßigen Zahlungen für »viele patriotische Vereine und Wohlfahrtseinrichtungen«.[63]

Besitz, Bildung, loyale politische Gesinnung, soziales Engagement und kaufmännische Fähigkeiten sprachen also für eine Auszeichnung des Firmenchefs: »Unger gilt als ein tüchtiger, umsichtiger, gewandter und vertrauenswerter Kaufmann. ... Er ist ein gebildeter Mann, besitzt gute Umgangsformen und erfreut sich im bürgerlichen Leben allseitiger Achtung und besten Ansehens. Politisch tritt er nicht hervor. ... Sein Ansehen in der Kaufmannschaft ist derart gefestigt, daß man ihm den Kommerzienratstitel allgemein gönnt. Der Präsident der Handelskammer Herr Geheimer Kommerzienrat Herz hat ... gegen die Ernennung keine Bedenken zu erheben.«[64]

Am 14. Oktober 1911 verlieh Wilhelm II. Richard Unger den Titel eines Preußischen Kommerzienrates.[65]

Die Geschäfte von M. Kempinski & Co. florierten also auch unter der Leitung von Richard Unger und Hans Kempinski.

1912 wurde das erste Kempinski-Delikatessengeschäft an der Ecke Krausenstraße 71, Friedrichstraße 198–199 eröffnet. Anfang 1913 konnte zudem ein großes Problem der Firma gelöst werden: Mit dem Bezug des zweigeschossigen, riesigen Zentralkellers im Hause Friedrichstraße 225 wurde der ineffektiven Verteilung der Weinbestände über das ganze Stadtgebiet ein Ende bereitet. Das neue Weinlager erstreckte sich über eine Fläche von 7000 Quadratmetern. Zusammen mit den auswärtigen Kellereien – beispielsweise im Stammhaus und am Rhein – umfaßten die Kellereien eine Fläche von 10000 Quadratmetern. Kempinski besaß damit den größten Weinkeller Berlins, wahrscheinlich auch Norddeutschlands. Die Gänge in den Gewölben des Hauses an der Friedrichstraße zogen sich, parallel zur Kochstraße, beinahe bis zur Wilhelmstraße hin. Im Flaschenkeller lagerten

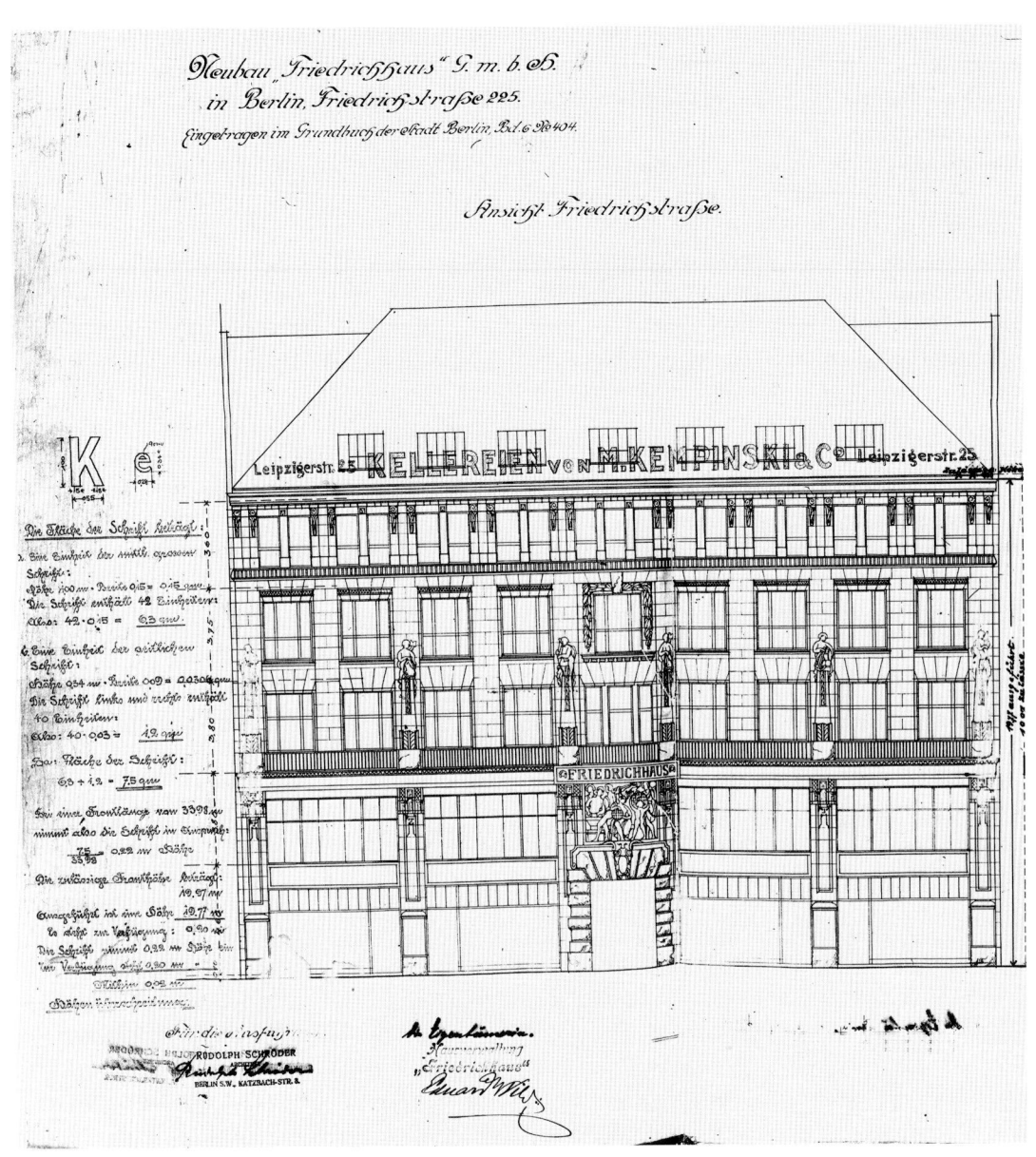

Zentralkellerei der Weinhandlung M. Kempinski & Co.
in der Friedrichstraße 225. Bauzeichnung, 1912

insgesamt eine Million Flaschen Wein, der tägliche Umsatz lag bei 10 000 Flaschen. Die Kellereien waren mit modernster Technik ausgestattet. Wasserberieselung und -zerstäubung, Hebebühnen, wasserdichte Telefone, elektrische Beleuchtung, Entlüftungskanäle, die auf dem Dach endeten, fehlten ebensowenig wie in der Abteilung Flaschenkeller die drei elektrischen

Spülmaschinen, die täglich etwa 15 000 Flaschen reinigen konnten.[66]

Der Weinhandel in Berlin hatte es seit der Jahrhundertwende nicht immer leicht. Das Berliner Publikum bevorzugte lange Jahre die schweren Bordeauxweine; vor allem die Firma Kempinski bemühte sich, den herberen deutschen Weinen Freunde in der Reichshauptstadt zu gewinnen. Der Berliner hielt allerdings zäh an seiner Vorliebe für Süffiges fest. Gerade der norddeutsche Weinhandel geriet zunehmend in den Verdacht der Weinfälschung: Es hieß, billige Mosel- und Frankenweine würden durch illegales Süßen in liebliche Tropfen verwandelt, die in Berlin leichter abzusetzen seien. Diese Verdächtigungen gegen die Rechtschaffenheit der norddeutschen Weinhändler, die 1907 ihren Höhepunkt erreichten, sowie der Versuch von Winzergenossenschaften, in den Anbaugebieten durch Direktverkauf den Handel zu umgehen und die Preise zu drücken, fügten dem norddeutschen Weinhandel auch finanziellen Schaden zu.[67] Diese Kampagnen verstärkten eine schon lange andauernde Flaute im Weinhandel und -konsum, deren Ursachen auch in den durchschlagenden Erfolgen der Temperenzlerbewegung und der Konkurrenz durch Modegetränke wie Whisky, Liköre und vor allem Sekt zu finden waren.[68] Ein eklatanter Preisverfall für Wein war die Folge. Um 1910 war auch Kempinski gezwungen, in seinen Weinstuben einige wenige Biersorten anzubieten.

Kempinski setzte bei seinem Weinangebot weiterhin auf Qualität und versuchte, sich durch den Erwerb von Weinbergen, Kellereien und Kelterhäusern an Rhein, Mosel und Nahe sowie in der Pfalz ein Standbein in den Produktionsgebieten zu schaffen.

Nachdem nun versucht worden ist, Bedeutung und Glanz des Hauses M. Kempinski & Co. andeutungsweise darzustellen, sollen einige Hinweise auf die sozialen Strukturen des Unternehmens gegeben werden. Leider sind zu diesem Thema kaum Dokumente vorhanden, so daß unsere Kenntnisse rudimentär bleiben.

Bei Kempinski waren im Jahre 1913 achthundert Angestellte beschäftigt. Wie im Ernährungsgewerbe üblich, herrschte auch hier ein patriarchalischer Führungsstil. Die Chefs kannten viele ihrer Angestellten persönlich und waren um Erhalt und Steigerung der Arbeitskraft bemüht, »sorgten« daher für die Angestellten und erwarteten unbedingte Loyalität und Dankbarkeit. Ausdruck dieser Attitüde ist die Anzeige, die das »Personal der gesamten Betriebe der Firma M. Kempinski & Co.« anläßlich des Todes des Seniorchefs am 14. März 1910 in die Zeitungen setzen ließ: »Durch den heute erfolgten Hingang unseres hochverehrten Herrn Berthold Kempinski verlieren wir einen Chef, der, jederzeit auf unser Wohlergehen bedacht, durch seine Leutseligkeit und Milde sich unsere Dankbarkeit und Treue bis über das Grab erworben hat.« Die Abteilungsleiter der Firma rühmten den »liebevollen Chef«, seine Güte und Hilfsbereitschaft, seine »strenge Rechtlichkeit« und »nie rastende Tätigkeit«; auch sie wollten die Erinnerung an Berthold Kempinski in ihren »dankbaren Herzen« bewahren.[69]

Für eine solidarische Vertretung der Rechte der Belegschaft, beispielsweise mittels gewerkschaftlicher Zusammenschlüsse, war da nicht viel Raum. Tatsächlich war das Gaststättenebenso wie das Hotelgewerbe nur zu einem geringen Teil gewerkschaftlich organisiert.[70] Als sich die Firma 1912 weigerte, die Löhne der Angestellten anzuheben, kam es in der Leipziger Straße am 1. Mai zu Arbeitsniederlegungen, an denen sich etwa 150 Personen beteiligten. Der Streik, der auch von der SPD unterstützt wurde, drohte nach Einschätzung der Geschäftsleitung in Gewalttätigkeiten auszuarten. Die Herren von Kempinski zeigten damals keine Scheu, die Unterstützung der Beamten des nächsten Polizeireviers in der Kronenstraße bei der Niederschlagung des Streiks zu erbitten.

Nachdem auf diese Weise »die Unruhen in unserem Betrieb« sehr schnell überwunden werden konnten, bedankte sich Kommerzienrat Richard Unger bei der Polizei mit einer Spende.[71]

Im Vergleich zu anderen Unternehmen des Nahrungsmittelgewerbes kann man Kempinski eine gewisse soziale Fortschrittlichkeit nicht absprechen; zu bedenken ist allerdings, daß wir nur über Informationen von seiten der Geschäftsleitung verfügen. In allen Kempinski-Betrieben, vor allem in den Küchen und Fabrikationsstätten, herrschte ein sehr hoher Hygienestandard, der sich auch günstig auf die Arbeitsbedingungen auswirkte. Die Einrichtung »gesunder, heller Arbeitsräume« kam ebenfalls den Angestellten zugute. Im Hause Leipziger Straße befand sich eine Unfallstation, in der ein Arzt und eine Krankenschwester in ständiger Bereitschaft ihre Dienste sowohl Gästen als auch Beschäftigten unentgeltlich zur Verfügung stellten.[72] Die Schwester wohnte im Haus und konnte daher im Notfall sofort Hilfe leisten. In einem besonderen Krankenzimmer wurden diejenigen in der Leipziger Straße logierenden Angestellten untergebracht, die sich ansteckende Krankheiten zugezogen hatten; auch hier herrschten strikte Hygienevorschriften.[73]

In Linow bei Rheinsberg unterhielt die Firma das Erholungsheim »Quisisana«. Dem Gedanken, daß ein gewisser bescheidener Wohlstand soziale Ruhe und Harmonie bescheren würde, war die Gründung der Betriebssparkasse verpflichtet; die Guthaben wurden mit 5 Prozent verzinst.[74] 1933 bestanden 550 Konten, die sich auf etwa 162 500 RM beliefen; die Salden zweier Konten überschritten die Grenze von 10 000 RM.[75] Darüber hinaus gab es einen Fonds als Grundlage für die Einrichtung einer Pensions- und Unterstützungskasse für die Angestellten. Gespeist wurde diese Kasse aus Spenden der Geschäftsleitung sowie Trinkgeldern, die in den Garderoben und Toiletten zusammenkamen. Die Angestellten hatten auch

bei Kempinski grundsätzlich keinen Pensionsanspruch. Nur ausnahmsweise wurden jederzeit widerrufbare Pensionen gezahlt. Allerdings wurden die Angestellten oftmals bis ins hohe Alter hinein in Hilfsfunktionen beschäftigt. Als die Kempinski-Betriebe 1937 von Aschinger »arisiert« wurden, beschwerte sich der neue Besitzer über die Überalterung des Personals und beantragte eine Reihe von Entlassungen, die vor allem ältere Beschäftigte traf, was in der übrigen Belegschaft auf große Empörung stieß. Derart kühl berechnete Rationalisierungsmaßnahmen war man im Hause Kempinski bisher nicht gewohnt.

Ansätze zu einer betrieblichen Weiterbildung läßt die Einrichtung eines unentgeltlichen Fremdsprachenunterrichts durch die Berlitz School erkennen; die Lektionen, vermutlich für die Oberkellner, fielen in die Arbeitszeit.[76]

Das Kempinski-Personal profitierte von einer damals sehr progressiven Urlaubsregelung; 1909 konnte jeder Angestellte nach einjähriger Betriebszugehörigkeit einen Urlaub nehmen, der sich von zunächst acht Tagen bis auf vier Wochen erhöhte.[77]

Über die Bezahlung der Angestellten ist nichts Genaues bekannt. Erwiesen ist allerdings, daß die in den Bereichen Nahrung, Genuß und Gaststätten Beschäftigten zu den am schlechtesten bezahlten Arbeitskräften gehörten; insbesondere die Kellner standen in der Statistik ganz unten. Um die Jahrhundertwende, als eine Arbeitszeit von 14 bis 18 Stunden üblich war, lebten Kellner entweder ausschließlich von Trinkgeldern oder erhielten einen Lohn, der zwischen 10 und 20 Mark im Monat betrug, während selbst im Brauereigewerbe 20 bis 40 Mark monatlich verdient wurden. Von den Trinkgeldern zog die Geschäftsleitung noch das sogenannte Bruchgeld ab, auch dann, wenn nichts zu Bruch gegangen war.[78] Als Küchenmeister bei Kempinski konnte man allerdings ein Gehalt von etwa 18 000 Mark jährlich verdienen.[79] Die Beköstigung im Hause, die auch bei Kempinski üblich war, verminderte die Freiräume der Angestellten. Erst nach dem politischen Umbruch 1918/19, der auch die endgültige Anerkennung der Gewerkschaften als Sozialpartner zur Folge hatte, wurde die Bezahlung der Kellner und ähnlicher Berufe geregelt – auch bei Kempinski. So empfahl schon die Speisekarte den Gästen zur »Gefl. Kenntnisnahme«: »Auf Grund der Vereinbarungen zwischen den zuständigen Verbänden erhalten die Kellner Gehalt und ist ihnen die Annahme von Trinkgeldern verboten. Den verehrlichen Gästen werden über die Entnahmen Rechnungen ausgestellt, auf deren Endsumme ein Aufschlag von 10% hinzugerechnet wird.«[80]

Die letzten Jahre des Kaiserreichs waren Krisenjahre für das Gaststättengewerbe und den Weinhandel. Die schon 1913 massiv einsetzende Rezession mit Lebensmittelverteuerung, Arbeitslosigkeit, Kaufkraftrückgang und hohen Steuern wirkte sich insbesondere im konjunkturabhängigen Gastronomiebereich verheerend aus. Bei Ausbruch des Ersten Weltkriegs überrollte die nationale Euphorie zunächst auch die Gaststätten und Restaurants. Das Verkaufsverbot für ausländische Erzeugnisse reichte von französischem Champagner, Vichy- und Evian-Wasser, Roquefort und Camembert, über Cognac, Scotch Whisky, Chartreuse und Benedictine bis zu englischen Austern.[81] Speisekarten wurden bereinigt: Deutsche Bezeichnungen ersetzten die in der Gastronomie verbreitete französische Terminologie, was mitunter zu kuriosen Neuschöpfungen führte.

Im August 1914 forderte eine Menschenmenge, die sich vor dem Hotel »Bristol« Unter den Linden versammelt hatte, die Beseitigung aller Schilder und eine Namensänderung dieses traditionsreichen Luxushotels; ein ähnlicher Zwischenfall ereignete sich vor dem Hotel »Bellevue«. So viel patriotische Borniertheit ging auch der Zentralstelle für den Fremdenverkehr Groß-Berlins zu weit und veranlaßte sie zu einer Warnung vor der geschäftsschädigenden »Überspannung des Nationalgefühls«.[82] Im Fall des »Cafés Piccadilly« am Potsdamer Platz hatten die Eiferer Erfolg: Dieses Großetablissement hieß fortan »Café Vaterland«.

Auch im Weinhaus Kempinski in der Leipziger Straße lagen seit August 1914 Speisekarten mit schwarzweißrotem Rand aus, überall wehten schwarzweißrote Fahnen.[83] Im Angebot hatte Kempinski nun fertig gepackte Feldpostpakete mit Feinkostartikeln.[84] Allerdings wurde seit 1916/17 auch hier alles viel bescheidener und schäbiger. Notwendige Reparaturen konnten nicht vorgenommen, Kosten für Heizung und Beleuchtung mußten gespart werden:

»Im Restaurant Kempinski liegen nun statt damastener Tücher Papierbogen auf den Tischen. Die Scheren der Kellner schnippeln papierne Lebensmittelkarten. Pro Tag gibt es 160 Gramm mit Kleie versetztes Brot, 20 Gramm Fleisch, 7 Gramm Fett. Kartoffeln sind eine Delikatesse wie einst Artischocken oder grüne Spargelspitzen. In wässerigen Suppen schwimmen Rübenschnitzel. Papierne Tischdecken, verschlissene Uniformen, abgetragene Sakkos, gestopfte Oberhemden. Das paßt nicht zu venezianischem Kristall, zu edler Bronze, zu spiegelndem Mahagoni. Und abgestoßene Teller und Schüsseln, Bratenplatten, die von Sprüngen zerfurcht sind und auf denen statt französischer Poularde eine Kohlroulade liegt, vertragen sich schlecht mit Gabeln, Messern und Löffeln aus schwerem Silber.«[85]

Zu Kempinski kamen jetzt mehr Frauen, auch mehr Soldaten und Angestellte aus den umliegenden Kriegswirtschaftsämtern. Die inzwischen meist älteren Kellner – die jüngeren Kollegen waren zum Militär eingezogen worden – wurden zunehmend mit Betrunkenen konfrontiert.

Die Regierung bemühte sich seit Beginn des Krieges, Einkauf und Vertrieb der gesamten

Wirtschaft, auch der Kriegsernährungswirtschaft, zu zentralisieren. Zentraleinkaufsgesellschaften und andere Kriegsgesellschaften sollten unter Ausschaltung des Großhandels die Versorgung von Militär und Zivilbevölkerung sicherstellen. Diese Maßnahmen bedeuteten einen eklatanten Eingriff in privatwirtschaftliche Strukturen. Auch Richard Unger war in das System der regierungsamtlichen Wirtschaftslenkung involviert. Er arbeitete in einer der kleinsten Kriegsgesellschaften, der Weinhandelsgesellschaft mbh in Berlin, als Mitglied des Ausschusses und übernahm Anfang 1918 die Stellvertretung Paul Eggebrechts im geschäftsführenden Ausschuß. Die Weinhandelsgesellschaft wurde im Juni 1917 zu dem Zweck gegründet, Einfuhr und Vertrieb von Weinen aus dem Ausland zu regeln. Die Hauptaufgabe war, den Bedarf der Militärverwaltung zu sichern. Probleme traten auf, als die recht vorsichtige Einkaufs- und Preispolitik der Weinhandelsgesellschaft durch Einkäufe der Heeres- und Marineverwaltung unterlaufen wurde.[86] Kempinski scheint auch direkt an der Herstellung von Nahrungs- und Genußmitteln für den Bedarf der Heeres- und Marineverwaltung, und zwar »in größerem Umfange«, beteiligt gewesen zu sein: »Vielen behördlichen Stellen leisteten die Inhaber durch ihre auf jahrzehntelange Erfahrung und ihre großen fachlichen Kenntnisse gestützte Tätigkeit wertvolle Dienste.«[87]

Am 15. Januar 1917 wandte sich Andreas Köhler, Prokurist der Firma M. Kempinski & Co., im Namen aller Angestellten mit der Bitte an den Gouverneur von Warschau, General von Etzdorf, seinen Vorgesetzten Richard Unger und Hans Kempinski in Anerkennung ihres patriotischen Engagements das Eiserne Kreuz am weißen Bande zu verleihen.[88] Etzdorf schickte das Schreiben mit lobenden Worten für die Firma Kempinski an das zuständige Königliche Polizeipräsidium in Berlin. Hier war man der Meinung, daß für die Zivilisten-Kaufleute nur

das Verdienstkreuz für Kriegshilfe in Frage kommen könne, das Hans Kempinski in der Zwischenzeit schon erhalten hatte. Andreas Köhler ersuchte daraufhin den Staatsminister für Handel und Gewerbe, Reinhold von Sydow, Richard Unger das Verdienstkreuz für vaterländischen Hilfsdienst zu verleihen. Der Kempinski-Chef habe für wohltätige Zwecke während des Krieges über 300 000 Mark gespendet:

»Hierzu erlaube ich mir noch ganz gehorsamst auszuführen, daß neben der hervorragenden patriotischen Gesinnung des Herrn Kommerzienrat Unger dessen Opfersinn und seine Fürsorge unseren Angestellten gegenüber ganz besonders rühmend hervorzuheben ist. Er sorgt für diese in wohlwollendster und edelster Weise. Seit Beginn des Krieges hat er den Angehörigen der im Felde stehenden Angestellten fortlaufend große geldliche Zuwendungen gemacht, außerdem aber auch bis Mitte 1916, so lange die wirtschaftlichen Verhältnisse dies zuließen, täglich über 300 Angehörigen der im Felde stehenden Angestellten Mittagessen verabreichen lassen. Als genügend Materialien für diese Zwecke markenfrei nicht mehr zur Verfügung standen, erhielten die Familien der im Felde stehenden Angestellten entsprechende Barentschädigung.« Auch als Stadtverordneter habe sich Unger für Massenspeisungen engagiert. Darüber hinaus habe er die Bemühungen der Reichsbank, Goldsammlungen durchzuführen, tatkräftig unterstützt und bedeutendes Kapital in Kriegsanleihen angelegt.[89] Es ist davon auszugehen, daß Unger die Auszeichnung erhalten hat.

Mit dem für Deutschland zunehmend ungünstigen Verlauf des Krieges eskalierten auch die Rationierungen, Reglementierungen und Verbote. Als Folge von Organisationsmängeln herrschte 1916 eine große Knappheit an Getreide, Fleisch, Fett, Milch, Butter, Käse, Kartoffeln, Mehl, Eiern, Zucker – obwohl die Ernten teilweise hervorragend waren. Das Gaststätten- und Hotelgewerbe geriet in eine

Versorgungskrise. Die enormen Preissteigerungen konnten aufgrund der behördlichen Festsetzung der Höchstpreise für Nahrungsmittel nicht weitergegeben werden. Es kam zu einer Einschränkung des Fleischangebots auf den Speisekarten – 1916 durften nicht mehr als zwei Fleischgerichte zur Auswahl stehen –, zur Einrichtung von fleischlosen Tagen, zu einer Limitierung der Verwendung von Fett und Butter, zu einem stark reduzierten Ausschank von Branntwein und Likören. Im Januar 1916 wurde das Branntweinkontingent der Gaststätten um mehr als die Hälfte der Friedenserzeugung gekürzt. Auch die Propaganda der Abstinenzbewegung machte der Gastronomie schwer zu schaffen. Höhepunkte der Mangelwirtschaft waren die Kuchenverordnung vom 16. Dezember 1915 und die Regelung zur Vereinfachung der Beköstigung vom Mai 1916, die allerdings die Privathaushalte nicht betrafen.

Auch Kempinski geriet mit den zahlreichen, unüberschaubaren amtlichen Verfügungen in Konflikt. Richard Unger und der Küchenmeister Eduard Willmer handelten sich eine Anklage und Bestrafung wegen eines Verstoßes gegen die Kriegswirtschaftsgesetzgebung ein, da sie, entgegen einer Bekanntmachung des Bundesrates vom 26. August 1915, nach der Erbsen, Linsen und Bohnen ausschließlich von der Zentraleinkaufsgesellschaft vertrieben werden durften, aus eigener Lagerung stammende Hülsenfrüchte verarbeiten ließen.[90]

Auf deutscher Seite führte der Erste Weltkrieg zu einer allgemeinen Hungersnot, zur militärischen Niederlage und schließlich zum Zusammenbruch des überlebten politischen Systems. Im November 1918 zertrümmerten Mitglieder des Berliner Arbeiter- und Soldatenrates im Weinhaus Kempinski in der Leipziger Straße die Büste Wilhelms II.[91] Als Richard Unger zur gleichen Zeit beobachtete, wie Soldaten, die des sinnlosen Kampfes müde waren, ihre Waffen in den Landwehrkanal warfen, brach er in Tränen aus.[92]

Das Ende des Kaiserreichs brachte eine Zäsur in der Geschichte des Unternehmens M. Kempinski & Co. – bis dahin hatte die Entwicklung im Zeichen der Solidität, des bedächtigen Ausbaus und des glanzvollen Aufstiegs gestanden.

Anmerkungen

1 Die Namen der Eltern und die Berufsbezeichnung nennt die Sterbeurkunde Berthold Kempinskis vom 14. März 1910; Amtsgericht Charlottenburg, Handelsregisterakten, 91 HRA 3448 Nz., Bd. I, Bl. 14.

2 Hinweise auf Jugend, Elternhaus und Charakter Berthold Kempinskis gibt die von seinem Neffen Justizrat Dr. Strassmann gehaltene Grabrede vom 17. März 1910. Strassmann war offenbar aus Posen zur Beerdigung angereist. Zusammen mit der Rede des Rabbiners Dr. Malvin Warschauer sind die Ausführungen Dr. Strassmanns in einer kleinen, in Privatbesitz befindlichen Broschüre zusammengefaßt. Es handelt sich um ein nicht paginiertes, maschinenschriftliches Manuskript.

3 Grabrede Dr. Strassmanns, ebd.

4 Interview mit Elisabeth Kohsen, 9. Juli 1990.

5 Nachruf auf Berthold Kempinski, in: Berliner Tageblatt, Nr. 133 vom 14. März 1910, 1. Beiblatt; vgl. auch: Neue Deutsche Biographie, Bd. XI, Berlin 1977, S. 487f.

6 Arthur Prinz, Juden im deutschen Wirtschaftsleben. Soziale und wirtschaftliche Struktur im Wandel 1850–1914, bearb. von Avraham Barkai, Tübingen 1984, S. 15.

7 Ebd., S. 40.

8 Alfred Marcus, Die wirtschaftliche Krise der deutschen Juden. Eine soziologische Untersuchung, Berlin 1931, S. 18 u. 20.

9 Prinz, Wirtschaftsleben, S. 77.

10 Ratsbibliothek Berlin (ohne Titel, nicht paginiert).

11 Brandenburgia 1909/10, XVIII. Jg., S. 148; vgl. auch den Überblick über die »Periode 1862–1918« im Gutachten des Wirtschaftsprüfers Dr. J. Semler von 1936 über die OHG M. Kempinski & Co.; StA Berlin, Rep. 225, Nr. 331, S. 2–4. Das Gutachten entstand im Auftrag der OHG und verwertete auch Informationen der Geschäftsleitung.

12 Gutachten Dr. J. Semlers, 1936, ebd.

13 StA Berlin, Rep. 200–01, Nr. 1235. Das Einvernehmen zwischen Eduard Krause und Berthold Kempinski scheint stets gut gewesen zu sein. Am 17. März 1910 beklagte Krause »in Firma M. Kempinski & Co., Breslau« den Tod des Seniorchefs des Berliner Hauses: »Mit tiefer Trauer im Herzen stehe ich an der Bahre dieses bedeutenden Mannes, der mir allezeit ein wohlwollender Freund und Berater war.« (In: Handels-Zeitung des Berliner Tageblatts, Nr. 138 vom 17. März 1910, 3. Beiblatt).

14 Grabrede Dr. Strassmanns, a.a.O.

15 Vgl. Ernst G. Lowenthal, Juden in Preußen. Biographisches Verzeichnis, Berlin 1982, S. 116; vgl. die Datumsangabe »1872« in: Berlins Aufstieg zur Weltstadt. Ein Gedenkbuch, hrsg. vom Verein Berliner Kaufleute und Industrieller aus Anlaß seines 50jährigen Bestehens, Berlin 1929, S. 151, sowie »1873« in: Aron Heppner und

J. Herzberg, Aus Vergangenheit und Gegenwart der Juden und der jüdischen Gemeinden in den Posener Landen nach gedruckten und archivalischen Quellen, Koschmin-Bromberg 1909, S. 888. Elisabeth Kohsen war in einem am 9. Juli 1990 geführten Interview der Meinung, die Ansiedlung ihrer Großeltern in Berlin sei Mitte der 70er Jahre erfolgt.

16 Nachruf auf Berthold Kempinski, in: Berliner Tageblatt, Nr. 133 vom 14. März 1910, 1. Beiblatt.

17 Gutachten Dr. J. Semlers von 1936; StA Berlin, Rep. 225, Nr. 331, S. 2–4.

18 Hans Erman, Bei Kempinski. Aus der Chronik einer Weltstadt, Berlin 1956, S. 22; vgl. auch: Berlin und seine Bauten, hrsg. vom Architekten-Verein zu Berlin, Berlin 1877, S. 357.

19 Berlin und seine Bauten, ebd., S. 355 u. 357.

20 StA Berlin, Rep. 10–01/3, Nr. 367.

21 Bericht von Tom Kempinski, London, vom 24. März 1993; Gespräch mit Fritz Teppich, Berlin, am 16. Mai 1993.

22 Berlin um 1900, hrsg. von Hans O. Modrow, Berlin 1936, S. 231 f.

23 Berliner Tageblatt, Nr. 133 vom 14. März 1910, 1. Beiblatt.

24 Finanz- und Handelsblatt der Vossischen Zeitung vom 14. März 1910.

25 »Kempinski erzählt«, in: Berliner Tageblatt, Nr. 541 vom 16. November 1926, 1. Beiblatt.

26 Erman, Bei Kempinski, S. 22–24.

27 Das Leinenhaus Grünfeld. Erinnerungen und Dokumente von Fritz V. Grünfeld, eingl. und hrsg. von Stefi Jersch-Wenzel, Berlin 1967, S. 72; vgl. auch: Berlins Aufstieg zur Weltstadt, a.a.O., S. 126 u. 134.

28 Schriftliche Auskünfte des Stadtarchivs Erfurt auf der Grundlage der Melderegister und der standesamtlichen Eintragungen, 11. Juni 1990.

29 Amtsgericht Charlottenburg, Handelsregisterakten, 91 HRA 3448 Nz., Bd. I, Bl. 8/8RS.

30 Privatbesitz.

31 Interview mit Elisabeth Kohsen, 9. Juli 1990.

32 Bericht von Tom Kempinski, London, vom 24. März 1993; Gespräch mit Fritz Teppich, Berlin, am 16. Mai 1993.

33 Gutachten Dr. J. Semlers, 1936; StA Berlin, Rep. 225, Nr. 331, S. 9 f.

34 Berlin und seine Bauten, VIII/B, S. 64 f.

35 Ebd., S. 65.

36 Max Creutz, Der Neubau Kempinski, in: Berliner Architekturwelt, Jg. IX, 1907, S. 288.

37 Ebd; vgl. auch: Blätter für Architektur und Kunsthandwerk, XXI. Jg., Nr. 4 vom April 1908, S. 14 f.

38 Brandenburgia, XVIII. Jg., 1909/10, S. 150.

39 Creutz, Der Neubau Kempinski, S. 286.

40 Ebd., S. 286 f.

41 Ebd., S. 287.

42 Ebd.

43 Ebd., S. 285.

44 Ansprache Richard Ungers anläßlich eines Besuchs der »Brandenburgia« bei Kempinski am 17. Februar 1909, in: Brandenburgia, XVIII. Jg., 1909/10, S. 148f.

45 Werbebroschüre der Firma M. Kempinski & Co., um 1913; Ratsbibliothek Berlin.

46 Berliner Börsen-Courier, Nr. 122 vom 14. März 1910, 1. Beilage.

47 Berliner Bilder. Eine illustrierte Sammlung von Einzeldarstellungen aus allen Gebieten des Berliner Lebens, Berlin 1914, S. 106ff.

48 Erman, Bei Kempinski, S. 63.

49 Sammlung der Kempinski AG.

50 Gastwirtszeitung. Eigentum und offizielles Organ der Gastwirte-Innung zu Berlin, Nr. 24 vom 11. Juni 1910, Beilage.

51 Interview mit Elisabeth Kohsen, 9. Juli 1990.

52 Ebd.

53 Berliner Tageblatt, Nr. 133 vom 14. März 1910, 1. Beiblatt.

54 Privatbesitz.

55 Amtsgericht Charlottenburg, Handelsregisterakten, 91 HRA 3448 Nz., Bd. I, Bl. 13/13RS.

56 Stadtverordnetenversammlung zu Berlin, 1917.

57 Der Polizeipräsident von Berlin an den Kaiserlichen Kommissar und Militär-Inspekteur der freiwilligen Krankenpflege, 20. Mai 1910; BLHA, Pr. Br. Rep. 30 Berlin C, Polizeipräsidium, Nr. 11328, Bl. 4RS.

58 Bericht des Polizeipräsidenten, 17. Mai 1910, ebd., Bl. 2.

59 Bericht des Polizeipräsidenten, 13. Juli 1911, ebd., Bl. 8RS.

60 Bericht des Polizeipräsidenten, 17. Mai 1910, ebd., Bl. 3.

61 Bericht des Polizeipräsidenten, 13. Juli 1911, ebd., Bl. 8RS.

62 Ebd., Bl. 7 und 8.

63 Ebd., Bl. 9RS ff.

64 Ebd. Die lobenden Äußerungen im Bericht des Polizeipräsidenten vom 13. Juli 1911 wurden von der Vf. zusammengestellt.

65 Originalurkunde in Privatbesitz. Andere Auszeichnungen folgten. So durfte sich Unger 1916 mit dem ihm vom Großherzog von Oldenburg verliehenen Friedrich-August-Kreuz II. Klasse am rot-blauen Bande schmücken.

66 Kempinski-Werbebroschüre, um 1913; Ratsbibliothek Berlin.

67 »Der Norddeutsche Weinhandel«, in: Berliner Börsen-Courier, Nr. 289 vom 23. Juni 1907, Morgenausgabe.

68 Vgl. Paul Kressmann, Weinhandel und Winzer im Reichstag, März 1907; StA Berlin, Rep. 200–01, Nr. 1235. Kressmann war Chef der Weingroßhandlung J.P. Trarbach Nachf.

69 Handels-Zeitung des Berliner Tageblatts, Nr. 134 vom 15. März 1910.

70 Willy Buschak, Von Menschen, die wie Menschen leben wollten. Die Geschichte der Gewerkschaft Nahrung-Genuß-Gaststätten und ihrer Vorläufer, Köln 1985, S. 64.

71 BLHA, Pr. Br. Rep. 30 Berlin C, Polizeipräsidium Berlin, Nr. 11328, Bl. 19ff.

72 Werbebroschüre der Firma M. Kempinski & Co., um 1913; Ratsbibliothek Berlin.

73 Ansprache Ungers anläßlich des Besuchs der »Brandenburgia« bei Kempinski, a.a.O., S. 148f.

74 Ebd.

75 Bericht der Deutschen Revisions- und Treuhandgesellschaft AG Berlin über die bei der OHG M. Kempinski & Co. vorgenommene Prüfung des Jahresabschlusses zum 30. Juni 1934; StA Berlin, Rep. 225, Nr. 176/1, S. 79.

76 Ansprache Ungers, a.a.O.

77 Ebd.

78 Buschak, Von Menschen, S. 68–70.

79 Deutsche Gastwirte-Zeitung, Nr. 54 vom 5. Juli 1916.

80 Aufdruck auf der Vorderseite einer Speisekarte vom 27. Februar 1919; LA Berlin.

81 Beilage zur Deutschen Gastwirte-Zeitung, Nr. 92 vom 18. November 1914.

82 Beilage zur Deutschen Gastwirte-Zeitung, Nr. 68 vom 26. August 1914.

83 Erman, Bei Kempinski, S. 114 u. 117.

84 Ebd., S. 114f.

85 Ebd., S. 118.

86 Gesellschaftsvertrag der Weinhandelsgesellschaft und Geschäftsbericht für 1918 und 1919, Berlin 1920. Die Weinhandelsgesellschaft existierte nach Ende des Krieges weiter. Sie bemühte sich nun um die Liquidierung der Kriegswirtschaft, insbesondere um die Freigabe der Importe, und war an der Abwicklung der großen Heeresbestände an Wein beteiligt. Auch nach November 1918 hatte die Gesellschaft das Übernahmerecht für nach Deutschland zu importierende Weine.

87 Gutachten Dr. J. Semlers,1936, a.a.O., S. 4.

88 BLHA, Pr. Br. Rep. 30 Berlin C, Polizeipräsidium Berlin, Nr. 11328, Bl. 33f.

89 Ebd., Bl. 37–39.
Dem Schreiben Köhlers war eine Spendenliste beigefügt. Außer den Unterstützungen für die Angehörigen der Firma Kempinski in Höhe von 250 000 Mark waren mehrere Zahlungen aufgeführt, u.a. an die Kommandantur von Berlin/Kriegshilfe: 10 000 M, an verschiedene Stellen: 15 000 M, an das Zentraldepot für Liebesgaben für die Türkei: 3 000 M, an General von Etzdorf anläßlich des Geburtstags Wilhelms II. für wohltätige Zwecke: 3 000 M, an das Rote Kreuz und diverse Stellen in Oldenburg. 10 000 Flaschen Wein gingen im August 1914 an die Ersatzabteilungen im Kriegsministerium.

90 Deutsche Gastwirte-Zeitung, Nr. 54 vom 5. Juli 1916.

91 Erman, Bei Kempinski, S. 136.

92 Interview mit Elisabeth Kohsen, 9. Juli 1990.

II. Ausbau und Krise in der Weimarer Zeit

Personelle, organisatorische
und rechtliche
Grundlagen der Expansion

Elisabeth Unger und ihr Cousin Walter Unger
(1894–1944), um 1928

Den Hintergrund für die etwa 1923 einsetzende Dynamik in der Unternehmensgeschichte von M. Kempinski & Co., die eine Ausweitung der geschäftlichen Aktivitäten auf internationales Terrain ebenso mit sich brachte wie den Vorstoß in neue Bereiche der Massen- und Vergnügungs»kultur«, bildete die relative Stabilität der wirtschaftlichen Verhältnisse im Deutschen Reich, wie sie nach den ersten Regelungen der Reparationsfrage durch den Dawes-Plan, durch die Währungsreform, die Abwehr von Putschversuchen, durch die außenpolitischen Erfolge der Regierung Stresemann und die dadurch bedingte vorläufige Beruhigung sozialer Konflikte erreicht wurde.

Von entscheidender Bedeutung für die Firma war aber auch, daß in den 20er Jahren mit den »Jungen« nun die dritte Gesellschafter-Generation zum Zuge kam, die die Expansion forcierte und die bereit war, Innovationen zu wagen. Am 14./15. Februar 1924 meldeten Richard Unger und Hans Kempinski Dr. Walter Unger als persönlich haftenden Gesellschafter von M. Kempinski & Co. zur Eintragung in das beim Amtsgericht Berlin-Mitte geführte Handelsregister an. Walter Unger erhöhte das Gesellschaftskapital um seine Einlage in Höhe von 5000 Goldmark.[1] Der am 21. August 1894 in Erfurt geborene Walter Unger war der Sohn Gustav Ungers, Bruder von Richard Unger und Chef des Erfurter Bankgeschäfts F. Unger. Auch Gustav Unger soll nach dem Verkauf der Erfurter Firma bei M. Kempinski & Co. finanziell beteiligt gewesen sein.[2] Walter Unger hatte nach dem Besuch des Friedrich-Werderschen Gymnasiums in Berlin, Grenoble und Freiburg Mathematik studiert und am 19. Januar 1921 das mündliche Doktorexamen bestanden; seine Dissertation behandelte »Einige Summen cubischer und biquadratischer Charaktere«.[3]

Am 17. Oktober 1924 wurde Dr. Walter Kohsen als persönlich haftender Gesellschafter von M. Kempinski & Co. angemeldet; auch

Elisabeth Unger (1903–1993)   *Walter Kohsen (–1933, Ehemann Elisabeth Ungers)*

seine Beteiligung betrug 5000 Goldmark.[4] Walter Kohsen war mit Elisabeth Unger, der Tochter Richard Ungers, verheiratet. Die Familien kannten sich schon lange: Richard Unger und Julius Kohsen, der Vater von Walter Kohsen, hatten im Berliner Bankhaus Veit Simon ihre Lehrjahre absolviert; Walter Unger und Walter Kohsen waren Jugendfreunde. Vor seiner Heirat mit Elisabeth Unger arbeitete Kohsen bei A. Levy, dem Bankhaus des Kölner Industrie- und Handelskammerpräsidenten Louis Hagen. Der hochintelligente und geschäftlich kompetente Jurist war ein willkommener Schwiegersohn.[5]

Im Oktober 1925 schließlich trat Dr. Friedrich Wolfgang Unger in die Firmenleitung ein.[6] Friedrich Wolfgang Unger, der bis zu seiner Naturalisierung als US-amerikanischer Staatsbürger 1941 offiziell den Namen Unger-Kem-

pinski trug, war der Sohn Richard Ungers und dessen Ehefrau Frieda, geborene Kempinski. Er hatte seine juristische Doktorarbeit über Aspekte des Gesellschaftsrechts geschrieben. Nach seinem Studium ging er in die Vereinigten Staaten, um dort praktische Erfahrungen in der Gastronomie- und Hotelbranche zu sammeln; eine Zeitlang war er auch im noblen New Yorker »Waldorf Astoria« beschäftigt. Die wirtschaftliche Dynamik und Modernität, die die USA auch in den 20er Jahren ausstrahlten, blieben immer das Vorbild Dr. Ungers, der allerdings die Bedeutung seines Vaters als Geschäftsmann und als Leitfigur des Unternehmens nie erreichen konnte.

Der 1905 geborene Sohn von Hans und Luise Kempinski, Gerhard, interessierte sich zum Leidwesen seiner Eltern nicht für den kaufmännischen Beruf. Gerhard Kempinski

Friedrich Wolfgang Unger (1901–1955)   *Kommerzienrat Richard Unger (1866–1947), um 1925*

hatte zwar dem Wunsch seiner Eltern nachgegeben und ein Jura-Studium aufgenommen, seine Begabung lag jedoch eher auf künstlerischem Gebiet: Er wollte Schauspieler werden, was die Familie zu verhindern versuchte. Einstweilen wurde Gerhard Kempinski seit 1928 mit den Arrangements des Unterhaltungsprogramms im »Haus Vaterland« beschäftigt. Für einen Posten in der Geschäftsleitung der Firma war er jedoch nie vorgesehen.[7]

Alle Angehörigen der dritten Gesellschafter-Generation waren getauft. Elisabeth Kohsen war zunächst auch Protestantin, lebte dann aber bewußt als Dissidentin. Die jungen Leute hatten damit den religiös-kulturellen Anpassungsprozeß vollzogen, der für große Teile des deutschen Judentums symptomatisch war. Allerdings heirateten die Mitglieder der Berliner Familie Unger-Kempinski ausnahmslos Partner jüdischer Abstammung: Es gab keine »Mischehen«. Elisabeth Kohsen beschrieb das Verhältnis der Jüngeren zum Judentum so: Man wußte, wo man herkam.[8]

Richard Unger, Kommerzienrat und Handelsrichter, war weiterhin führend in der Geschäftsleitung von M. Kempinski & Co. tätig. Unger zog sich 1919/20 von seinem Engagement als liberaldemokratischer Stadtverordneter zurück.[9] Die sogenannte Fraktion der Linken mußte 1919 ihre Mehrheit im Stadtparlament an die Sozialdemokraten abgeben und existierte seit 1920 arg geschrumpft als »Demokratische Fraktion«. Angesichts des kaum noch aufzuhaltenden Verfalls der bürgerlichen Demokratie als Parteienorganisation sah Unger vermutlich keine Perspektive mehr für seine politische Tätigkeit. Er engagierte sich fortan verstärkt in den Wirtschaftsverbänden Berlins sowie in regionalen Wirtschaftsverbänden. Ende der 20er Jahre war Unger Vorstandsmitglied des Vereins Berliner Kaufleute und Industrieller[10], stellvertretender Vorsitzender des Reichsausschusses für Weinpropaganda[11], Vorsitzender der Geschäftsstelle Deutscher Weinhändler-Verbände[12], Vorsitzender des Zentralverbandes der Weinhändler Norddeutschlands e.V.[13] und Vorsitzender des Vereins der Weinhändler Berlins und der Provinz Brandenburg e.V.[14]

Als im Februar 1927 der letztgenannte Verein zusammen mit dem Berliner Messeamt die Ausstellung »Deutscher Rhein – Deutscher Wein« organisierte, hielt »Kommerzienrat Unger von der Firma Kempinski als Vorsitzender der Weinhändler« eine Ansprache.[15] Unger wirkte auch an führender Stelle in der Berufsgenossenschaft der Nahrungsmittelindustrie und im Reichsverband des Deutschen Groß- und Überseehandels.[16] Als Mitglied der Berliner Industrie- und Handelskammer (IHK) widmete er sich Themen, die seinem Metier entsprachen. 1928 war Unger erster Vorsitzender und delegiertes Mitglied der IHK für den Fachausschuß Gastwirtsgewerbe[17], delegiertes Mitglied der IHK für den Fachausschuß Nahrungs- und Genußmittel[18], erster Vorsitzender und delegiertes Mitglied der IHK im Fachausschuß Spirituosen, Fruchtsäfte und Essig.[19] In den Jahren 1928 bis 1930 war er Vorsitzender des wichtigen Fachausschusses zur Förderung des Fremdenverkehrs.[20] Im Rahmen eines Kurses über Fremdenverkehr, einer gemeinsamen Veranstaltung von Handelshochschule, IHK und der Stadt Berlin, hielt der Seniorchef von M. Kempinski & Co. einen Vortrag über »Das großstädtische Restaurant«.[21]

Der wichtigste Vorsitz, den Unger lange Jahre innehatte, war der für den Fachausschuß Weinhandel[22], den er von Paul Eggebrecht übernommen hatte. Alle renommierten Berliner Weinhandlungen waren hier vertreten, u.a. Huster, Mitscher & Caspary, Habel, Huth, J.P. Trarbach Nachf., Julius Ewest und Eggebrecht. Seine Wahl auf führende Positionen in zahlreichen wirtschaftlichen Verbänden verdankte der Kommerzienrat seinem Erfolg als Geschäftsmann, sie verhalf ihm wiederum zu Ansehen und Bestätigung, aber auch zu Beziehungen, Informationsvorsprüngen und Einfluß.

Die Familie Unger war in ihrem großbürgerlichen Milieu ganz und gar integriert. Jüdische und christliche Kaufleute, Bankiers, höhere Beamte und auch alte Parteifreunde des Seniorchefs fanden in der Stadtvilla in der Fasanenstraße zusammen, in der auch gemeinsam musiziert wurde: eine »gemischte Gesellschaft«, wie die Tochter Richard Ungers sich erinnerte. Der in den Konventionen seiner Schicht erzogene Nachwuchs erlangte auch akademische Ehren. Die Angebote der Kempinski-Betriebe begeisterten ein sozial sehr heterogenes Publikum, die gastronomischen Leistungen erhielten das Lob der Fachkritik.

Die rechtlichen Grundlagen für die Tätigkeit der offenen Handelsgesellschaft M. Kempinski & Co. regelte der Gesellschaftsvertrag vom 31. Juli 1931; dieses Dokument wird einen bereits vorhandenen Gesellschaftsvertrag modifiziert haben. Der Vertrag verteilte Einfluß und Risiko und sicherte die Existenz der Firma. An der OHG waren als tätige Gesellschafter beteiligt:

Kommerzienrat Richard Unger	mit 25,5%
Hans Kempinski	mit 15,0%
Dr. Walter Unger	mit 15,0%
Dr. F.W. Unger-Kempinski	mit 9,5%

Nichttätige Gesellschafter waren Helene Kempinski bzw. ihre Erbin Frieda Unger mit 25,5

Prozent und Elisabeth Kohsen (Gabriel) mit 9,5 Prozent.[23] Die Familie Unger war also zu 85 Prozent am Gesellschaftsvermögen beteiligt.

Die Haftung für Geschäftsverluste war folgendermaßen verteilt:[24]

Richard Unger	mit 60,5%
Hans Kempinski	mit 15,0%
Dr. Walter Unger	mit 15,0%
Dr. F.W. Unger-Kempinski	mit 9,5%

Seriosität und traditionelles Denken bewies ein im Gesellschaftsvertrag fixiertes Spekulationsverbot, das den Gesellschaftern untersagte, Börsengeschäfte im Namen der Firma zu tätigen; auch das private Engagement an der Börse war streng limitiert.[25] Keiner der Gesellschafter durfte zudem ohne die Zustimmung aller anderen Wechsel für die Firma oder für sich persönlich ausstellen oder akzeptieren oder auch Geschäftsgelder verleihen.[26] Diese Bestimmungen sollten das Unternehmen vor eventuellen persönlichen Unzulänglichkeiten und Fehltritten der Gesellschafter schützen. Die Gesellschafter waren allerdings berechtigt, »nach besonderer Abmachung« jährliche Entnahmen aus den Kapitalkonten vorzunehmen, die jedoch die Hälfte des Kapitalkontos nicht überschreiten durften und nach einer bestimmten Frist wieder ausgeglichen werden mußten[27]; die Handhabung dieser Klausel brachte das Unternehmen zu Anfang der 30er Jahre in Schwierigkeiten. Für firmengebundene repräsentative Zwecke erhielt jeder tätige Gesellschafter 12 000 RM jährlich.[28]

Über die Höhe des Gesellschaftskapitals kann hier aufgrund bilanztechnischer Besonderheiten nur gesagt werden, daß schon vor der Weltwirtschaftskrise ein beträchtlicher Kapitalrückgang einsetzte.[29] Die Gewinne wurden nach folgendem Modus verteilt: »Zunächst werden die Kapitalkonten zum Reichsbankdiskontsatz verzinst. Sodann erhalten die tätigen Gesellschafter je 6000 RM; von dem dann verbleiben-

den Rest erhalten die tätigen Gesellschafter unter sich zu gleichen Teilen:

30%, wenn es vier oder mehr sind,
24%, wenn es drei sind,
20%, wenn es zwei sind,
10%, wenn es nur noch einer ist.

Der dann verbleibende Rest wird nach dem Verhältnis der Kapitalkonten verteilt.«[30] Das System der Gewinnausschüttung zeigte also eine Kombination aus gleichberechtigter Behandlung der Gesellschafter und Bevorzugung gemäß der Höhe der Kapitalkonten. Insgesamt ist das für die Existenz eines Familienbetriebs unabdingbare Bemühen erkennbar, das Gesellschaftsvermögen beim Ausscheiden eines Gesellschafters intakt zu lassen. So wurde nach dem Tode eines Gesellschafters die Gesellschaft von den verbleibenden Partnern fortgesetzt, »ohne daß die Erben der verstorbenen Gesellschafter in irgendeiner Weise an dem Gesellschaftsvermögen beteiligt bleiben«.[31] Die Betonung liegt hier allerdings auf dem Wort »bleiben«. Die Rechte der Erben mußten durch einmalige Abfindungszahlungen berücksichtigt werden. Das Beispiel Dr. Kohsens zeigt, daß auch zu Lebzeiten ausscheidende Gesellschafter finanziell abgefunden wurden.

Von entscheidender Bedeutung für das Funktionieren eines erweiterten Großhandels und Restaurantbetriebes in den 20er Jahren war die rationale Organisation des Unternehmens, die Gliederung der Betriebe und die Geschäftsverteilung. Den einzelnen Kempinski-Betrieben war eine zentrale Verwaltung und Warenbeschaffung vorgeschaltet, deren Aufgaben aus der Tabelle (s. S. 47) hervorgehen.[32]

Bei gemeinschaftlicher, wenn auch nicht gleichberechtigter Entscheidungsfindung an der Spitze war das Unternehmen hierarchisch strukturiert, behielt auch im Zeitalter der Tarifabkommen und der vehementen, für die Beschäftigten oft bitter endenden Lohnkämpfe einen anachronistisch-patriarchalischen Ein-

Geschäftsleitung Inhaber der OHG		
Sekretariat der Geschäftsleitung Steinke, v. Kaulbars		
Disposition/Kasse	**Buchhaltung**	**Betriebsbuchhaltung**
Marktscheffel/Selle 8 Personen	15 Personen u. 2 Lehrlinge	15 Personen u. 1 Lehrling
Personalbüro	**Kontrollabteilung**	**Hausverwaltung**
7 Personen u. 1 Auszubildender	24 Personen u. 2 Auszubildende	1 Person
Reklame	**Telefonzentrale** / **Registratur**	**Empfang/Postverteilung**
3 Personen	6 Personen / 4 Personen	15 Personen
Lebensmitteleinkauf u. Zentrallager	**Materialeinkauf** **Material- u. Formularlager**	**Weineinkauf** **Faßkeller**
25 Personen	4 Personen	108 Personen
Warenabnahme Leipziger Straße	**Warenverteilung Leipziger Straße**	**Speditionsabteilung**
7 Personen	7 Personen	3 Personen
Betriebsingenieur/Oberste Leitung der technischen Betriebe u. Abteilungen		

schlag. Die Leiter der einzelnen Abteilungen hatten in der Regel nur dann ein entscheidendes Wort mitzureden, wenn sie dem Unternehmen sehr lange angehörten. Selbstbewußte und tüchtige Newcomer wie Fritz Eger, der Leiter der Zweigniederlassung in Breslau, Direktor von »Hotel Schloß Marquardt« und Chef des Lebensmitteleinkaufs, wie Werner Steinke oder Georg von Kaulbars im Sekretariat der Geschäftsleitung waren da die Ausnahme.

Die Firma M. Kempinski & Co. hatte in den 20er Jahren ein dichtes System von »internen Betrieben« aufgebaut. Der Häuserkomplex Leipziger Straße, Krausenstraße beherbergte:

Bäckerei, Kaffeerösterei, Wäscherei, Eisfabrik, Technische Werkstätten.

Im Geschäftshaus Liegnitzer Straße 15 waren untergebracht:

Garagen für vierzig Kraftfahrzeuge, Tankstelle und Reparaturwerkstatt, Konditorei, Pralinenfabrik, Kapselfabrik, Tischlerei, Verzinnerei, Versilberei, Seifensiederei, Druckerei, Buchbinderei, Korbmacherei, Tapeziererei, Malerei, Maurerwerkstatt.

Außerdem unterhielt die Firma in Linow bei Rheinsberg in der Mark das Erholungsheim »Haus Quisisana«.[33] Bei Kempinski hatten spezielle Nebenbetriebe bereits früh eine Rolle gespielt; die Versilberei, die Verzinnerei und auch eine Porzellan-Malerei sowie die Eisfabrik existierten schon vor 1914. Insgesamt zeigte sich auch bei Kempinski – wie bei allen größeren Unternehmen dieser Art – der Trend, der Handelsorganisation und den Dienstleistungsbetrieben eigene Fabrikationsanlagen anzugliedern. Günstige Preisgestaltung und erhöhter Umsatz sollten zur Gewinnmaximierung beitragen.

*Der Wein-, Spirituosen-
und Lebensmittelhandel*

Karte der firmeneigenen Kellereien und Kelterhäuser in den Weinanbaugebieten, 20er Jahre

Das alte Weinrestaurant in der Leipziger Straße wie auch die neuen Häuser, von denen im folgenden noch die Rede sein wird, waren glanzvoll, nobel, zu Zeiten auch sensationell. Die Firmenleitung ließ jedoch keinen Zweifel daran, daß sie als wichtigsten Geschäftszweig das betrachtete, was den Beginn von M. Kempinski & Co. begründet hatte: den Weinhandel. So hieß es in einer englischsprachigen Werbebroschüre der Firma von 1926:

»But the principal and most important department of Kempinski & Co. is the wine business. The daily sale of bottled wine amounts to about 30 000. The wine cellars contain hundreds of butts and halfbutts, some thousands of hogsheads and several million bottles of wine, champagne and liquors of the best quality, so that the firm can duly lay claim to be one of the greatest in Germany, if not in the whole world.«[34]

1925 wurde M. Kempinski & Co. über eine Beteiligung an der Friedrichshaus GmbH[35] Eigentümerin des Geschäftshauses Friedrichstraße 225, das ihr ausgedehntes und modernes

49

*Preisliste der Weingroßhandlung
M. Kempinski & Co. Titelblatt, 1920*

straße 225 aus unterhielt Kempinski einen bedeutenden Versand von Weinen, Schaumweinen und Spirituosen nach England, Dänemark, Norwegen, Schweden, Südamerika, Niederländisch-Indien und vor allem nach Holland. Die vor 1917/18 so wichtigen Absatzgebiete Rußland und die deutschen Kolonien fielen nun freilich fort. Verkaufsstellen der Firma befanden sich in Dänemark, wo Wilh. Christiansen in Kopenhagen im Kommissionshandel tätig war, und in London, wo Barton & Co. die Firma Kempinski vertrat; in Prag führte die Weingroßhandlung Joseph Spitzer Kempinski-Weine. Außerdem existierten Verkaufsstellen in Norwegen, Polen und Schweden. 1927 bestanden Kellereien und Kelterhäuser der Firma in Amsterdam, Kopenhagen, Rüdesheim, Nierstein, Laubenheim, Deidesheim, Cond a. M., Valwig, Berncastel und Dusemond.[37] Etwas später kamen Mainz, Kreuznach, Dürkheim, Traben-Trarbach, Mülheim, Veldenz, Brauneberg und Breslau hinzu.[38] Die Keltereien in Laubenheim und Nierstein befanden sich im Besitz von M. Kempinski & Co.

Die Firma M. Kempinski & Co. bemühte sich jetzt verstärkt, in den Weinanbaugebieten des Westens und Südwestens Deutschlands Fuß zu fassen, indem sie entweder eigene Weinberge erwarb oder die Weiterverarbeitung der Ernte zu kontrollieren versuchte:

»Was uns im Kreise der Freunde, zu zweien oder auch alleine, bei Kempinski den Arbeitstag vergessen und uns frohe Stimmung macht, dieser köstliche gepflegte Wein aus allen deutschen Gauen – von der Rebe an ist er schon für uns bestimmt und wird mit derselben Liebe behandelt, die wir auch aus tausend anderen scheinbaren Nebensächlichkeiten mit Vergnügen wahrnehmen. ›Kempinski‹, das ist eine hundertprozentige Garantie für allererste Qualität. Wer einmal die eigenen Weingüter und Kellereien des Hauses an Rhein und Mosel kennengelernt hat, weiß auch, warum. Millionen

Zentrallager beherbergte. Vor 1925 war Kempinski als Mieterin nur eine der vielen Firmen, die hier untergebracht waren. Zwecks Erwerb der Friedrichshaus GmbH wurde 1925 bei der Schweizerischen Kreditanstalt in Zürich ein Darlehen in Höhe von 3 700 000 sFr. aufgenommen; der Bilanzwert von Haus und Grundstück betrug 1934 2 000 000 RM.[36] Von der Friedrich-

Werbung für Kempinski-Wein, um 1930

Das Restaurant »Kempinski« in Amsterdam in der damaligen »Leidschestraat« 95–97

obachten, die sowohl den Export in europäische Staaten – allerdings nicht in die traditionell weinerzeugenden Länder – als auch Stützpunkte in Übersee umfaßte. Einen wesentlichen Teil des Wein- und Spirituosenhandels, der über Ladenverkauf und Versand erfolgte, machten die Kempinski-Markenartikel aus. Das Sortiment war reichhaltig, wie folgende Zusammenstellung zeigt:

Kempinski Pfalz, Kempinski Rheinhessen, Kempinski Liebfrauenmilch, Kempinski Niersteiner, Kempinski Rheingau, Kempinski Rüdesheimer, Kempinski Mosel, Kempinski Saar Riesling, Kempinski Zeltinger, Kempinski Brauneberger, Kempinski Rot, Kempinski Medoc, Kempinski Sauternes, Tintoretto (Eigenmarke), Kempinski roter und weißer Douro-Port, Kempinski Cadiz Sherry, Kempinski Grenz-Sekt, Kempinski-Sekt »Vaterland«, Kempinski-Sekt »Schloß Marquardt«, Kempinski Schäumender Assmannshäuser, Kempinski Austern-Sekt, Kempinski Burgeff-Sekt, Kempinski-Sekt halbsüß und herb, Kempinski-Weinbrände, Bardinet AG Berlin »Gold«, Kempinski deutscher Wermut »Trevero«, Kempinski und Bardinet Cognacs, Bardinet »Martini-Cocktail«, »Piccadilly Cocktail«, »Manhattan Cocktail«, Bardinet Gin.[40]

Besonders intensiv wurde in der Werbung auf Bowlen aus Kempinski-Wein- und -Sekterzeugnissen hingewiesen; so warb Kempinski sogar mit gedruckten Rezepten auf der Rückseite der Geschäftsbriefe.

Als Liköre eigener Herstellung offerierte Kempinski folgende Sorten: Blackberry Brandy, Cacao weiß, Cherry Brandy, Eiercreme, Edelkirsch, Ingwer-Likör, Pfefferminz, Allasch, Curacao orange und weiß, Halb und Halb, Pommeranzen, Abt-Likör, Deutscher Cordial sowie das Kempinski-Likör-Quartett (Cherry Brandy, Curacao weiß, Pfefferminz, Eiercreme) und die Eigenmarke »Schwarzer Hund«.

Flaschen werden alljährlich gefüllt und – das ist die Hauptsache – auch getrunken! Nicht nur in den Kempinski-Betrieben der Reichshauptstadt, in München und in Köln, in Königsberg und Karlsruhe geradeso.«[39]

Weiterhin ist eine verstärkte Expansion in das internationale Weinhandelsgeschäft zu be-

Kurz nach dem Ersten Weltkrieg hatte M. Kempinski & Co. die 1768 gegründete Kölner Weingroßhandlung Maurer & Bracht erworben.[41]

Die wichtigste ausländische Zweigniederlassung war die N.V. Wijnhandel M. Kempinski & Co. in Amsterdam, eine Aktiengesellschaft, die am 30. Juli 1920 für die Belieferung des holländischen Marktes mit Kempinski-Weinen gegründet worden war und am 25. Mai 1921 in das Handelsregister eingetragen wurde.[42] Die Weingroßhandlung befand sich in der Langen Leidsedwarsstraat 11–15; ein »pakhuis« stand in der Prinsengracht zur Verfügung. Als der Weinhandel nicht den erhofften Erfolg brachte, wurde am 3. Juni 1922 das feine Restaurant im ersten Stock des Hauses Leidschestraat 95–97 (heute: Leidsestraat) eröffnet. Im Parterre befand sich auch ein Delikatessenladen und seit 1926 der »Kempinski Old Liquor Shop«. Die Häuser waren Eigentum der N.V. Die Leitung der Amsterdamer Filiale lag von 1921 bis 1941 in den Händen von J. P. Danby. Die rechtliche Fixierung des Verhältnisses der holländischen Tochtergesellschaft zu M. Kempinski & Co. war immer etwas undurchsichtig. Das Stammhaus soll dem Amsterdamer Betrieb nicht viel Aufmerksamkeit geschenkt, soll ihn vielmehr vernachlässigt haben. Allerdings florierte das Geschäft in der Leidschestraat, bis 1931 der allgemeine Niedergang – im Weinhandel weniger ausgeprägt als im Restaurantbereich – auch hier spürbar wurde (s. Tabelle S. 54).

In Erwartung eines großen Weingeschäfts nach Aufhebung der Prohibition in den USA wurde 1932 in New York am Broadway die

Werbung für die Niederlassung in Amsterdam, 1931

Firma M. Kempinski & Co. Inc. gegründet; sie besaß eine Engros-Weinlizenz des Staates New York. Das Gesellschaftskapital war auf 100 000 US-Dollar festgesetzt, an denen das Berliner Stammhaus mit 15 Prozent beteiligt war.[44] Die Geschäftstätigkeit der New Yorker Filiale konnte sich jedoch nicht ausdehnen, da schon ein Jahr nach ihrer Gründung mit der Machtübernahme der Nationalsozialisten in Deutschland M. Kempinski & Co. in die ökonomische Katastrophe getrieben wurde.

Im Jahre 1926 erhielt Kempinski das Recht, die damals weltbekannten Spitzenliköre der Firma Bardinet AG herzustellen und zu vertreiben. Kempinski konnte eine Mehrheitsbeteiligung bei der Bardinet AG, Berlin, erwerben[45]

Flaschenetikett, um 1930

	Weinhandel	Restaurant	Deli-Laden	Total
1922–23	55 453,69	117 070,93	–	172 532,42
1923–24	82 812,45	147 903,54	–	230 715,99
1924–25	79 522,54	212 803,58	–	292 326,12
1925–26	91 633,97	253 041,74	–	344 675,71
1926–27	121 254,44	309 961,67	16 893,91	448 110,02
1927–28	135 923,48	276 607,06	69 014,87	481 625,41
1928–29	155 370,16	286 317,21	69 065,30	510 752,67
1929–30	155 940,41	275 266,57	77 728,58	508 943,56
1930–31	185 220,57	247 152,01	77 638,40	510 016,98
1931–32	170 370,04	191 671,01	64 930,78	426 987,83
1932–33	143 900,55	143 048,38	52 372,66	339 401,59

(419 000 RM von insgesamt 450 000 RM); der Rest des Vermögens befand sich im Besitz der Stammfirma Les Fils de P. Bardinet in Bordeaux, und ein kleiner Teil zirkulierte frei auf dem Aktienmarkt. Die Bardinet AG benutzte Fabrikationsräume auf eigenen Grundstücken in der Quitzowstraße 136–140 sowie die Kellereien und Lagerräume im Hause Friedrichstraße 225. Neben der Marke »Bardinet« vertrieb das Unternehmen preiswertere Liköre und Spirituosen unter dem Label »George Broche«. Nach 1933 kam der Verkauf von Kia-Ora-Fruchtsäften hinzu. Die Marke »Bardinet« gehörte allerdings nicht der Berliner Bardinet AG, sondern durfte von ihr nur aufgrund eines Lizenzvertrages mit der französischen Stammfirma geführt werden, der bis etwa 1945 gültig war; das gleiche galt für die Benutzung der Rezepturen und der Original-Etiketten.[46] Nach dem Erwerb der Bardinet AG, die große Anlaufschwierigkeiten hatte und erst seit 1932 florierte, legte Kempinski die hauseigene, 1920 erworbene Likörfabrik AG (Lifag) still.[47]

Eine hundertprozentige Tochter von Kempinski war seit 1927 die Domkellerei zu Köln AG, die allerdings zunächst keine Geschäftstätigkeit entwickelte. Nach der Sanierung hieß es am 31. Dezember 1932 in einem Geschäftsbericht des Vorstandes der Domkellerei Aktiengesellschaft in Berlin über das Geschäftsjahr 1931/32:

»Die Gesellschaft ist, nachdem sie sich in den letzten Jahren von Geschäften zurückhielt, zu Anfang des Jahres 1932 mit einer maßgebenden Weinhandlung Norddeutschlands einen Vertrag eingegangen, auf Grund dessen sie die Vertretung dieser Firma übernommen hat mit der Maßgabe, daß die Verkäufe im Namen der Domkellerei zu Köln Aktiengesellschaft erfolgen.«[48]

Zweigniederlassungen wurden in Cond bei Cochem und in Köln gegründet. Der Zweck dieser Transaktion war die Belieferung von Privatkunden mit Kempinski-Weinen direkt aus dem Anbaugebiet – mit dem Namen der Kölner Domkellerei.

Zaterdag 3 Juni 1922.

Restaurant Kempinski

Leidschestraat 95 Amsterdam Leidschestraat 95

Telegram-Adres: Wijnkempinski Amsterdam —::— Telefoon: ~~Noord 3984~~
C. 5031

Hors d' Oeuvres.

Huzaren Salade . . .	
Eieren met ravigot saus	
Kreeften Salade . . .	*f* 0,50
Zalm Salade	
Nieuwe Haring . . .	
Hors d' oeuvres variés . . . „ 1,25	

Soepen.

Schildpad Soep . . .	
Koninginne „ . . .	„ 0,50
Groenten „ . . .	
Kop Bouillon met Ei . . .	

Vischschotels.

Tarbot, Hollandsche saus . . „ 1,—
Kabeljouw, botersaus . . . „ 1,—
Geb. Tong, Salade . . . „ 1,50
Geb. Paling, Salade . . . „ 1,50
Zalm, Peterselie-saus . . . „ 2,—

Original Kempinski Platten

Platten-nach Kempinski Art.

Frische Rinderbrust mit Meer-
rettich, roten Rüben und
Bouillonkartoffeln . . . *f* 1,25

Original Schüssel . . .
2 Hammel Kottelets . . . „ 1.50
Béarnaise sauce . . .

Dagschotels.

Beefsteak geb. aardappelen . . *f* 1,—
Hongaarsche Goulasch . . . „ 1,—
Macaroni met ham . . . . „ 1,—
Beefsteak met ei, geb. aard. . . „ 1,25
Varkens cotelette . . . . . „ 1,25
Kalfspoulet, rijst, kerrysaus . . „ 1,25
Wiener Schnitzel . . . . . „ 1,25
Rumpsteak, geb. aardappelen . „ 1,25
Kalfs cotelette . . . . . . „ 1,50
Châteaubriand pommes frites . „ 2,—

Groenten.

Bloemkool	
Postelein	
Doperwten	„ 0,50
etc.	
Slierasperges	„ 1,—
„ met ham	„ 1,25

Eierspijzen.

2 Spiegeleieren . . . . . „ 0,50
Omelette, nature . . . . . „ 0,50
2 Spiegeleieren met ham . . „ 1,—
Omelette, ham . . . . . „ 1,—
„ finas herbes . . . . „ 1,—
„ confiture . . . . . „ 1,—
„ suiker . . . . . . „ 1,—

Entremets.

Pudding. . . . . „ 0,50
IJs . . . . „ 0,50
Vruchtentaart, slagroom. . . . „ 0,50
Ananas . . . . „ 0,50
Aardbeien 0.50

ETC. ETC.

Alle soorten Kaas . . . . *f* 0,50
Mayonnaise van Kreeft . . . . „ 1,50
½ Versche Kreeft met mayonnaise . . . . „ 2,—

Speisekarte des Restaurants »Kempinski« in Amsterdam, 1922

Im Verlauf der 20er Jahre fand bei Kempinski endgültig die Schwerpunktverlagerung vom Wein- zum Lebensmittelhandel und zum Restaurantbetrieb statt: Gepflegtes Essen – und später auch Entertainment – wurde wichtiger als das Getränkeangebot; im »Haus Vaterland« wurde der Weinzwang abgeschafft.

Die Kempinski-Lebensmittel wurden in den firmeneigenen Feinkostläden verkauft oder von den Kunden per Katalog bestellt; die Lieferungen innerhalb Berlins erfolgten kostenlos durch einen regelmäßig arbeitenden Bestelldienst. Schon seit 1912 existierte das Delikatessengeschäft in der Friedrichstraße 198–199, Ecke Krausenstraße. 1926 eröffnete in dem Gebäudekomplex Kurfürstendamm 27, Fasanenstraße 21–22 ein neues Feinkostgeschäft, »appetitlich, sauber und stilvoll von Künstlerhand ausgestattet«, und im Vergleich zur Friedrichstraße »eine Nuance gefälliger, reicher und wärmer«.[49] Hier präsentierte sich eine für damalige Verhältnisse erstaunliche Auswahl an Produkten. Die Konzeption, die hinter dem Verkaufsangebot stand, verband Schlemmerlust mit einem fast schon progressiven Ernährungsbewußtsein. Zunächst waren es die typischen Kempinski-Produkte, mit denen man schon seit langem reüssierte: Austern, Hummer – lebend, frisch abgekocht oder in Dosen, Lieferung auch in Schüsseln angerichtet und garniert –, Langusten, sodann Jakobsmuscheln, Weinbergschnecken, Froschschenkel, Krebse aller Art, mehrere Sorten Kaviar, geräucherter Fisch und Fischkonserven,

Gänseleberpasteten. Die Hausfrau konnte sich mit einer großen Auswahl an Horsd'œuvre-Kompositionen das Leben erleichtern und ihren Gästen etwa folgende fertig eingekaufte Kempinski-Leckerbissen anbieten:

»Spanische Oliven naturel – Italienische farcierte Oliven – Griechische schwarze Oliven – Appetit-Sild auf Salat – Gabelbissen – Läckerbitar – Russische Killos – Sprotten in Öl – Ölsardinen – Buchan-Hering – Matjesfilet mit Schmant – Carciofini – Ochsenmaulsalat – Räucherlachs – Italienischer Salat.«[50]

Fertig angerichtet und garniert gab es überdies kalte Platten mit Roastbeef, Rinderfilet, Pökelrinderbrust, Pökelzunge, Kalbsrücken, Kalbsbraten, Schweinsrücken, Kasseler, Rehrücken, Frischlingsrücken, Wildschweinkopf, junger Gans, junger Ente, Poularde, Fasan, Rebhuhn etc.[51] Dieses Angebot wurde ergänzt durch eine große Auswahl an Salaten, Mayonnaisen, Chutneys, Mixed Pickles, Gelees und Saucen. Die Suppenpalette umfaßte so außergewöhnliche Produkte wie Känguruhschwanz-Suppe, Okra- oder Schwalbennestsuppe.[52]

Das Erstaunlichste am Kempinski-Feinkostangebot waren allerdings die vielen frischen Gemüse- und Obstsorten, die auch den heutigen, an exotische Waren aus Übersee gewöhnten Kunden zufriedenstellen könnten. An Gemüse konnte man kaufen Broccoli, Courgettes, englischen Cardi, Chayottes de Mexiques, Flagelots (französische Bohnenkerne), Helianthi, Hopfensprossen, Jamswurzeln, Kerbelrübchen,

peruanische Sauerkleerüben, algerische süße Kartoffeln, kanarische Tomaten, Sauerampfer, mehrere Sorten frischen Mais und sogar Topinambur[53], des weiteren frische Kräuter wie Kapuzinerkresse, gelben und grünen Löwenzahn, Rapunzel, Basilikum, Estragon, Thymian und an Gewürzen alles, was eine reichhaltige und kunstvolle Küche benötigt. An frischem Obst gab es Avocados, damals Alligator-Birnen genannt, amerikanische und australische Äpfel neben herkömmlichen Sorten wie dem »Gravensteiner«, Jaffa- und Kap-Orangen, Arbusen (Wassermelonen), Nektarinen, Preiselbeeren, Feigen, Granatäpfel, Guaven, Kaktusfeigen, Mangos, Cantaloupe-, Cavaillon- und Netzmelonen, Physalis (Kirschenart), Pomeranzen, französische Quitten, indisches Zuckerrohr.[54]

Für Diabetiker und Rekonvaleszenten wurden mannigfaltige spezielle Produkte angeboten. Nimmt man noch die vielen Sorten Honig, die Fruchtsäfte, Nüsse, die getrockneten und kandierten Früchte, Corn-flakes, Puffreis, Erdnußbutter, Getreideprodukte und Käse hinzu, so konnte man sich bei Kempinski durchaus gesund und abwechslungsreich ernähren.

Auch im Lebensmittelbereich spielte der Handel mit Kempinski-Hausmarken – an erster Stelle stand Kempinski-Kaffee – eine große Rolle. Die Firma hatte folgende Erzeugnisse eigener Herstellung und Verarbeitung im Angebot:

Kempinski-Kaffee
Kempinski-Tee
Kempinski-Kakao
Kempinski-Baumkuchen
Kempinski-Nougat-Torten
Kempinski-Diabetiker-Mandelkuchen
Kempinski-Schokoladen-Gebäck und
anderes Gebäck
Kempinski-»Katzenzungen«
Kempinski-Butterzwieback in Dosen
Kempinski-Schokolade (mehrere Sorten)
Kempinski-Pralinen
Kempinski-Blütenhonig
Kempinski-Tafelöl aus Erdnußöl
»Wochenendkonserven« aus eigener Produktion, von Erbsensuppe mit Schweinsohren
bis zur Rinderzunge in Madeira
Kempinski-Schildkrötensuppe
Kempinski-Emmkah-Sauce
Kempinski-Remoulade
Kempinski-Mayonnaise.[55]

Um die Weihnachtszeit wurde mit sorgfältig zusammengestellten Geschenkkörben geworben; so konnte der Kunde unter folgenden Arrangements wählen:

»Berlin« für 30 RM
»Brandenburg« für 50 RM
»Preußen« für 75 RM
»Deutschland« für 100 RM.[56]

Es liegt auf der Hand, daß hinter dieser üppigen Produktpalette und der recht günstigen Preisgestaltung eine gut funktionierende Importorganisation stehen mußte. Viele der angebotenen Produkte wurden von englischen und holländischen Firmen hergestellt oder geliefert, wobei die Handelsbeziehungen zu den jeweiligen Kolonien eine große Rolle spielten.[57]

Während der Kempinski-Feinkosthandel in der Weimarer Republik florierte, stagnierte das Stadtküchengeschäft. Die Zeit der Adelsfamilien, die in ihren Palästen ein großes Haus führten und die Gäste ihrer glanzvollen Matineen, Soireen, Empfänge und Bälle bewirten mußten, war vorbei. Das Großbürgertum der 20er Jahre ließ offenbar eigenes Personal in der eigenen Küche kochen. Wie ein erhalten gebliebener Werbefilm mit dem Titel »Anruf genügt« zeigt, bemühte sich Kempinski, die Stadtküche zu einer Art Party-Service für – fast – jedermann umzuwandeln[58], deren Indienstnahme dem Gastgeber mit gesellschaftlichen Ambitionen Lob und Anerkennung eintrug: garnierte kalte Platten galten als Statussymbol. Die Abteilung unter ihrem Leiter Carl Salomon blieb dennoch stets im Minus.

Werbeinserat für die Stadtküche im »Gemeindeblatt der Jüdischen Gemeinde zu Berlin«, 1929

Der Schritt zum Kurfürstendamm:
ein neues Weinrestaurant
und ein neues Café

Nachdem Berlin mit dem Ende des Ersten Weltkriegs seine Funktion als königlich-kaiserliche Residenzstadt verloren hatte, vollzog sich in der Innenstadt ein tiefgreifender Strukturwandel. Zwar zogen hier die weltberühmten Museen noch immer Massen von Touristen an, zwar konnte man hier auch in den 20er Jahren noch festliche Opern- und Theaterpremieren erleben, auch blieb die Innenstadt Universitäts- und Presseviertel, jedoch begannen Regierungsbehörden, Banken und Versicherungen das Zentrum zu dominieren. Die Friedrichstadt verlor ihre Bedeutung als Geschäfts- und Vergnügungsviertel und damit viel von ihrer Lebendigkeit. Klagen über die zunehmende Verödung der Innenstadt wurden laut. Der »Ruf nach dem Kurfürstendamm« war weithin vernehmbar. Die zweite West-Wanderung innerhalb Berlins rief bei Geschäftsleuten wie Stadtplanern große Sorgen hervor.[59] Der Kurfürstendamm wurde zum quirligen Kristallisationspunkt der Moderne. Der Bau-Boom im Westen begann, die Grundstückspreise schnellten in die Höhe:

»Der Kurfürstendamm, noch vor zwei Jahrzehnten eine stille, vornehme Allee des neuen westlichen Berlins, wird immer mehr zu einer großen, eleganten und amüsanten Geschäftsstraße. Ein neues, großes Geschäftsviertel ist im Westen im Entstehen; die vornehmen Patrizierhäuser der Vorkriegszeit verwandeln sich, eines nach dem anderen, in große Geschäftsbauten. Ein Laden nach dem anderen öffnet seine Pforten; die großen Häuser des Zentrums etablieren elegante Filialen am Kurfürstendamm, die dunkle, ruhige Straße von einst wird allmählich zu einem lichtüberfluteten Geschäftsboulevard.«[60]

Das immer größere Angebot an Geschäften ergänzten Restaurants, Bars, Cafés, Kinos, Galerien, Kabaretts und Sportstätten. Tietz und Wertheim engagierten sich hier – und Kempinski.

Schon 1918 wurden die Grundstücke Kurfürstendamm 27, Ecke Fasanenstraße 20–21 erworben und auf den Namen von Helene Kempinski eingetragen. Vom 25. Juni 1925 datiert das Baugesuch der Eigentümerin, nach dem die schon bestehenden Häuser, in denen sich auch die Gaststätte »Alter Fasan« befand, für die Einrichtung eines Weinrestaurants und einer Feinkosthandlung zu einem Gebäudekomplex vereint werden sollten.[61] Ursprünglich planten die mit dem Kempinski-Projekt betrauten Architekten einen Hochhausneubau, scheiterten aber an den bestehenden Mietverträgen.[62] Darüber hinaus gab es große Probleme wegen der Auflage des Berliner Wohnungsnotrechts von 1924, die besagte, bei Umwandlung von Wohn- in Geschäftsraum Ersatzwohnungen zur Verfügung stellen zu müssen. Erst nachdem der Bauherr diesen Forderungen zugestimmt hatte, erteilte die Deputation für das Siedlungs- und Wohnungswesen ihre Zustimmung.[63] Die Firma Kempinski schuf neue Wohnungen im Dachgeschoß des Hauses am Kurfürstendamm[64] und wandte in den Jahren zwischen 1926 und 1928 insgesamt 309 700 RM für die Freimachung von Räumen am Kurfürstendamm auf.[65]

Am 6. November 1925 erteilte die Städtische Baupolizei für den Bezirk Charlottenburg die Genehmigung, bauliche Veränderungen im Keller-, Erd- und im ersten Obergeschoß vornehmen und einen massiven Anbau errichten zu lassen.[66] Die ersten Bauzeichnungen und statischen Berechnungen lieferte das Architekten-

Das Restaurant »Kempinski« am Kurfürstendamm, 30er Jahre

team Rosenwald & Hübner, Schöneberg[67], die Bauausführung übernahmen schließlich die Architekten Gustav Hart und Richard Binder.

Die innenarchitektonische Gestaltung des Restaurants galt allgemein als gelungen. Während das Stammhaus in der Leipziger Straße zum Zeitpunkt des Umbaus 1906/07 einem modernen Stilempfinden entsprach, kann man die Gestaltung der Innenräume am Kurfürstendamm mit ihrer Orientierung an Barock- und Rokokoformen durchaus als traditionell bezeichnen. Vornehm-zurückhaltende Eleganz war Trumpf. Materialluxus prägte die Innenausstattung: Stuck, Marmor, polierte Mahagoni-Vertäfelungen, Intarsien.[68] Im ovalen Saal – die Decke hatte eine Glaskuppel – und im Hauptraum des Obergeschosses dominierte Schleiflack in Elfenbein, Grün und Gold; die Fenster zierten »geometrische Arabesken in sonnig-gelbem Ton«.[69] Die Wände des Hauptraumes im Erdgeschoß waren mit Spiegeln und bemalten Panneaux verkleidet.[70] Die Firma Hermann Gerson hatte Fensterumrahmungen, Vorhänge und Stoffe »in wunderbarer Farbengebung« geliefert. Im Untergeschoß konnten die Besucher bei schönem Wetter auf einer Terrasse speisen, oben schloß sich an den ovalen Saal ein Balkon mit Tischen für je zwei oder drei Personen an.[71] Insgesamt konnten auf den Terrassen 150 Gäste Platz finden und »the fashionable life of the metropolis« überschauen, wie es in einer englischsprachigen Werbebroschüre der

Eingang zum Weinrestaurant »Kempinski« am Kurfürstendamm. Bauzeichnung, 1925

Firma M. Kempinski & Co. von 1926 hieß.[72] Über den Gasträumen lagen die Küchen- und Kühlräume, bei deren Einrichtung modernster Standard berücksichtigt wurde; das Untergeschoß beherbergte die Garderobe, Blumen- und Zeitungsverkaufsstände sowie die Toiletten.[73]

Bei Kempinski am Kurfürstendamm konnten achthundert Gäste gleichzeitig speisen – das Haus war also erheblich kleiner als das Weinrestaurant in der Leipziger Straße, viertausend Gäste wurden hier in der Regel täglich bedient. Insgesamt galt das neue Haus im Vergleich zum Stammhaus als exklusiver.[74]

Als Restaurant und Delikatessengeschäft am 1. Oktober 1926 ihre Pforten öffneten, fanden sie den ungeteilten Beifall der Besucher, der Architekten und der Tagespresse. Die »Neue Berliner Zeitung« schrieb begeistert:

»Diese schön umgebaute Ecke Fasanenstraße ist ein Wunderwerk der Technik, ein Wunderwerk der Organisation, ein Wunderwerk an Architektur und Kunstgewerbe. ... Die Firma Kempinski und ihre fortschrittlich gesinnten Inhaber haben eine moderne Gaststätte im Westen Berlins geschaffen, einzig bisher als Pflegestätte gastronomischer Genüsse. Behaglich und vornehm und doch, wie der Berliner sagt, recht gemütlich.«[75]

Am 3. Oktober 1926 erschien im »Berliner Tageblatt« unter dem Titel »Der Sieg der kleinen Portion« ein Artikel, der den Eröffnungstrubel beschreibt, ohne den Namen des neuen Etablissements zu nennen. Jeder wußte damals wohl, was gemeint war. Zunächst schildert der Autor launig, wie sich einige Besucher in das Lokal hineinschmuggeln konnten, obwohl der

Portier »wegen Überfüllung geschlossen« verkündet hatte, wie sich ein »Finanzrat Lehmann« beschwerte: »Wo mich der Herr Kommerzienrat selber eingeladen hat. Unverschämtheit!« Sodann wird als Verdienst des Unternehmens gerühmt, die Eßgewohnheiten der Berliner zivilisiert zu haben; die Gewöhnung an feine Speisen und kleine Portionen galt als »Erziehung zur Kultur«, was sicher einen gewissen Lebensstandard in der Bevölkerung voraussetzte. Erstaunlich ist auch, daß in diesem Bericht der Firmengründer Berthold Kempinski bereits in den Hintergrund getreten ist und Kommerzienrat Unger als Repräsentant des Unternehmens erscheint:

>»Es ist, als ob es zwischen Olivaer und Wittenbergplatz keine anderen Wirtshäuser gäbe. Als ob aller Appetit der Bewohner des neuen Westens auf diesen einen Abend aufgespart worden wäre. An Edelhölzern, Kristall, weichen Teppichen, funkelnd neuen Kellnerfräcken ist nicht gespart. Trotzdem tönen mir im Ohr die Verse des Rideamus: ›Hat der Berliner drei Mark fünfzig – Und geht er mit 'ner Dame aus –‹. Das ist noch immer, obwohl die Zahl gewachsen ist, Text und Melodie des großstädtischen Massengenusses. So wenig geheimnisvoll die Ursache dieses Erfolges ist, so wenig ist sie von anderen in all diesen Jahren erfaßt worden. Prinzip der Hungerbefriedigung dieser Stadt ist: große Portionen. Je teurer das Restaurant, je größer das Beefsteak. Wir brauchen nur über die westliche oder südliche Grenze gehen, so ist es anders. Das ist das Entzückende an den Speisekarten Pariser oder Mailänder Gaststätten, daß man das essen kann und jenes und dieses und dann noch etwas und zum Schluß abermals etwas, ohne daß man ein Oger und ein Rothschild ist. Und das hat dieser Mann mit dem polnischen Namen, den es, glaube ich, gar nicht gibt, nachgeahmt. Es mag gewiß organisatorisch schwierig, finanziell gefahrvoll sein, aber schließlich ist es doch zu machen, wie man sieht. Die Portion, die in meiner Jugend fünfundsechzig Pfennige kostete und jetzt entsprechend*

mehr und die den Magen völlig unbelastet und reizfähig läßt, ist das sieghafte Prinzip. Auch bei den Berlinern, denen man weismachen will, sie seien unbedingt für das Deftige, Solide, Füllende. Aber im Grunde sind ja alle Menschen gleich. Natürlich muß nur der grobe Materialist dieses Prinzip auf das Essen beschränken. In Wahrheit gilt es aber für alle Genüsse dieser Welt. Man muß den Menschen immer nur wenig geben, sie unbefriedigt lassen, ihnen den Appetit auf mehr erhalten, so wird man sie unbedingt gewinnen. Ihn ja nicht, weil man ihn einmal erwischt hat, nun stopfen; ihm die Überfülle aufzwingen, weil er sich nicht wehren kann. Ist er satt, so wird er träge, trübäugig, mißvergnügt. Solange er noch Wünsche hat, ist er lebendig, quick, vergnügt. Der Genuß soll ihm die Begierde nicht verderben. Ist das zur Lebensregel geworden, so hat die Erziehung zur Kultur begonnen. Es ist gar nicht unmöglich, auch bei uns nicht, das neue Restaurant im Westen beweist es.«[76]*

Im Jahre 1931 übernahm die Haus Vaterland Gaststätten GmbH, die mit der Firma M. Kempinski & Co. eng verbunden war, das »Café Trumpf« im Gloria-Palast bzw. im Romanischen Haus am Kurfürstendamm 10/10a, gleich gegenüber der Gedächtniskirche.[77] Das neue Etablissement sollte einen Ausgleich für die zurückgehenden Umsätze des »Haus Vaterland« schaffen. Das »Café Trumpf« wurde dann am 1. Juni 1931 an M. Kempinski & Co. übergeben, nachdem die Haus Vaterland Gaststätten GmbH bei der Begleichung von Zahlungen in Rückstand geraten war. Seitdem führte die Firma das »Café Trumpf« als Kempinski-Betrieb.[78]

Die Entscheidung der Firmenleitung, sich im neu aufstrebenden Geschäfts- und Vergnügungsviertel am Kurfürstendamm zu engagieren, erwies sich als richtig. Das Schwergewicht des Unternehmens lag, vom Ertrag her gesehen, seit Ende der 20er Jahre im Westen. Auf den Umsatz bezogen überragte das Stammhaus in der Leipziger Straße zwar die neuen Betriebe,

*»Café Trumpf – Betrieb Kempinski« im Romanischen Haus am
damaligen Auguste-Viktoria-Platz an der Gedächtniskirche, um 1931*

die Bruttogewinnspanne im Weinrestaurant am Kurfürstendamm übertraf jedoch die des Stammhauses um 3 Prozent. Die Kapazitäten wurden hier besser genutzt. Das Gleiche galt – wenn auch nicht in so auffälligem Maße wie bei den Weinstuben – für die Delikatessengeschäfte im Westen und im Zentrum. »Café Trumpf« warf in der Sparte Gaststätten mit 18,7 Prozent des Umsatzes den prozentual größten Betriebsgewinn ab. Eine wesentliche Rolle spielten bei dieser Entwicklung der gehobene Lebensstil und die höhere Kaufkraft des Publikums im Westen.[79] Die Expansion des Unternehmens in

diese Richtung wirkte sich auch in den Krisenjahren seit 1929 günstig aus: Verluste in anderen Betriebszweigen konnten so aufgefangen werden.

Die Inhaberfamilie schloß sich auch privat der West-Wanderung an. Richard Unger zog aus der Genthiner Straße aus und bewohnte mit seiner Frau und lange Zeit auch mit seinen Kindern eine Villa in der Fasanenstraße 4. Friedrich Wolfgang Unger fand hier bis Ende der 20er Jahre sein Zuhause. Dr. Walter Unger wohnte mit seiner Frau in Charlottenburg in der Schlüterstraße 18.[80] Hans Kempinski war in den ruhigen Vorort Wannsee gezogen; er hatte hier ein Haus in der Hohenzollernstraße 22. Daneben besaß die Familie Kempinski noch eine Stadtwohnung am Kurfürstendamm 173–174.[81] Die neuen Domizile waren Ausdruck eines zeitgemäßen Lebensstils und des sozialen Aufstiegs. Allein Helene Kempinski – altmodisch und beharrlich – residierte bis zu ihrem Tod in der über den Restaurationsräumen in der Leipziger Straße 25 gelegenen Wohnung.

Aschinger, Hotelbetriebs AG
und Kempinski

Carl Aschinger (1855–1909)

Der größte Erfolg in der Firmengeschichte von M. Kempinski & Co. war der Abschluß des Vertrages, der die Führung des umgebauten »Haus Vaterland« als Kempinski-Betrieb sicherte. Dieser Schritt zur Ausweitung des Unternehmens ist vor dem Hintergrund der Konzentration im Gaststätten- und Hotelgewerbe zu sehen, die in der zweiten Hälfte der 20er Jahre einsetzte. Die Suche nach Originellem und Sensationellem entsprach der Schnellebigkeit der Zeit, den Begierden des großstädtischen Publikums. Alle Firmen, die in der Gastronomie oder Hotellerie engagiert waren, suchten eine Antwort auf die

Übersetzung der Branche, den rücksichtslosen Wettbewerb und die Konkurrenz durch Billig-Pensionen, auf die den Tourismus schädigende Devisen- und Zollpolitik der Regierung und die hohen Steuern. Die Großen schlossen sich zusammen, die Kleinen gingen oftmals unter. Der Zwang zum Mithalten-Müssen setzte auch bei Kempinski betriebswirtschaftliche Planungsspiele in Gang, wie noch zu zeigen ist.

Im folgenden tritt Kempinski etwas in den Hintergrund. 1937 wurde Kempinski von der Aschinger AG »arisiert«; 1953 erwarb die Hotelbetriebs AG das Hotel Kempinski am Kurfürstendamm. Es gilt nun, die beiden Konkurrenten und Geschäftspartner kurz vorzustellen.

Die Aschinger AG, 1892 von den Brüdern August und Carl Aschinger gegründet, war eine Aktiengesellschaft in Familienbesitz. Aschinger gab es nur in Berlin. Die Geschäftsführung lag in den 20er Jahren in den Händen von Fritz Aschinger und Kommerzienrat Hans Lohnert, die einen steten Expansionskurs steuerten. Aschinger war das gastronomische Kontrastprogramm zu Kempinski: Hier konnte sich der Kunde an Riesenportionen zu Billigstpreisen satt essen. Die Firma besaß zunächst einmal die berühmten sogenannten Bierquellen, in denen man zu Bier, Wurst und Erbsensuppe so viele Gratisbrötchen essen konnte, wie man vermochte. 1926 existierten in Berlin fünfzig Aschinger-Bierquellen und Konditoreien. Daneben gehörten zum Aschinger-Konzern so luxuriöse und prestigeträchtige, aber wenig gewinnbringende Einrichtungen wie das Weinrestaurant »Rheingold«, 1905 bis 1907 von Bruno Schmitz als größte und spektakulärste Gaststätte dieser Art in Berlin erbaut, der »Leipziger Hof«, das »Zillertal«, die »Fürstenhof-Likör-«

und »Fürstenhof-Bierstube«, das Kurfürsten-
damm-Buffet sowie die Hotels »Der Fürstenhof« und »Palast-Hotel«. Vor allem aber stellte
die Firma Aschinger die von ihr offerierten
Speisen selbst her. Dem Dienstleistungsunter-
nehmen waren riesige Fabrikationsanlagen an-
geschlossen: eine Großschlachterei, eine Wurst-
und eine Brotfabrik, in der täglich eine Million
Brötchen hergestellt werden konnte.[82]

Gründer und Finanzier der Hotelbetriebs
AG war 1897 der Berliner Bankier und Geheime
Kommerzienrat Leopold Koppel[83], der auch
Großaktionär der Auergesellschaft war, die
1919 in die Osram GmbH, die Auerlicht GmbH
und die GmbH für Verwertung chemischer
Produkte aufgeteilt wurde. Im Aufsichtsrat der
Hotelbetriebs AG saßen in den 20er Jahren so
prominente Wirtschaftsführer wie Dr. Walter
Sobernheim, Generaldirektor der Schultheiß-
Patzenhofer Brauerei AG und einer der führen-
den Männer der Ostwerke AG, Konsul Eugen
Landau, einer der wichtigsten »Wirtschaftsmitt-
ler« im Deutschen Reich[84], stellvertretender
Vorsitzender des zionistischen Kulturfonds
Keren Hajessod und Vorstandsvorsitzender der
Baruch Auerbachschen Waisen-Erziehungsan-
stalten in Berlin, Dr. Wilhelm Kleemann, Vor-
standsmitglied der Berliner Dresdner Bank und
Vorstandsmitglied der Jüdischen Gemeinde zu
Berlin, Konsul von Stein vom Kölner Bankhaus
J.H. Stein sowie als Aufsichtsratsvorsitzender
Dr. William Meinhardt, Vorsitzender des Di-
rektoriums der Osram GmbH, der als Jude noch
bis Oktober 1937 auf seinem Aufsichtsrats-
posten verbleiben konnte.[85] Als langjähriger
Generaldirektor der Hotelbetriebs AG fungierte Kurt Lüpschütz. Direktoren waren Jakob
Voremberg, Heinz Kalveram und der Reklame-
fachmann Dr. Adolf Schick.

Die Hotelbetriebs AG besaß vor 1926 die
Hotels »Bristol«, »Centralhotel« und »Bellevue«,
das Restaurant »Zum Heidelberger« im »Centralhotel«, das »Café Central«, das »Kranzler«

Fritz Aschinger

und »Café Bristol« am Kurfürstendamm, das
Restaurant »Burgund«, eine Weingroßhandlung
sowie Beteiligungen u.a. bei »Kranzler« Unter
den Linden, »Café Bauer« und an der Wintergarten GmbH. Die Betriebe gehörten in die
Sparte Luxusgastronomie und -hotellerie. Obwohl die Krise des Fremdenverkehrs gerade die
Hotelbetriebs AG in hohem Maße traf, obwohl
sich die Lage der – modernisierungsbedürftigen
– Hauptobjekte im alten Zentrum zunehmend
als Manko erwies, präsentierte sich das Unternehmen in den 20er Jahren als durch und durch
gesund.[86] Am 1. August 1926 erwarb die
Aschinger AG durch Vermittlung des Bankhau-

William Meinhardt, Aufsichtsratsvorsitzender der Hotelbetriebs AG

Geheimrat Koppel plante schon lange seinen Rückzug aus dem Geschäft.

Die Berliner Presse berichtete ausführlich über die Entstehung des »Berliner Hoteltrusts«[88], über den »Konzern von der Stehbierhalle zum Luxushotel«[89], über den »größten Gaststättentrust von Europa«.[90] Tatsächlich befanden sich nun alle Berliner Großhotels mit Ausnahme des »Adlon«, »Continental«, »Excelsior«, »Eden« und »Esplanade« im Besitz der Aschinger AG. Im Aschinger-Bestand des Berliner Stadtarchivs befindet sich ein Artikel, der in einer ausländischen Zeitung im Oktober oder November 1926 unter der Überschrift »Berlin ist erregt über den Hotelzusammenschluß« erschienen war: »Hiesige Finanzkreise diskutieren noch immer über den Zusammenschluß der Kräfte zwischen den Bankiers Gebr. Arnold [sic!] und der Aschinger-Gesellschaft (Nahrungsmittelversorger), denen es gelungen ist, die Kontrolle über 7 der größten und modernsten Berliner Hotels mit 2175 Betten sowie über viele Restaurants zu erlangen. Sie bildet die größte Hotelkombination in Deutschland. … Die Aschinger-Gesellschaft ist der Kern der neuen Kombination, die damit praktisch die Kontrolle über die Ernährung und Unterbringung in Berlin gewonnen hat.«[91]

Ab August 1926 versuchte Arnhold/Aschinger, im Rahmen geplanter Rationalisierungsmaßnahmen und um den Kaufpreis für die Hotelbetriebs AG hereinzubekommen, bzw. um die Schulden der Gesellschaft bei den Banken zu minimieren, den wenig lukrativen und recht heruntergekommenen »Kaiserhof« an das Reich zu verkaufen, das hier Raum für Behördenbüros schaffen wollte. Massive Proteste von Geschäftsleuten aus der Friedrichstadt und eine sehr kritische Berichterstattung in der lokalen Presse verhinderten den Plan. Das Horrorgespenst einer weiteren Veródung der Innenstadt und der völlig überzogene Kaufpreis gaben den Ausschlag.[92] Nachdem das Geschäft mit dem

ses Gebr. Arnhold – zunächst aus steuerlichen Gründen verdeckt – die Aktienmehrheit bei der Hotelbetriebs AG. Einige Monate später gingen die Aktien, 80 Prozent des Aktienpakets im Wert von etwa 15 Millionen Reichsmark, vollständig in den Besitz der Aschinger AG über.[87]

Schon 1924 hatte Aschinger die Berliner Hotel-Gesellschaft und damit die Hotels »Der Kaiserhof« und »Baltic« übernommen. Auf seiten Aschingers war dabei der Wunsch nach einer größeren Auslastung der Zentralbetriebe und nach Rationalisierung das Hauptmotiv: Die firmeneigenen Produktionsstätten benötigten größere und sicherere Abnehmer. Der greise

Reich nicht zustande gekommen war, fusionierte die Hotelbetriebs AG am 28. März 1927 mit der Berliner Hotel-Gesellschaft und erwarb damit die Hotels »Der Kaiserhof« und »Baltic«.[93] Außerdem übernahm der Hotelkonzern die Geka AG, die im Besitz des Pschorrhauses an der Gedächtniskirche war.[94]

Der »Kaiserhof« bereitete der Hotelbetriebs AG auch fernerhin Schwierigkeiten. In der Aufsichtsratssitzung des Unternehmens am 15. September 1932 kam die Problematik der Belegung des Hotels durch die Führung der nationalsozialistischen Bewegung und den »Stahlhelm« sowie die sich daraus ergebenden Nachteile zur Sprache. Zunächst hatte der Arbeitnehmervertreter im Aufsichtsrat Krasemann das Wort: »Sodann gab Herr Krasemann seiner Ansicht Ausdruck, daß das Unternehmen auch Stiefkinder habe, z. B. das Hotel Kaiserhof. Er ist der Ansicht, daß für den Kaiserhof nicht genügend geschieht und weist auf die Tatsache hin, daß dem Kaiserhof dadurch, daß Hitler dauernd in diesem Hause wohne, daß der Stahlhelm im Kaiserhof sein Hauptquartier militärisch aufgezogen habe, dem Kaiserhof sehr viel Kundschaft verloren gegangen sei; er habe den Eindruck, daß die gesamte jüdische Kundschaft dieses Haus meidet. Das wirkt sich natürlich in dem Umsatzrückgang dieses Hauses und damit auch auf die Entlassungen aus. Er macht Vorschläge, diese Kundschaft, die das Haus jetzt meidet, zurückzugewinnen.«[95] Die Antwort des Aufsichtsratsvorsitzenden Dr. Meinhardt verriet die politische Indifferenz und Leichtsinnigkeit oder auch Kurzsichtigkeit des Geschäftsmannes: »Was den Hinweis des Herrn Krasemann auf die jüdischen Gäste betrifft, so müssen wir als Hotelunternehmen Konfession und Politik ausschalten, vielmehr unsere Häuser jedermann offen halten. So wie die Zustände sich entwickelt haben, sind sie bestimmt kein Vergnügen für die Beteiligten, aber an dieser Entwicklung haben wir bezw. der Vorstand bestimmt nichts ändern können.«[96] Dr. Wilhelm Kleemann, der als Vorstandsmitglied der Jüdischen Gemeinde zu Berlin größere Sensibilität für die Gefahren der aufkommenden nationalsozialistischen Bewegung zeigte als sein Kollege im Aufsichtsrat der Hotelbetriebs AG, stand auf seiten Krasemanns: »Herr Dr. Kleemann unterstreicht noch die Ausführungen des Herrn Krasemann. Er weiß bestimmt, daß jüdische Gäste nicht mehr im Hotel Kaiserhof wohnen und auch nicht mehr das Restaurant besuchen.«[97] Daraufhin Dr. Meinhardt recht unbesorgt: »Herr Dr. Meinhardt weist darauf hin, wie schwierig es gerade für den Restaurantdirektor in diesem Hause sei, den notwendigen Takt bei diesen schwierigen Fragen walten zu lassen, und er hat den Eindruck, daß die Interessen des Hauses und des Unternehmens von dem jetzigen Restaurantdirektor sehr gut wahrgenommen werden.«[98]

Wenig politische Sensibilität bewies die Leitung der Hotelbetriebs AG auch bei anderer Gelegenheit. So flaggte der »Kaiserhof« 1927 anläßlich eines Besuchs des New Yorker Oberbürgermeisters Walker Schwarz-Weiß-Rot und wiederholte diesen Affront – zusammen mit anderen Hotels – während der jährlichen Verfassungsfeiern. Trotz dieser offensichtlich republikfernen Haltung residierte auch Konrad Adenauer, der doch zweifellos eine Stütze der Weimarer Republik war, im »Kaiserhof«. Das Auswärtige Amt belegte die Zimmer des Hotels sozusagen im Abonnement und bekam dafür 30 Prozent Rabatt.[99]

1928 geriet die Aschinger AG in eine schwere finanzielle Krise, wobei eine große Rolle spielte, daß die Finanzierung des Hotelbetriebs-Ankaufs überwiegend auf der Basis von Fremdkapital erfolgt war. Diese Schwierigkeiten wurden durch die 1929 einsetzende Wirtschaftskrise verstärkt. Der Erwerb des Hotelkonzerns erwies sich schließlich als wenig rentabel. Aschinger hatte sich an diesem Geschäft wohl übernom-

Kurt Lüpschütz, Generaldirektor der Hotelbetriebs AG

Jahre 1930 trat die Tochtergesellschaft Hotelbetriebs AG als Kreditgeber der Aschinger AG auf.[101] Die Aschinger AG sah sich später nicht in der Lage, das Darlehen an die Hotelbetriebs AG zurückzuzahlen. Zwecks Sanierung des maroden Konzerns wurden Verhandlungen über einen Ankauf der zur Aschinger-Gruppe gehörenden Objekte »Der Fürstenhof« und »Palast-Hotel« durch die Hotelbetriebs AG eingeleitet, wobei die Schulden der Muttergesellschaft verrechnet werden sollten.[102] 1933 verzichtete die Hotelbetriebs AG auf den direkten Erwerb des »Fürstenhof« und erhielt statt dessen eine Option auf das Hotel bis zum 30. Juni 1938 zum Preis von 8 000 000 RM, wobei sie eine Ausbietungsgarantie auf eine langfristig geordnete Hypothekenbelastung von 7 000 000 RM übernahm. Das bisher am »Fürstenhof« dinglich gesicherte Guthaben der Gesellschaft wurde zurückgezahlt; diese Gelder ermöglichten es der Hotelbetriebs AG, die notwendige Modernisierung ihrer Häuser durchzuführen. In der Folgezeit wurde das Hotelbetriebs-Aktienpaket unter Verlust abgestoßen und damit die Sanierung der Aschinger AG vollendet.

1935 war die Hotelbetriebs AG nicht mehr Tochtergesellschaft von Aschinger.[103] Beide Seiten waren sich darüber einig, einen Fehler gemacht zu haben. So hieß es in einem Exposé des Vorstands der Hotelbetriebs AG vom 11. Juni 1934: »Diese Interessennahme hat von Anfang an unter keinem guten Stern gestanden.«[104] Und noch in der Kurzchronik der Aschinger AG von 1944 erinnerte man sich nur ungern an die wenig profitable Verbindung: »Die Erwerbungen [Berliner Hotel-Gesellschaft und Hotelbetriebs AG; E.P.] haben die daran geknüpften Erwartungen nicht gerechtfertigt, sie mußten im Zuge der 1929 beginnenden allgemeinen Krise liquidiert werden.«[105] Im Verlauf der Sanierung des Aschinger-Konzerns begann die Karriere des Mannes, der in der folgenden Darstellung immer wieder als

men. Erstaunlich war auch, daß sich seit dem Zusammenschluß von 1926 kaum geschäftliche Beziehungen zwischen der Aschinger AG und der Hotelbetriebs AG entwickelt hatten. Hinzu kamen langjähriges Mißmanagement und die Unfähigkeit, geeigneten Nachwuchs für die Aschinger-Führungsetage heranzubilden.[100] Selbst die einst so populären Bierquellen florierten nicht mehr, was von der Aschinger-Direktion auf die wachsende Konkurrenz der Betriebskantinen zurückgeführt wurde. Preiserhöhungen in den Bierquellen bewirkten eine weitere Abwanderung der Kundschaft. Im

Protagonist auftaucht, der vor allem die Entwicklung der Firmengeschichte von M. Kempinski & Co. wesentlich beeinflußt hat: Paul Spethmann. Er kam nach einer Ausbildung als Bankkaufmann bei der Hamburger Commerzbank zur Aschinger AG. Seit 1933 war der distanziert-kühle Bankier Vorstandsmitglied des Unternehmens; er verdrängte nach und nach Hans Lohnert, der in den Aufsichtsrat abgeschoben wurde.[106] Seit Dezember 1933 saß Spethmann auch im Aufsichtsrat der Hotelbetriebs AG[107], bis er diese Position 1935 mit der Entkoppelung beider Firmen verlor.

M. Kempinski & Co., in bezug auf sein betriebliches Volumen keineswegs mit dem Bierquellenkonzern oder der Luxushotelkette zu vergleichen, stand in geschäftlicher Verbindung mit beiden Unternehmen. Kempinski hatte den Größeren einiges zu bieten. So kam es am 28. Januar 1930 zu Absprachen, die durchaus in die Nähe von – damals üblichen – Kartellverabredungen gerieten. Es trafen sich Hans Lohnert und Fritz Aschinger, Generaldirektor Kurt Lüpschütz von der Hotelbetriebs AG sowie Kommerzienrat Richard Unger, Hans Kempinski und Dr. Friedrich Wolfgang Unger. Geregelt wurden Gemeinschaftsbezüge und die gegenseitige Belieferung der drei Unternehmen. Kempinski sollte beispielsweise Backwaren und Fertigwurstprodukte von Aschinger beziehen und ein Angebot der Kranzlerschen Schokoladenfabrik einholen. Kempinski wollte den beiden Partnern ein Angebot für die in der eigenen Fabrik hergestellten Kapseln für den Verschluß von Wein- und Likörflaschen machen. Eine gegenseitige Belieferung mit preisgünstigen Drucksachen wurde vereinbart. Sowohl Aschinger als auch die Hotelbetriebs AG erklärten sich bereit, in ihren Betrieben Bardinet-Liköre anzubieten. Die Hotelbetriebs AG erachtete es als vorteilhaft, Restaurations- und Küchenwäsche sowie Handtücher in die Kempinski-Wäscherei zu geben. Die Weinkellereien

von Kempinski und der Hotelbetriebs AG verabredeten gegenseitige Angebote; für Aschinger sollte Kempinski ein Angebot von Süß-, Süd- und billigen Konsumweinen erstellen. Es gab Überlegungen zur Preisgestaltung, zu einer gemeinsamen Suche nach weiteren Geschäftspartnern, und man wollte schließlich die Absprachen institutionalisieren:

»11. Herr Kommerzienrat Lohnert regt an, eine gewisse Übereinstimmung in den Speisepreisen in den Restaurationsbetrieben herbeizuführen, um der zwecklosen und unwirtschaftlichen Preisunterbietung vorzubeugen. Hierbei soll auch ins Auge gefaßt werden, andere größere und ähnliche Betriebe in den Kreis der Abmachungen hereinzuziehen.

12. Es sollen in regelmäßigen Abständen die maßgebenden Persönlichkeiten und Interessentengruppen zu Besprechungen zusammenkommen. In besonderen oder eiligen Fällen sollen diese Besprechungen auch in kürzeren Zeiträumen stattfinden. Endlich sind in allen drei Betrieben ausführende Stellen bzw. Persönlichkeiten zu benennen, die dem formalen Teil und geschäftsmäßigen Ausführungen obiger und weiterer Bestrebungen obliegen sollen.«[108]

Im Jahr 1931 wurde auf Anregung von Hans Kempinski »Kempinski-Reisen« gegründet. Realisiert wurde das Projekt in Zusammenarbeit mit dem Mitteleuropäischen Reisebüro (MER) und der Hotelbetriebs AG. Angeboten wurde ein Wochenende in Berlin für 23 RM; im Preis inbegriffen waren neben einer konventionellen Sightseeing-Tour Unterkunft im »Centralhotel«, ein Besuch im »Haus Vaterland« und im Varieté »Wintergarten« sowie ein Mittagessen im Restaurant »Zum Heidelberger«. Das Arrangement »3 Tage Berlin« für 45,50 RM umfaßte die Unterkunft im »Centralhotel«, ein Essen im »Heidelberger« und im »Weinhaus Kempinski« in der Leipziger Straße, einen Besuch im »Haus Vaterland« und im »Wintergarten«; auch ein gemeinsamer Besuch der Kempinski-Kellereien war vorgesehen.[109] Die Hotelbetriebs AG dachte an ihre über das Wochenende schlecht besetzten Hotels.[110] Kempinski wollte etwas gegen die rückläufigen Gewinne im Stammhaus und im »Haus Vaterland« tun. Beide Unternehmen setzten auf dem Höhepunkt der Weltwirtschaftskrise auf ein profitables Geschäft mit dem Billig-Tourismus. Es ist leider nicht bekannt, ob das Projekt glückte.

Am Ende dieses Abschnitts kann festgestellt werden, daß die Herren von Kempinski, der Hotelbetriebs AG und Aschinger sich seit Jahren kannten. Man traf sich in den wirtschaftlichen Verbänden der Stadt, die Hotelbetriebs AG war ein knappes Jahrzehnt lang eine Tochtergesellschaft der Aschinger AG, alle drei Firmen standen in geschäftlichen Beziehungen zueinander.

Der Höhepunkt der Massengastronomie:
»Haus Vaterland«

Das exponiert am Potsdamer Platz gelegene riesige Gebäude, das seit dem 1. September 1928 als »Haus Vaterland – Betrieb Kempinski« bewirtschaftet wurde, war schon 1911–12 von Professor Franz Schwechten erbaut worden. Der langgestreckte Bau beherbergte das »Café Piccadilly« – 1914 im Zusammenhang mit der nationalistisch-anglophoben Welle in »Café Vaterland« umbenannt – ein Weinlokal, die Kleinkunstbühne »Prisma«, ein Ufa-Filmtheater sowie die Büroräume der Universum-Film-AG (Ufa); der Filmkonzern war auch der Eigentümer des gesamten Komplexes. 1926 erwarb die Bank für Grundbesitz und Handel das Haus, und bald schon war von umfangreichen Um- und Erweiterungsbauten die Rede. Der neue Besitzer wollte das Haus für Restaurationszwecke verpachten. Neben M. Kempinski & Co. war auch Aschinger an diesem Projekt interessiert, mußte aber aufgrund des Hotelbetriebs-Engagements verzichten.[111] Kempinski machte schließlich das Rennen.

Die Berliner Presse berichtete ausführlich über die Realisierung der architektonischen Pläne und der Konzeption für die Gastronomie, wobei eine erstaunliche Mischung aus Tatsachen und journalistischer Phantasie festzustellen ist. Am 23. September 1926 schrieb das »Berliner Tageblatt« – von hier aus gelangte der Artikel am nächsten Tag sogar wortwörtlich in die »Danziger Neuesten Nachrichten« –, daß die Ufa-Gesellschaft das Gebäude am Potsdamer Platz »auf fünfzehn Jahre fest an ein Berliner Konsortium, das unter der Führung der Kempinski-G.m.b.H. [richtig: M. Kempinski & Co. OHG; E.P.] steht, verpachtet« habe. Nach einer grundlegenden Renovierung sollte hier »ein großes vierstöckiges Restaurant nach englischem Muster« entstehen.[112] Auch der »Berliner Lokal-Anzeiger« wußte in seiner Abendausgabe vom 24. September 1926 noch nichts Genaues: »Darüber, in welcher Weise die in Betracht kommenden Teile und Stockwerke des Ufahauses für Restaurationszwecke verwendet werden, sind bestimmte Beschlüsse noch nicht gefaßt. Das Renommee der übernehmenden Firma bürgt jedoch dafür, daß zeitgemäße und der Weltstadt würdige Anlagen und Einrichtungen entstehen werden.«[113]

Das »8-Uhr-Abendblatt« diskutierte am 28. September 1926 das Problem der Übersetzung der Gegend um den Potsdamer Platz mit Gastronomiebetrieben und Vergnügungsetablissements, zeigte sich am Ende aber optimistisch und hoffte, daß die neue Investition eine Bereicherung für den Berliner Fremdenverkehr werde; man vermutete eine Lösung à la »Lyons of London«: billig, sauber, bequem, mit einem Hauch von Luxus. Jedenfalls sollte man Vertrauen zu der »altbewährten Firma Kempinski« haben.[114] Auch das »Berliner Tageblatt« konnte nur die Neugierde seiner Leser schüren:

»In Ergänzung unserer gestrigen Nachrichten über die Verpachtung des Ufahauses an ein unter der Führung der Firma Kempinski stehendes Konsortium, die begreiflicherweise großes Aufsehen erregt haben, hören wir heute noch, daß die Verwaltungsratsmitglieder der Ufa bis jetzt noch keine Stellung zu der Transaktion genommen haben, daß vielmehr die Verhandlungen in der Hauptsache zwischen dem Generaldirektor Bausback der Ufa und Kommerzienrat Unger von Kempinski geführt werden. Es ist indessen als sicher anzunehmen, daß von seiten der Aufsichtsratsmitglieder der Ufa irgendwelche Einwände nicht erhoben werden.

»Haus Vaterland – Betrieb Kempinski« am Potsdamer Platz, 1927

Man nimmt in unterrichteten Kreisen an, daß der Ufa durch die Zusammenarbeit mit Kempinski nur Vorteile erwachsen werden. Von seiten der Firma Kempinski werden verschiedenartige Pläne erwogen. Sie dürften für Berlin Neuartiges bringen.«[115]

Die »Deutsche Zeitung« begrüßte am 11. Februar 1927 die Umbauten als den »größten Schritt zur Belebung der Innenstadt« und begeisterte sich schon im voraus über die zu erwartende großzügige Leuchtreklame, die einem »Werbefeuerwerk« gleichen werde; der Potsdamer Platz als der Verkehrsknotenpunkt Berlins

sei auch der richtige Ort für einen Wettkampf um die vergnügungsbereiten Menschenmassen.[116] Die Firma M. Kempinski & Co. bettete gleichfalls ihre geschäftlichen Interessen in das Allgemeinwohl ein, betonte die innovative Absicht und die positiven Auswirkungen, die der hohe Personalbedarf des neuen Hauses auf den Arbeitsmarkt haben werde sowie die Bedeutung ihrer Pläne für die Stadtentwicklung.[117]

Die Umbauten wurden schließlich unter der Leitung des Berliner Architekten Karl Stahl-Urach realisiert. Das »Café Vaterland« blieb unverändert erhalten; die drei Betriebe Café,

Der Löwenbräu-Saal im »Haus Vaterland«, 20er Jahre

Großgaststätte und Kino wurden getrennt.[118] Eklatant war die Diskrepanz zwischen der architektonischen Gestaltung der Räumlichkeiten und der Einrichtung des Restaurantbetriebes. Der Hallenbereich präsentierte sich in einem Stil zwischen Art déco-Kühle und monumentalem Expressionismus.[119] Der Fußboden bestand aus hell- und dunkelgrauen Travertinplatten; der Treppenbelag aus Kammgarnvelours wies eine vielfarbig großgeblümte Musterung auf. Die Geländer waren aus Nickel, die Wände aus gelb poliertem Travertin, Decke und Gesimse waren silbern plattiert, die Fahrstuhltüren aus Bronze, als Beleuchtung dienten Lampen aus mattiertem Glas in Nickelrahmen[120] – der eintretende Gast sah sich von Eleganz und Luxus umgeben. Für die Bespannung

der Sessel benutzten die Architekten schwarzes Saffianleder.

Der größte Saal war der nach Entwürfen Professor Ernst Sterns entstandene und mit Figurengruppen des Bildhauers Professor Josef Thorak geschmückte Ballsaal, auch Palmensaal genannt, weil sich hier Metallic-Palmen vom Boden bis zur Decke streckten. Der Raum war ganz in Silber, Gold und Kupferrot gehalten: »Wie eine große Bühnendekoration«, urteilte A. Wedemeyer in der »Deutschen Bauzeitung«.[121] Der Architekt, der für die Einrichtung der Innenräume verantwortlich zeichnete, geriet mit seinen Entwürfen in die Nähe des gemütlichen Kitsches.

Im »Haus Vaterland« arbeitete die größte Gasküchenanlage Europas; Kempinski bediente sich hier wie stets modernster Küchentechnik.[122] Überhaupt nahm die gastronomische Neuschöpfung gigantische Formen an. Auf 4454 Quadratmetern konzessionierter Restaurantfläche[123] fanden 3500 Gäste Platz. Ein Jahr nach der Eröffnung war die Besucherzahl bei einer Million angelangt.[124] Fünfhundert Angestellte sorgten für das Wohl der Gäste. Die Kosten für den Umbau – ursprünglich auf 2,5 Millionen RM veranschlagt – beliefen sich schließlich auf rund fünf Millionen RM.[125]

»Haus Vaterland« bot einen Querschnitt durch die internationale Eßkultur: Man konnte in jedem Saal eine andere nationale Speisekarte ausprobieren. Entsprechend waren die einzelnen Gaststätten mit als landestypisch empfundenen Versatzstücken dekoriert. Die Bedienung trug eine Bekleidung, die der jeweiligen Landestracht nachempfunden war. Die Konzeption des Hauses könnte man als multikulturelles Speisen oder als gastronomischen – neben dem architektonischen – Eklektizismus beschreiben. Originell war das Haus für die damalige Zeit allemal. Ihrem Appetit und ihrer Vergnügungssucht konnten die Besucher in folgenden größeren und kleineren Sälen frönen:

– Grinzing
– Löwenbräu
– Wild-West-Bar
– Czardas (später in eine italienische Osteria umgewandelt)
– Türkisches Café
– Japanische Teestube mit »original japanischer Bedienung«
– Spanische Bodega
– »Teltower Rübchen«, eine »Altberliner Bierstube«
– Rheinterrassen (Spezialität: stündlich inszeniertes Gewitter)
– Palmensaal.

Das Essen war auch in diesem Kempinski-Betrieb gut und solide, aber weitaus schlichter als in den anderen Etablissements. Angereichert

wurden die kulinarischen Genüsse durch Darbietungen einzelner Sänger oder Gaukler und eine Art Revue, deren beliebteste Nummer die »Vaterland-Girls«[126] waren: »Gesangs- und deklamatorische Vorträge und Schaustellung von Personen, ohne daß ein höheres Interesse der Kunst oder Wissenschaft obwaltet« – so hieß es in der Konzession für das Haus. Ein Programm vom Mai 1931, das die Divertissements auf den Rheinterrassen aufführt, unterstreicht den bescheidenen Anspruch:

»8.30 Uhr	›Der Mai ist gekommen‹. Ruth Kuthan und die Vaterland-Girls
8.55 Uhr	›Rio de Janeiro‹. Die Vaterland-Girls
9.20 Uhr	›Grubenlichter‹. Bergmannslieder gesungen vom Vaterland-Quartett
9.45 Uhr	Bea von Egyervary. Prima Ballerina der Staatsoper in Budapest
10.15 Uhr	›Auf der Mensur‹. Die Vaterland-Girls
10.35 Uhr	›Vier von der Infanterie‹. Das Vaterland-Quartett
10.55 Uhr	Rudolf Klaus und seine Harmonika
11.20 Uhr	Erika Renal – Der Tanzstar der ›Katakombe‹
11.45 Uhr	›Das war Bonn am Rhein‹, eine heitere Szene mit Mädels und Studenten. Ruth Kuthan, Vaterland-Girls und Quartett«.[127]

Mit der Etablierung von »Haus Vaterland« wird ganz deutlich, daß sich in den 20er Jahren eine Umstrukturierung des Kempinski-Publikums vollzogen hatte. Es kamen zwar immer noch die Beamten aus den Behörden, die Künstler aus Theater und Oper, die Zeitungs- und Geschäftsleute. Karl Kraus hatte das Haus in der Leipziger Straße zu seinem Lieblingslokal erkoren[128], und in den 20er Jahren war Kempinski das Stammlokal der wohlhabenderen Dadaisten.[129] Vor 1914 hatte Kempinski das Konzept einer Egalisierung des Luxus vertreten. Kempinski war immer preiswert und zugleich fein, gediegen oder auch elegant gewesen. In der zweiten Hälfte der 20er Jahre sah sich die Geschäftsleitung gezwungen, das Schwinden eines kaufkräftigen bürgerlichen Publikums durch eine noch deutlichere Orientierung hin zu Massenumsatz und Massengastronomie zu kompensieren. Die einzelnen vaterländischen Gaststätten im »Haus Vaterland« und die hier gebotene maschinisierte Unterhaltung sollten vor allem Touristen anlocken, die sich über das Wochenende in der Metropole vergnügen wollten:

»Dieses Etablissement, ein Vergnügungs- und Freßlokal im Konzern des großen Kempinski, diente dem schönen Zweck, jenen aus der Provinz zureisenden Herren, die voller Lüsternheit nach Amüsement aus dem Potsdamer und Anhalter Bahnhof herausquollen, eine möglichst bunte und möglichst rationalisierte Stimmungskollektion aus den heimischen Ecken unseres Vaterlandes, der Pappmaché-Exotik von Übersee, aus Heurigenrührseligkeit und verjazztem Trapperschweiß zusammenzumixen, die billig war und dem Geschmack eines Provinzlers angemessen. Er brauchte gar nicht erst weit zu laufen und viel darüber nachzudenken, wo ›man was sehen‹ konnte. Er fiel aus dem Bahnhof direkt ins ›Haus Vaterland‹ hinein und konnte dort ›alles‹ sehen, wonach es ihn gelüstete. Das ›Haus Vaterland‹ war also eine sogenannte ›Goldgrube‹.«[130]

»Haus Vaterland« war zum Zeitpunkt seiner Eröffnung die »sensationellste Gaststätte« Berlins.[131] Der Erfolg war so spektakulär, daß er zur Nachahmung anregte. So plante die Hotelbetriebs AG im Herbst 1932, ihr im »Centralhotel« befindliches Restaurant »Zum Heidelberger« gemäß einem Konzept umzugestalten, das unmittelbar von der Kempinskischen Großgaststätte inspiriert war. Allerdings wurden hier – weniger weltoffen, aber doch »zeitgemäßer« als im Vorbild – »deutsch-heimatliche Gaststätten« geschaffen[132], oder wie es 1934 hieß: Die »Räume [spiegeln] die kulturelle Eigenart der deutschen Gaue wider, denen sie gewidmet sind«. Es gab hier eine Schwarzwaldstube, einen

Reklame für das Veranstaltungsprogramm im »Haus Vaterland«, 1931

Bayerischen Bierhof, einen Heidelberger Studentensaal, eine Westfälische Stube, einen Hansaraum, eine Schlesische Baude, eine Ostfriesische Fischerstube, einen Heidelberger Keller, schließlich einen Rheinland- und einen Deutschlandsaal.[133] Im Herbst 1933 wurde das Restaurant eröffnet.

War »Haus Vaterland« nun wirklich ein so großer Erfolg? Wo lag der geschäftliche Nutzen für M. Kempinski & Co.? Mit der Haus Vaterland Gaststätten GmbH, die Restaurant und Café bewirtschaftete und an der Kempinski for-

Werbeinserat für »Haus Vaterland« im »Gemeindeblatt der Jüdischen Gemeinde zu Berlin«, 1928

pinski-Geschäftsleitung wollte also in erster Linie an den Lieferungen für »Haus Vaterland« verdienen.

Außerdem übernahm M. Kempinski & Co. die oberste Geschäftsleitung aller Restaurationsbetriebe; für diese Tätigkeit erhielt das Unternehmen eine Gestionsgebühr in Höhe von 450 000 RM pro Jahr zuzüglich 25 Prozent der Gewinne, die die Haus Vaterland Gaststätten GmbH erwirtschaftete. Garantiert war auch bei schlechtem Geschäftsgang eine Gestion in Höhe von 100 000 RM.[136] M. Kempinski & Co. stand das Recht zu, zwei Geschäftsführer für »Haus Vaterland« vorzuschlagen. Hans Kempinski wurde einer der Direktoren. Möglichkeiten der Einflußnahme boten sich auch über die Besetzung von Posten im Aufsichtsrat der Haus Vaterland Gaststätten GmbH. So bestand der Aufsichtsrat aus Rechtsanwalt Dr. Hans Koch, Direktor Johannes Kiehl von der Deutschen Bank und Disconto-Gesellschaft, Bankier Salomon Marx, Bankdirektor Friedrich Reinhart, Kommerzienrat Richard Unger, Hans Kempinski und Dr. Walter Unger.[137] Wohl wissend um Ansehen und Kennzeichnungskraft des Namens, legte Kempinski Wert auf eine genaue Fixierung der Namensrechte. Die Firma hatte zunächst gezögert, »Haus Vaterland« ihren »guten Namen« zur Verfügung zu stellen[138], dann aber doch zugestimmt:

»Ohne hierzu verpflichtet zu sein, wird die Firma M. Kempinski & Co. bis auf weiteres nach ihrem Gutdünken ihren Namen mit dem Betrieb ›Haus Vaterland Gaststätten G.m.b.H.‹ in Verbindung bringen. Bei Beendigung dieses Vertrages ... ist die Haus Vaterland Gaststätten G.m.b.H. nicht berechtigt, in irgendwelcher Weise darauf hinzuweisen, daß der Betrieb von der Firma Kempinski eingerichtet, gegründet oder betrieben worden ist, hat sich überhaupt jeglichen Gebrauchs des Namens und der Zeichenrechte der Firma Kempinski zu enthalten. In Abweichung hiervon ist die Haus Vaterland

mell mit einer geringfügigen Summe beteiligt war, wurde ein Vertrag geschlossen, wonach Kempinski zehn Jahre lang das ausschließliche Lieferungsrecht für Wein, Sekt, Likör, Bier und sonstige Getränke sowie für alle Lebens- und Genußmittel und Kempinski-Markenartikel zu bestimmten Vorzugspreisen erhalten sollte.[134] Kempinski gelang es, die Haus Vaterland Gaststätten GmbH zu günstigeren Preisen zu beliefern, als jedes andere Berliner Unternehmen es vermocht hätte. Obwohl 100 Prozent auf den Einstandspreis aufgeschlagen wurden, lagen »die Verkaufspreise weit unter dem Rahmen der in Vergnügungsrestaurants üblichen Preise«. Einzelne Speisen waren teuer, da auf »erstklassige« Qualität Wert gelegt wurde.[135] Die Kem-

Gaststätten G.m.b.H. berechtigt, längstens für die Dauer eines Jahres nach Beendigung des Vertrages zur Orientierung des Publikums über die Identität des Unternehmens mit dem früher durch die Firma M. Kempinski & Co. betriebenen, aber unter keinen Umständen zu Reklamezwecken, oder in reklameartiger Aufmachung, darauf hinzuweisen, daß der Betrieb von der Firma Kempinski früher betrieben wurde.«[139]

Schon zum Zeitpunkt der Eröffnung von »Haus Vaterland« hatte eine wirtschaftliche Rezession eingesetzt, die sich allerdings zunächst aufgrund des Neuheitswertes des Etablissements nicht negativ auswirkte. Im Januar 1929 sorgte dann ein schlechter Geschäftsgang für Aufregung in Geschäftsleitung und Beirat. Trotz gleichbleibender Gästefrequenz, die sich um dreitausend Besucher täglich im Restaurationsbereich bewegte, und hohem Umsatz wurden nur geringe Gewinne erwirtschaftet. Hohe Kosten absorbierten den Profit.[140] Im März 1929 leitete die Firma die ersten Sparmaßnahmen ein, die vor allem die Künstler trafen. So wurden die Künstlergagen im Februar um 5418 RM und die Ausgaben für die Musiker um 6412 RM gesenkt; eine weitere Kürzung sollte im März erfolgen. Auch der Abbau von Löhnen und Gehältern der Geschäftsführer, Pagen und des Hilfspersonals in den Betrieben wurde in die Wege geleitet. Die Rahmenbedingungen für den sukzessiven Lohnabbau während der Weltwirtschaftskrise wurden durch die Notverordnungen der Regierung vorgegeben. August Lechner von der Bank für Grundbesitz und Handel sah zudem ein Manko der Geschäftsführung in den eher bescheidenen Aufwendungen für Reklamezwecke.[141]

Im Juni 1930 hatte die allgemeine Wirtschaftskrise das besonders konjunkturempfindliche Vergnügungsgewerbe an den Rand der Katastrophe gebracht. Die geringe Kaufkraft der Bevölkerung bewirkte, daß Gäste, die ins

»Haus Vaterland« kamen, stundenlang »bei einer Tasse im Café saßen«. Hinzu kam, daß »Haus Vaterland« nun keine sensationelle Attraktion mehr war. Während einer Beiratssitzung der Haus Vaterland Gaststätten GmbH am 5. August 1930, an der Dr. Hans Koch, Johannes Kiehl, Salomon Marx, Hans Kempinski, Dr. Friedrich Wolfgang Unger und August Lechner teilnahmen, wurden erneut Einsparungen beim Revueprogramm beschlossen; die beliebten Vaterland-Girls aber sollten bleiben – darin waren sich alle Beteiligten einig.[142]

Um weitere notwendig erscheinende Sanierungsmaßnahmen entstand eine Auseinandersetzung. Bankier Friedrich Reinhart, Mitglied des Aufsichtsrates der Haus Vaterland Gaststätten GmbH, hatte eine Erhöhung des Eintrittsgeldes von 1 auf 2 RM vorgeschlagen, wobei 1 RM auf den Verzehr angerechnet werden sollte. Kempinski sprach sich gegen diese Maßnahme aus, da die Anhebung der Eintrittsgebühr vor allem diejenigen sehr zahlreichen Besucher abschrecken würde, »die einen großen Unterschied machen, ob sie eine oder zwei Mark von vornherein für das Eintrittsgeld bezahlen müssen«. Insbesondere die Erfahrungen mit dem hohen Eintrittspreis von 3 RM für den Palmensaal seien durchweg negativ; gerade das Bemühen der Geschäftsleitung um eine Steigerung der Besucherzahl werde so unterlaufen. Reinhart ließ schließlich seinen Plan fallen.[143]

»Haus Vaterland« war also keineswegs eine »Goldgrube«: Kempinski zahlte eher noch drauf. Für die Jahre 1931/32 und 1932/33 verzichtete das Unternehmen ganz – für die Vorjahre partiell – auf die ihm zustehende Gestionsgebühr.[144] Im Juni 1932 wurde neben weiterem Personalabbau auch die Schließung des Palmensaals, der vor allem während des Tages nur schwach besucht war, sowie einiger Nebensäle projektiert.[145] Von dieser drastischen Maßnahme sah man jedoch lieber ab, da vor der Konkurrenz keine Schwäche gezeigt werden sollte.

Das Exempel »Haus Vaterland« zeigt, wie ein geschäftliches Engagement, das zunächst von den beteiligten Firmen und dem Publikum euphorisch begrüßt wurde und auch erfolgversprechend begann, in den Strudel der Weltwirtschaftskrise hineingeriet. Wie sich die Krise auf die Kempinski-Betriebe insgesamt auswirkte, ist Thema des folgenden Abschnitts.

Schloß Marquardt am Schlänitzsee, 1932

Im Jahre 1930 übernahm M. Kempinski & Co. die Breslauer Niederlassung in der Ohlauer Straße 79. Das Berliner Unternehmen fühlte sich zu diesem Schritt gezwungen; es galt, ein entfernt familiäres Konkurrenzunternehmen abzuwehren:

»Nach dem Tode des Herrn Moritz Kempinski wurde die Firma durch seine Erben übernommen. Die Inhaber der Firma M. Kempinski & Co., Berlin, die mit ihrem Weingroßhandel auch in der Provinz guten Fuß gefaßt hatten, mußten befürchten, daß ihnen in der Firma M. Kempinski & Co., Breslau, welche unter gleicher Firmierung ebenfalls die Marke Kempinski führen durfte, eine ernsthafte Konkurrenz

entstehen konnte. Man glaubte, diese Konkurrenz durch Ankauf der Breslauer Firma am ehesten abwenden zu können.«[146]

Nach umfangreichen Umbauten wurden am 1. Dezember 1930 ein Weinrestaurant und ein Delikatessengeschäft eröffnet. Der neue Betrieb begann zunächst erfolgreich; dann aber wirkten sich die Wirtschaftskrise und antisemitische Bestrebungen verheerend aus, die in Breslau vor 1933 massiver einsetzten als in Berlin.[147] Außerdem war das Projekt wohl für die schlesische Provinzgroßstadt »zu großzügig gestaltet«.[148] Breslau brachte Kempinski einen Verlust von 1 Million RM und erwies sich als größter Fehlschlag in der Firmengeschichte. Das Weinrestaurant wurde am 4. April 1932 geschlossen. Um die Konzession behalten zu können, führte Kempinski in der Ohlauer Straße einen Feinkostladen und seit dem 28. November 1933 eine Schoppen- und Imbißstube weiter.

Selbst dieser reduzierte Geschäftsbetrieb war den Behörden nach der Machtübernahme der Nationalsozialisten ein Dorn im Auge. Der Oberpräsident der Provinz Niederschlesien, der Regierungspräsident in Breslau und der Treuhänder der Arbeit in Schlesien bemühten sich zugunsten des »arischen« und NSDAP-nahen Weinhauses »Kaisergarten und seines Besitzers Berthold Güth sen.«, der bis 1930 Pächter von Kempinski/Breslau gewesen war und der nach der Wiedereröffnung von Kempinski eine gefährliche Konkurrenz für sein Geschäft befürchtete. Der Treuhänder der Arbeit riet Güth, seine Angelegenheit dem Einheitsverband der Gastwirte und dem Breslauer Stadtausschuß vorzutragen, da »es zweifelhaft sein kann, ob die Wiedereröffnung Kempinski nicht inhibiert werden könnte«.[149] Vorerst gab es für Kempinski in Breslau allerdings noch eine kurze Gnadenfrist.

Nach der Verkleinerung der Breslauer Filiale wurden die hier nicht mehr benötigten Arbeitskräfte in der neuesten Kempinskischen Unternehmung, Schloß Marquardt, untergebracht. Fritz Eger, der Breslauer Geschäftsführer, leitete nun Schloß Marquardt.[150]

Am 21. Juni 1932 pachtete M. Kempinski & Co. das am Schlänitzsee bei Potsdam liegende Anwesen, das sich im Besitz von Geheimrat Dr. Louis Ravené befand, dem Besitzer des Eisenwarenkonzerns Jacob Ravené Söhne. Kempinski beabsichtigte, mit der Einrichtung dieser »Sommerfrische« einen Ausgleich für die Umsatzeinbußen zu schaffen, die die Berliner Betriebe stets während der Sommermonate erlitten. Auch eine bessere Auslastung der Nebenbetriebe und die Möglichkeit, City-Personal während der Flaute in Marquardt beschäftigen

Briefkopf des »Hotel Schloß Marquardt«, 30er Jahre

zu können, spielten eine Rolle.[151] Zudem wurde der Kurzurlaub im Grünen, verbunden mit allen Bequemlichkeiten und luxuriösem Ambiente, beim zahlungskräftigen Publikum immer beliebter. Schloß Marquardt war das »bevorzugte Ausflugs- und Wochenendziel des anspruchsvollen Berliners«.[152]

Im Falle von Schloß Marquardt ist der Original-Pachtvertrag zwischen Kempinski und Ravené erhalten geblieben. Schloß, Schloßpark, das sogenannte Peterhaus und alle Baulichkeiten und Einrichtungen wurden an das Berliner Gastronomieunternehmen verpachtet. Unter dem Namen »Kempinski-Hotel Schloß Marquardt« sollte ein Restaurant mit Gartenbetrieb, ein Café, das Hotel und ein Strandbad geführt werden.[153] Für die erforderlichen umfangreichen Umbauten stellte Ravené ein zinsloses Darlehen von 35 000 RM zur Verfügung sowie 15 000 RM à fonds perdu für die Überholung der technischen Anlagen; die von Kempinski vorgenommenen Um- und Einbauten gingen allerdings in das Eigentum Ravenés über. Kempinski hatte eine Umsatzpacht zu zahlen, und zwar 6 Prozent für verkaufte Speisen, 10 Prozent für Getränke, 5 Prozent für Zigarren und Zigaretten. Von den Erlösen aus den Unterverpachtungen, soweit Kempinski sie selbst erhielt, waren 25 Prozent an Ravené abzuführen. Vom Umsatz im eigentlichen Hotelbetrieb sollten 12,5 Prozent für Ravené abfallen. Über die Umsatzpacht auf die Einnahmen aus den Nebenbetrieben (Tankstelle, Strandbad, Garage, Tennisplatz), sofern diese von Kempinski selbst betrieben wurden, wollte man erst Vereinbarungen treffen, wenn sich hier alles eingespielt hatte.[154] Als Pachtdauer wurde eine Probezeit bis zum 31. März 1933 verabredet. Falls Kempinski dann die Absicht bekunden sollte, das Unternehmen fortzuführen, sollte sich der Vertrag bis zum 31. März 1936 verlängern. Danach erhielt Kempinski eine Option auf weitere sechs Jahre, allerdings mit einer erhöhten Umsatzpacht von 8 Prozent auf Speisen und 12 Prozent auf Getränke.[155]

In der Folgezeit wurde »Hotel Schloß Marquardt« zwar zum Inbegriff des noblen Landlebens für wohlhabende Gäste aus der Reichshauptstadt; auch die Kompensation für den sommerlichen Umsatzrückgang in den Berliner Betrieben wurde erreicht. Allerdings warf Schloß Marquardt keine Gewinne ab, was zu Diskussionen zwischen Kempinski und Ravené über eine Verringerung der Pachtsumme führte. Man einigte sich schließlich auf eine Einheitspacht von 6 Prozent, und Kempinski wurde das Recht eingeräumt, das Haus während der wenig lukrativen Wintermonate zu schließen.

Betrachtet man die Unternehmensentwicklung in der Weimarer Zeit, so ist zunächst eine kontinuierliche betriebliche Expansion festzustellen. Als Indikator kann der bis 1936 nahezu ungebrochene Aufwärtstrend im Personalbestand gelten (s. Tabelle rechts).

Die Zahlen erfassen Angestellte und gewerbliche Arbeiter. Das Verhältnis beider Gruppen zueinander blieb jeweils konstant. Nur in der Zeit von Mitte 1932 bis Mitte 1933 erfolgte ein größerer Sprung im Angestelltenbereich, schon im folgenden Jahr ist allerdings wieder

1909	600	Beschäftigte[156]
1925/26	787	,,
1926/27	1242	,,
1927/28	1310	,,
1928/29	1353	,,
1929/30	1380	,,
1930/31	1393	,,
1931/32	1353	,,
1932/33	1471	,,
1933/34	1505[157]	,,
1936	1303[158]	,,

eine Reduktion festzustellen. Auffallend ist, daß selbst auf dem Höhepunkt der Weltwirtschaftskrise und der Massenarbeitslosigkeit bei Kempinski kaum Entlassungen vorgenommen wurden. Möglicherweise wird die Geschäftsleitung eher zum Mittel des Lohnabbaus gegriffen haben, wofür es – wie im Fall von »Haus Vaterland« zu sehen war – vereinzelt Belege gibt. Die Betriebsausweitungen der späten 20er Jahre – »Haus Vaterland«, Breslau, Schloß Marquardt – waren zunächst von großen Hoffnungen begleitet. Sie brachten in der ersten Zeit auch geschäftlichen Erfolg, gerieten dann aber, bedingt durch die allgemeine wirtschaftliche Situation, ins Minus.

Die Tabelle (S. 83) gibt einen Überblick über die Entwicklung der wertmäßigen Warenumsätze abzüglich Rabatte.

Der gravierendste Einbruch erfolgte zwischen Mitte 1931 und Mitte 1932; der Absatzrückgang im Wert von fast 3 Millionen RM war größer als die Einbußen, die bei der Machtübernahme durch die Nationalsozialisten und der sich anschließenden Boykottbewegung zu verzeichnen waren. Allerdings entstanden 1932/33 wohl deshalb nicht mehr so auffallend hohe Ver-

Angabe in 1000 RM	Gesamtumsätze	Wein	Speisen	Zigarren
1913/14	7166	3001	4165	–
1924/25	11 799	4577	7075	0147
1925/26	11 429	5097	6183	0149
1926/27[1]	12 870	5159	7524	0187
1927/28	17 285	7275	9693	0317
1928/29[2]	20 324	8259	11 557	0508
1929/30	19 702	7968	11 201	0533
1930/31[3]	18 661	7446	10 710	0505
1931/32[4]	15 692	6170	9102	0420
1932/33	13 904	5214	8290	0400
1933/34	12 741	4936	7432	0373

[1] Ab 1. Oktober 1926 Weinrestaurant und Feinkostgeschäft Kurfürstendamm
[2] Ab 1. September 1928 »Haus Vaterland«
[3] Ab 1. Dezember 1930 Niederlassung Breslau
[4] Ab 1. Juni 1932 »Café Trumpf« und »Hotel Schloß Marquardt«[159]

luste, weil zuvor schon eine allgemeine Umsatzreduktion eingesetzt hatte. Überblickt man die Entwicklung der Gewinne des Unternehmens, so kann man feststellen, daß hier der Einbruch früher stattfand: Zwischen Mitte 1929 und Mitte 1930 schmolzen die Gewinne von M. Kempinski & Co. um etwa zwei Drittel zusammen (s. Tabelle rechts).[160]

Eine sehr bedenkliche Erscheinung war die kontinuierliche Reduktion des Gesellschaftskapitals des Unternehmens, die sich während der gesamten Weimarer Zeit sukzessive und unabhängig vom Konjunkturverlauf vollzog.[161] Die Geldbedürfnisse eines expansiven Unternehmens und der steigende Lebensstandard der Gesellschafter werden hier eine Rolle gespielt haben. Fatal wirkte sich der Kapitalschwund nach 1933 aus, als keine positiven Gegentendenzen vorhanden oder zu erwarten waren, vielmehr Umsatzrückgang, Betriebsverluste und ein wachsender Schuldenberg hinzukamen.

1924/25	233 121,74 RM
1925/26	236 161,89 RM
1926/27	433 917,14 RM
1927/28	515 926,65 RM
1928/29	593 342,40 RM
1929/30	206 194,13 RM
1930/31	302 784,85 RM
1931/32	208 026,15 RM
1932/33	198 823,17 RM
1933/34	–
1934/35	–

Will man die Auswirkungen der Weltwirtschaftskrise einerseits und die des politischen Umsturzes im Januar 1933 andererseits auf den Geschäftsgang bei M. Kempinski & Co. abwägen, kann folgendes gesagt werden:

Ein insgesamt florierendes und gesundes Unternehmen, das sich 1928 auf dem Gipfel seiner Prosperität befand, geriet ein Jahr später in den Strudel der Weltwirtschaftskrise, die mit einer Destabilisierung des Systems der parlamentarischen Demokratie einherging. Von dieser Rezession und Vertrauenskrise waren das Gastwirtsgewerbe und der Fremdenverkehr besonders hart betroffen. Dennoch, trotz schmerzhafter Umsatzeinbußen auch bei M. Kempinski & Co., trotz besorgniserregender Phänomene wie weitgehender Fremdfinanzierung der Expansion, trotz Verschuldung und mangelnder Möglichkeiten, die Schulden abzubauen, bewiesen die Kempinski-Betriebe in der Krise eine erstaunliche Stabilität. Noch 1932/33 wurde insgesamt ein Betriebsgewinn herausgewirtschaftet. Seit Mitte 1932 wuchs die Hoffnung auf eine Verbesserung der politischen und sozioökonomischen Situation im Deutschen Reich, die auch von der Kempinski-Firmenleitung geteilt wurde. Die Machtübernahme durch die Nationalsozialisten zerstörte diese Hoffnungen – vor allem die der jüdischen Familienbetriebe wie M. Kempinski & Co. Der Beginn des Hitler-Regimes hatte zur Folge, daß sich die an sich durchdachten und erfolgversprechenden Betriebsausweitungen nicht positiv entwickeln, nicht zur Reife gelangen, daß die im Zuge der Weltwirtschaftskrise erlittenen Einbußen nicht überwunden werden konnten.

Anmerkungen

1 Amtsgericht Charlottenburg, Handelsregisterakten, HRA 3448 Nz., Bd. I, Bl. 36/36RS.
2 Auskunft von Elisabeth Kohsen, Interview, 9. Juli 1990.
3 Die Dissertation Walter Ungers befindet sich in der Universitätsbibliothek der Humboldt-Universität, Berlin.
4 Amtsgericht Charlottenburg, Handelsregisterakten, HRA 3448 Nz., Bd. I, Bl. 38/38RS.
5 Nach der Scheidung der Ehe Kohsen-Unger wurde am 6. Oktober 1930 das Ausscheiden Dr. Walter Kohsens aus der Firma beim Amtsgericht gemeldet und im Mai 1931 in das Handelsregister eingetragen; Handelsregisterakten, ebd., Bl. 59. Der ehemalige Gesellschafter erhielt eine hohe Abfindung. Walter Kohsen nahm sich 1933 in Paris das Leben.
6 Die Anmeldung erfolgte am 9. Oktober 1925. Auch Dr. F.W. Ungers Beteiligung war auf 5000 Goldmark festgesetzt; siehe: Handelsregisterakten, a.a.O., Bl. 43/43RS.
7 Auskünfte von privater Seite.
8 Interview mit Elisabeth Kohsen, 9. Juli 1990.
9 Stadtverordnetenversammlung zu Berlin 1911–1919.
10 Berlins Aufstieg zur Weltstadt. Ein Gedenkbuch, Berlin 1929, S. 12.
11 Reichshandbuch der deutschen Gesellschaft, Bd. II, Berlin 1930/31, S. 1935.
12 Ebd.
13 Ebd.
14 Ebd.
15 »Rhein und Wein am Kaiserdamm«, in: Berliner Tageblatt, Nr. 73 vom 12. Februar 1927.
16 Reichshandbuch der deutschen Gesellschaft, a.a.O., S. 1935.
17 Verzeichnis der ständigen Fachausschüsse der Industrie- und Handelskammer zu Berlin, hrsg. von der IHK zu Berlin, Berlin 1928, S. 36.
18 Ebd., S. 63.
19 Ebd., S. 76.
20 Ebd., S. 11, und Mitteilungen der IHK zu Berlin vom 10. August 1930, S. 789.
21 Mitteilungen der IHK zu Berlin, Nr. 11 vom 10. Juli 1928, S. 538. Kurt Lüpschütz, Generaldirektor der Hotelbetriebs AG und Mitglied des IHK-Ausschusses Fremdenverkehr, sprach über »Das großstädtische Hotel«. Vorträge hielten auch der Direktor der Lufthansa AG M. Wronsky, Staatssekretär a.D. und Rundfunkkommissar des Reichspostministers Dr. H. Bredow, der Kunsthistoriker Max Osborn und der sozialdemokratische preußische Innenminister Albert Grzesinski sowie etliche Professoren und Staatssekretäre.
22 Verzeichnis der ständigen Fachausschüsse, 1928, S. 88. Richard Unger war 1926 bis 1928 Vertrauensmann beim Schiedsgericht für den Weinhandel. Er kannte sich besonders gut auf dem Gebiet der Weinsteuergesetzgebung aus. 1932 saß Dr. Friedrich Wolfgang Unger-

Kempinski im Fachausschuß für den Weinhandel, allerdings im Namen der Tochterfirma Maurer & Bracht.
23 Bericht der Deutschen Revisions- und Treuhand AG 1934; StA Berlin, Rep. 225, Nr. 176/1, S. 2f.
Der Gesellschaftsvertrag konnte nicht aufgefunden werden; einige seiner Bestimmungen sind allerdings aufgrund der Parallelüberlieferung zu ermitteln.
24 Bericht der Deutschen Revisions- und Treuhand AG, 1934, a.a.O., S. 4.
25 Ebd.
26 Ebd.
27 Ebd.
28 Ebd., S. 3f.
29 Vgl. dazu die Ausführungen in Kapitel IV.
30 Bericht der Deutschen Revisions- und Treuhand AG, 1934, a.a.O., S. 4.
31 Amtsgericht Charlottenburg, Handelsregisterakten, 90 HRA 3448 Nz., Bl. 48.
32 Die Skizze geht auf ein Schema zurück, das den Stand vom 8. Januar 1936 wiedergibt. Die in der Vorlage angegebenen Namen wurden zumeist nicht mitaufgeführt, da sich möglicherweise personelle Veränderungen vollzogen haben. Die angegebene Anzahl der Beschäftigten wurde zur Orientierung beibehalten, da der Stand der kaufmännischen Angestellten gegen Ende der 20er Jahre dem von 1936 in etwa entsprach. Gravierende Verschiebungen zwischen den einzelnen Abteilungen wird es nicht gegeben haben; siehe: StA Berlin, Rep. 225, Nr. 332.
33 Bericht der Deutschen Revisions- und Treuhand AG, 1934, a.a.O., S. 6–8.
Bei der Druckerei handelte es sich um die Offset- und Steindruckerei Gebr. Hartkopf GmbH, bei der M. Kempinski & Co. 1924 eine Mehrheitsbeteiligung erworben hatte. Die Gebr. Hartkopf GmbH beschäftigte zwei Meister, 44 Arbeiter und sechs kaufmännische Angestellte. Kempinski war sehr an einer preisgünstigen und zuverlässigen Belieferung mit Etiketten und Reklamedrucksachen interessiert. Zu Anfang der 30er Jahre konnte die Hausdruckerei nicht mehr rentabel arbeiten; siehe: Bericht der Revisions- und Treuhand AG, 1934, S. 40f.; vgl. auch das Gutachten des Wirtschaftsprüfers Dr. J. Semler über M. Kempinski & Co. vom Januar 1936; StA Berlin, Rep. 225, Nr. 331, S. 7f.
34 Gemeentearchief Amsterdam, P.A. 816/21.
35 Die Friedrichshaus GmbH war eine hundertprozentige Tochterfirma von M. Kempinski & Co., das Gesamtkapital von nominell 310 000 RM befand sich im Besitz von Kempinski.
36 Bericht der Deutschen Revisions- und Treuhand AG, 1934, a.a.O., S. 3–6.
37 Angabe im Briefkopf eines Geschäftsschreibens vom 28. Mai 1927; LA Berlin, Rep. 207, Acc. 2307, Nr. 1325.
38 Angabe im Briefkopf eines Geschäftsschreibens vom 2. Mai 1931, ebd.
39 Eigenwerbung in »Berolina. Das Magazin der Kempinski-Betriebe«, hrsg. von der Haus Vaterland Gaststätten

GmbH, Nr. 35 vom März 1933; StA Berlin, Bibliothek.

40 Die Zusammenstellung erfolgte nach der Durchsicht diverser Weinlisten und Weinkarten der Firma M. Kempinski & Co.

41 Interview mit Elisabeth Kohsen, 9. Juli 1990.

42 Fragebogen für Mitglieder der Deutschen Handelskammer für die Niederlande vom 14. Oktober 1943; siehe: Gemeentearchief Amsterdam, P.A. 816/6.

43 Gemeentearchief Amsterdam, P.A. 816/30. Nach 1933 setzte sich der Umsatzrückgang verstärkt fort; gegenüber dem Höchststand von 1928/29 betrugen die Umsätze zeitweise nur die Hälfte. Nach der »Arisierung« auch der Amsterdamer Filiale 1941 setzte naturgemäß ein Aufschwung ein, der 1942 bis 1944 einen Höchststand erreichte.

44 Gutachten Dr. J. Semlers, 1936, a.a.O., S. 8; vgl. auch den Bericht der Deutschen Revisions- und Treuhand AG, 1934, a.a.O., S. 49f.

45 Gutachten Dr. J. Semlers, 1936, a.a.O., S. 7.

46 Aktenvermerk vom 12. Dezember 1935; ZStA Potsdam, 80 Re 2 Reichskreditgesellschaft, Nr. 3404, Bl. 204–206.

47 Gutachten Dr. J. Semlers, 1936, a.a.O., S. 7.

48 Amtsgericht Charlottenburg, Handelsregisterakten, HRA 87450, Bl. 170/170RS.

49 »Ufa und Kempinski wirtschaftlich vereinigt«, in: Neue Berliner Zeitung vom 24. September 1926; StA Berlin, Rep. 225, Nr. 869.

50 Feinkostverzeichnis der Firma M. Kempinski & Co., Berlin o. J.; Sammlung der Kempinski AG. Das Verzeichnis umfaßt einschließlich Register 133 Seiten.

51 Ebd., S. 15.

52 Ebd., S. 17–20.

53 Ebd., S. 40ff.

54 Ebd., S. 67ff.

55 Zusammengestellt auf der Grundlage des Kempinski-Feinkostverzeichnisses. Hingewiesen werden soll an dieser Stelle auch auf den Verkauf von Kempinski-Zigarren und -Zigarillos.
Zu den Kempinski-Schokoladen ist zu sagen, daß die Firma seit November 1929 aufgrund eines Vertrages mit der Mitropa an der Eisenbahn Automatic AG beteiligt war, der der Vertrieb von Schokolade aus in Eisenbahnen angebrachten kleinen Automaten oblag. Das Geschäftsvolumen der Gesellschaft war sehr geringfügig; vgl.: Bericht der Deutschen Revisions- und Treuhand AG, 1934, a.a.O., S. 52f.

56 Feinkostverzeichnis, S. 118.

57 Kempinski besaß seit 1927 als hundertprozentige Tochter eine eigene Einkaufs- und Handelsgesellschaft, die Kosterlitz & Co. GmbH. Es handelt sich hier um den Ankauf einer alten Kaviar-Import-Firma, deren Geschäfte seit 1914 geruht hatten. Die Kosterlitz & Co. GmbH sollte den Einkauf z. B. von Zigaretten, technischen Artikeln und Wäsche direkt vom Produzenten regeln. Interessant ist ein Schreiben der Berliner IHK an das Amtsgericht Berlin-Mitte vom 24. September

1927, in dem Zweifel an der Seriosität der Transaktion durch den Hinweis auf das Engagement des Unternehmens Kempinski zerstreut werden: »Falls die Erhöhung [des Betriebskapitals; E.P.] durchgeführt ist, würden wir gegen die Eintragung keine Bedenken mehr haben, da es sich trotz des verhältnismäßig geringen Kapitals um ein gut fundiertes Unternehmen handelt und eine Irreführung im Publikum nicht erweckt wird.« (Amtsgericht Charlottenburg, Handelsregisterakten, 93 HRB 52747, Bl. 54/55). Die Firma hat in der Folgezeit so gut wie keine Aktivitäten entfaltet; vgl. den Bericht der Deutschen Revisions- und Treuhand AG, 1934, a.a.O., S. 42.

58 Der Werbefilm wird im »Archiv für den wissenschaftlichen Film der DDR« in Potsdam-Babelsberg aufbewahrt. Weitere Stadtküchen neben Kempinski waren u. a. Rollenhagen, F.W. Borchardt, Lindstedt & Säuberlich, Huster; vgl. Jubiläums-Almanach des Vereins Berliner Köche 1841–1951, Berlin 1951, S. 48–50.

59 Karl Heinz Metzger u. Ulrich Dunker, Der Kurfürstendamm. Leben und Mythos des Boulevards in 100 Jahren deutscher Geschichte, hrsg. vom Bezirksamt Wilmersdorf von Berlin aus Anlaß der 750-Jahr-Feier der Stadt Berlin 1987, Berlin 1986, S. 101 ff.

60 Berliner Tageblatt, Nr. 576 vom 7. Dezember 1926, 1. Beiblatt.

61 Schreiben Helene Kempinskis an den Bezirksausschuß Berlin vom 25. Juni 1925; LA Berlin, Rep. 207, Acc. 2307, Nr. 1323.

62 »Das Weinrestaurant Kempinski auf dem Kurfürstendamm in Berlin«, in: Deutsche Bauzeitung, Nr. 35 vom 30. April 1927, S. 298.

63 Schreiben des Bezirkswohnungsamtes Charlottenburg an die Städtische Baupolizei, Bezirk Charlottenburg, vom 13. Juli 1925; LA Berlin, Rep. 207, Acc. 2307, Nr. 1323; vgl. auch das Schreiben der Deputation für das Siedlungs- und Wohnungswesen an die Städtische Baupolizei vom 25. September 1925, ebd.

64 LA Berlin, Rep. 207, Acc. 2307, Nr. 1325.

65 Gutachten Dr. J. Semlers, 1936, a.a.O., S. 32.

66 LA Berlin, Rep. 207, Acc. 2307, Nr. 1323.

67 Schreiben des Architekturbüros an die Städtische Baupolizei Charlottenburg vom 22. Juni 1925; LA Berlin, Rep. 225, Acc. 2307, Nr. 1323.

68 »Das Weinrestaurant Kempinski auf dem Kurfürstendamm in Berlin«, in: Deutsche Bauzeitung, Nr. 35 vom 30. April 1927, S. 297; vgl. auch: Berlin und seine Bauten, VIII/B, S. 80.

69 »Ufa und Kempinski wirtschaftlich vereinigt«, in: Neue Berliner Zeitung vom 24. September 1926.

70 Deutsche Bauzeitung, Nr. 35 vom 30. April 1927, S. 300f.

71 Man trug hier dem Trend zur Außengastronomie Rechnung, der sich in einem zähen Ringen mit der Städtischen Baupolizei um die Anbringung von Markisen, Windschutzwänden und die Aufstellung eines Gangzel-

tes niederschlug; vgl. die Briefe und Zeichnungen im LA Berlin, Rep. 207, Acc. 2307, Nr. 1325.

72 Gemeentearchief Amsterdam, P.A. 816/21.
73 Deutsche Bauzeitung, Nr. 35 vom 30. April 1927, S. 299.
74 Hans Erman, Bei Kempinski, S. 213.
75 Neue Berliner Zeitung vom 24. September 1926.
76 Adrian, »Der Sieg der kleinen Portion«, in: Berliner Tageblatt, Nr. 467 vom 3. Oktober 1926, 1. Beiblatt.
77 LA Berlin, Rep. 207, Acc. 2372, Nr. 2148, Bl. 22.
78 Gutachten Dr. J. Semlers, 1936, a.a.O., S. 6.
79 Ebd., S. 47–49.
80 Jüdisches Adreßbuch für Groß-Berlin, Berlin 1929/30, S. 333.
81 Ebd., S. 168.
82 StA Berlin, Rep. 225, Nr. 733.
83 Zur Person Leopold Koppels (1854–1933) vgl.: Joseph Walk, Kurzbiographien zur Geschichte der Juden 1918–1945, München 1988, S. 202; E.G. Lowenthal, Juden in Preußen, Berlin 1982, S. 121; Erich Achterberg, Berliner Hochfinanz. Kaiser, Fürsten, Millionäre, Frankfurt a. M. 1965, S. 37 f. Vgl. auch die zweifellos subjektiv gefärbte Schilderung des Auftretens Koppels von Hedda Adlon. Koppel hatte versucht, den Bau des Hotels »Adlon« am Pariser Platz zu verhindern, da er eine geschäftliche Konkurrenz für die Hotelbetriebs AG vermutete. Als das »Adlon« 1907 eröffnete, war es das luxuriöseste und modernste Hotel Berlins. Das Verhältnis von 300 Zimmern zu 250 Bädern war in der Reichshauptstadt bisher unerreichter Gipfelpunkt des hygienischen Fortschritts; siehe: Hotel Adlon, 8. Aufl., München 1988, S. 20 ff.
84 Felix Pinner [d.i. Frank Fassland], Deutsche Wirtschaftsführer, Berlin-Charlottenburg 1924, S. 249–252.
85 Als Dr. Meinhardt gezwungenermaßen den Aufsichtsratsvorsitz bei der Hotelbetriebs AG niederlegte, dankte ihm die Firmenleitung immerhin für seine jahrzehntelange Tätigkeit; siehe: Geschäftsbericht der Hotelbetriebs AG, 1937/38, S. 6; Sammlung der Kempinski AG. Die Briefe, die den jüdischen Aufsichtsratsmitgliedern 1933 ihre Entlassung mitteilten oder ihnen den Rücktritt nahelegten, waren nicht von Dr. Meinhardt unterzeichnet worden. Dieses Geschäft übernahm der stellvertretende Aufsichtsratsvorsitzende Hans Lohnert, Direktor der Aschinger AG. Lohnert hatte beispielsweise am 19. Juli 1933 an Voremberg einen Brief geschrieben, der recht höflich formuliert war. 1938 von der NSDAP-Ortsgruppe Dahlem deswegen zur Rede gestellt, rechtfertigte er sich auf eine Weise, wie sie charakterloser und devoter nicht sein kann. Da das Schreiben vom 10. Oktober 1938 – allerdings zweckdienlich umgebogene – Informationen über die Führung der Hotelbetriebs AG 1933 und in den Jahren davor enthält, sei hier eine längere Passage zitiert:
»Zunächst möchte ich darauf hinweisen, daß der Schriftwechsel mit dem jüdischen Direktor Voremberg *aus dem Jahre 1933* stammt, zu einer Zeit, in der die jüdische

Frage begonnen, aber keinesfalls einen Höhepunkt erreicht hat, wie im Jahre 1938. Das muß in allererster Linie berücksichtigt werden, denn im Jahre 1933, gerade in der Zeit, als der Brief geschrieben wurde, waren die Juden noch hoch zu Roß, und es war für mich äußerst schwer, diesen jüdischen Herrn, der über 25 Jahre im Hause war, vor die Tür zu setzen. Abgesehen davon, daß ich es schon schwer hatte mit dem jüdischen Herrn Voremberg, war der Aufsichtsrat in überwiegender Zahl mein Gegner, denn sowohl der Vorsitzende des Aufsichtsrats als auch 4 weitere Mitglieder des Aufsichtsrats waren Juden. Trotzdem habe ich an zwei jüdische Aufsichtsratsmitglieder und zwar Generalkonsul Landau und Dr. Sobernheim geschrieben und sie gebeten, den Zeitverhältnissen Rechnung zu tragen und ihr Amt niederzulegen. Ich weiß, welche Anfeindungen ich dadurch von den anderen Herren bekommen habe. ... Ich habe seinerzeit mehr als gekämpft. Ich habe den jüdischen Herren Rosenstein und den Prokuristen Frank vor die Tür gesetzt und zwar im Interesse der nationalsozialistischen Sache. ... Bei der Dresdner Bank ist im vergangenen Jahre erst eines der ersten Vorstandsmitglieder, der jüdische Direktor Ritscher, abgegangen. Bei der Hotelbetriebs-Aktiengesellschaft ist der jüdische Vorsitzer [sic!] ebenfalls erst im letzten Geschäftsjahr, das mit dem 31. März abgeschlossen hat, abgegangen. Kurz und gut, ich könnte Fälle anführen, wo jüdische Herren an erster Stelle auch noch in diesem Jahr gewirkt haben. Wenn ich also schon Mitte des Jahres 1933 jüdische Herren auf die Straße setzte, so glaube ich, den Beweis meiner Überzeugung für die nationalsozialistische Sache erbracht zu haben...«; StA Berlin, Rep. 225, Nr. 59, vgl. auch: StA Berlin, Rep. 225, Nr. 12/24 (Voremberg), Nr. 54 (Entfernung Sobernheims) und Nr. 35 (Verzicht Kommerzienrat Philipp Schlesingers).
86 »Kapitalanlagen einst und jetzt. Hotelbetrieb«, in: Berliner Lokal-Anzeiger, Nr. 32 vom 6. Februar 1935, Wirtschaftsbeilage.
87 StA Berlin, Rep. 225, Nr. 15–21.
88 Berliner Tageblatt, Nr. 402 vom 26. August 1926, 3. Beiblatt.
89 Handelszeitung des Berliner Tageblatts, Nr. 447 vom 22. September 1926.
90 Berliner Tageblatt, Nr. 402 vom 26. August 1926.
91 Abschrift einer Übersetzung; StA Berlin, Rep. 225, Nr. 733.
92 Vgl. den Leitartikel »Hotel Kaiserhof im Reichsbesitz«, in: Berliner Tageblatt, Nr. 447 vom 22. September 1926, Morgenausgabe; vgl. auch: »Die Geschäftswelt des Zentrums ist unzufrieden«, in: Berliner Tageblatt, Nr. 449 vom 23. September 1926, 1. Beiblatt; »Berlin gegen den Kaiserhof-Verkauf«, in: Berliner Tageblatt, Nr. 463 vom 1. Oktober 1926, 1. Beiblatt.
93 StA Berlin, Rep. 225, Nr. 733.
94 StA Berlin, Rep. 225, Nr. 946.
95 StA Berlin, Rep. 225, Nr. 12/20, S. 2 f.
96 Ebd., S. 3.

97 Ebd., S. 4.

98 Ebd. In einem Buch, in dem nach der Machtübernahme Hitlers Reichspressechef Dr. Otto Dietrich unter dem Titel »Mit Hitler an die Macht« die sogenannten Kampfjahre der Bewegung beschrieb, kam auch der
»Kaiserhof« zur Sprache. Hitler selbst habe die »Atmosphäre eines solchen Hauses« wenig zugesagt: »Reine
Zweckmäßigkeitsgründe sprachen für die Wahl gerade
dieses Hauptquartiers.« Zum einen wollte man sich vermutlich dem soziokulturellen Niveau der Verhand-
lungspartner anpassen, auch hatte Hitler von seinem
Arbeitszimmer im »Kaiserhof« aus das Ziel seines
Machtstrebens, die alte Reichskanzlei, im Visier, und
drittens lag das Hotel praktischerweise innerhalb der
Bannmeile; siehe: »Das ›Hauptquartier‹ im Hotel Kaiserhof«, in: Der Angriff, Nr. 224 vom 23. September
1933, 3. Beilage, vgl. auch: Joseph Goebbels, Vom Kaiserhof zur Reichskanzlei. Eine historische Darstellung
in Tagebuchblättern, Berlin 1933.

99 Wolfgang Ribbe (Hrsg.), Geschichte Berlins, Bd. II,
S. 856; vgl. auch den Abschnitt über die Grand Hotels
in: Berlin. Berlin. Die Ausstellung zur Geschichte der
Stadt Berlin, Katalog, hrsg. von Gottfried Korff und
Reinhard Rürup, Berlin 1987, S. 204 ff. Die Muttergesellschaft der Hotelbetriebs AG, die Aschinger AG,
dagegen erklärte aus Anlaß des Flaggenstreits »aus-
drücklich, daß sie selbstverständlich in der Flagge
Schwarz-Rot-Gold die Flagge des Deutschen Reiches
respektiert, und z.B. für den 80. Geburtstag des
Reichspräsidenten bereits dahin disponiert hatte, daß
an diesem Tage auf ihrem Zentralbetriebsgebäude, das
der Sitz der Generaldirektion der Aschinger Aktien-
Gesellschaft ist, die Flagge des Reiches gehißt wird«.
(ZStA Potsdam, 80 Ha 1 Berliner Handelsgesellschaft,
Nr. 618, Bl. 29.)

100 Aktennotiz Dr. Friedmanns vom Bankhaus Gebr. Arnhold vom 22. Oktober 1930 über ein Treffen Aschinger/
Lohnert und Arnhold/Friedmann; StA Berlin, Rep.
225, Nr. 15–21.

101 Schreiben (Abschrift) der Aschinger AG an das Bankhaus Gebr. Arnhold vom 24. Oktober 1930; StA Berlin,
Rep. 225, Nr. 15–21.

102 StA Berlin, Rep. 225, Nr. 12/21, Nr. 12/22 sowie
Nr. 12/38.

103 Berliner Lokal-Anzeiger, Nr. 32 vom 6. Februar 1935,
Wirtschaftsbeilage; vgl. auch den Entwurf Lohnerts
für eine Auskunft über die Aschinger AG in einem
Schreiben an Generaldirektor Werner Jantke von der
Berliner Kindl Brauerei AG vom 29. Juni 1938; StA
Berlin, Rep. 225, Nr. 584.

104 StA Berlin, Rep. 225, Nr. 15–21, Bl. 10.

105 StA Berlin, Rep. 225, Nr. 697.

106 StA Berlin, Rep. 225, Nr. 584.

107 Generalversammlungsprotokoll vom 16. Dezember
1933; StA Berlin, Rep. 225, Nr. 12/30.

108 Notiz (Abschrift) über die Besprechung; StA Berlin,
Rep. 225, Nr. 871.

109 Prospekt und Gutscheine für »Kempinski-Reisen«;
StA Berlin, Rep. 225, Nr. 760.

110 Über das knapp kalkulierte Geschäft schrieb Kurt
Lüpschütz von der Hotelbetriebs AG recht schnöde am
6. Juni 1931 an Fritz Aschinger: »Die Unterbringung
erfolgt natürlich so einfach wie möglich, eventuell zu
Zweien und Dreien in einem Zimmer. Sollte einer der
Gäste Spezialwünsche haben, so muß er selbstver-
ständlich extra bezahlen.« (StA Berlin, Rep. 225,
Nr. 760.)

111 Schreiben von Karl Bratz, Aufsichtsratsmitglied der
Universum-Film-AG und Geschäftsfreund des Bankhauses Gebr. Arnhold, an Kommerzienrat Lohnert
und Direktor Aschinger am 21. Juli 1926; StA Berlin,
Rep. 225, Nr. 869; vgl. auch: Aschinger an Karl Bratz
am 22. Juli 1926, ebd.

112 Berliner Tageblatt, Nr. 450 vom 23. September 1926,
Abendausgabe, 1. Beiblatt; vgl. auch: Danziger Neu-
este Nachrichten vom 24. September 1926; StA Berlin,
Rep. 225, Nr. 869. Einen kurzen Überblick über die
Geschichte von »Haus Vaterland« gibt Manfred A.
Pahlmann, in: Tiergarten. Teil I. Vom Brandenburger
Tor zum Zoo, Berlin 1989, S. 198–206.

113 Berliner Lokal-Anzeiger vom 24. September 1926,
Abendausgabe.

114 8-Uhr-Abendblatt vom 28. September 1926.

115 Berliner Tageblatt vom 24. September 1926, Abendausgabe.

116 Deutsche Zeitung, Berlin, vom 11. Februar 1927; StA
Berlin, Rep. 225, Nr. 869.

117 Antrag der Firma M. Kempinski & Co. auf Ausstellung
einer Vollkonzession für das geplante Großrestaurant,
Schreiben vom 21. Mai 1927 an Stadtausschuß I; StA
Berlin, Rep. 225, Nr. 274.

118 A. Wedemeyer, Haus Vaterland – eine Großgaststätte
in Berlin, in: Deutsche Bauzeitung, Nr. 38 vom 11. Mai
1929, S. 337 ff. Zur Baugeschichte vgl. auch: Harry
Gottfeldt, Haus Vaterland, in: Der Stahlbau. Beilage
zur Zeitschrift Die Bautechnik, Nr. 1 vom 10. Januar
1930, S. 1 ff.

119 Berlin und seine Bauten, VIII/B, S. 85–87.

120 Deutsche Bauzeitung, Nr. 38 vom 11. Mai 1929, S. 337.

121 Ebd., S. 343 f.

122 Ebd., S. 341 f.

123 Architekten Dipl. Ing. Fritzsche und Löhbach an M.
Kempinski & Co. am 24. Juli 1930; StA Berlin, Rep.
225, Nr. 274. In dem Schreiben werden auch die
Größen der einzelnen Galerieräume angegeben.

124 Vorbemerkung der Schriftleitung zu dem Aufsatz von
A. Wedemeyer, in: Deutsche Bauzeitung, Nr. 38 vom
11. Mai 1929, S. 337.

125 ZStA Potsdam, 80 Ba 2, Nr. 9545, Bl. 2/1–5; vgl. auch:
80 Ba 2, Nr. 9543, Bl. 142.

126 Inge von Wangenheim, die zusammen mit ihrer Mutter
Kostüme für die im »Haus Vaterland« beschäftigten
Künstler anfertigte, sagte über die Arbeitsbedingungen
der Mädchen, daß sie ein »tatsächlich grauenvolles

Leben führten«, in: Mein Haus Vaterland. Erinnerungen einer jungen Frau, Halle/Saale 1976, S. 302. Wie später noch zu zeigen ist, kam es in diesem Bereich am ehesten zu Entlassungen, wurden hier die Künstlergagen immer zuerst gekürzt.

127 Berolina. Das Magazin der Kempinski-Betriebe, Nr. 16 vom Mai/Juni 1931, S. 17; StA Berlin, Bibliothek.

128 Jürgen Schebera, Damals im Romanischen Café. Künstler und ihre Lokale im Berlin der Zwanziger Jahre, Braunschweig 1988, S. 107.

129 George Grosz, Ein kleines Ja und ein großes Nein. Sein Leben von ihm selbst erzählt, Reinbek bei Hamburg 1974, S. 131.

130 Inge von Wangenheim, Mein Haus Vaterland, S. 300.

131 Jubiläums-Almanach des Vereins Berliner Köche, S. 33.

132 Mündlicher Bericht des Vorstandsmitglieds der Hotelbetriebs AG Dr. Schick (Protokoll) in der Aufsichtsratssitzung am 15. September 1932; StA Berlin, Rep. 225, Nr. 12/20.

133 Veranstaltungsplan für Berlin vom 19.–26. Mai 1935, der im wesentlichen Reklame für Hotelbetriebs-Objekte machte; StA Berlin, Rep. 225, Nr. 14.

134 Bericht der Deutschen Revisions- und Treuhand AG, 1934; StA Berlin, Rep. 225, Nr. 176/1, S. 45.

135 Vertrauliche Denkschrift betreffend die Belieferung der ›Haus Vaterland‹ Gaststätten GmbH durch die Firma M. Kempinski & Co.; StA Berlin, Rep. 225, Nr. 289.

136 Bericht der Deutschen Revisions- und Treuhand AG, 1934, a.a.O., S. 45/46.

137 StA Berlin, Rep. 225, Nr. 289.

138 Ebd.

139 Ebd. Kempinski konnte sehr heikel sein in bezug auf die Rechte, die an den Firmennamen geknüpft waren. So klagte M. Kempinski & Co. zu Anfang der 30er Jahre gegen eine Firma Paul Kempinski, Inhaber E.R., auf Unterlassung der Namensführung »Kempinski«. Das Gericht bejahte die Verwechslungsgefahr und entschied zugunsten von M. Kempinski & Co.: »Das Wort ›Kempinski‹ hat einen derartigen Charakter als Schlagwort erworben. Niemand spricht von ›M. Kempinski & Co.‹, sondern man bezeichnet allgemein die Firma der Klägerin schlechthin mit ›Kempinski‹. Da die Klägerin auch in der Provinz Filialen unterhält, so besteht die Verwechslungsmöglichkeit um so mehr, weil die Beklagte auf den durch Lampen erleuchteten Glasschildern über dem Eingang nur den Namen ›Kempinski‹ führt und sich auf dem an die freie Hauswand groß angemalten Firmenschild als Weingroßhandlung bezeichnet.« (Mitteilungen der Industrie- und Handelskammer zu Berlin, Heft 3 vom 10. Februar 1933, S. 75f.).

140 Johannes Kiehl von der Deutschen Bank betr. »Haus Vaterland«; ZStA Potsdam, 80 Ba 2 Deutsche Bank, Nr. 9541, Bl. 59–61. Die Deutsche Bank war der größte Kreditgeber der Bank für Grundbesitz und Handel, und sie war aus diesem Grund in besonderer Weise besorgt um den geschäftlichen Erfolg von »Haus Vaterland«.

141 August Lechner an Johannes Kiehl am 14. März 1929; ZStA Potsdam, 80 Ba 2 Deutsche Bank, Nr. 9541, Bl. 70–71RS; vgl. auch die vertrauliche Denkschrift betreffend die Belieferung der Haus Vaterland Gaststätten GmbH durch die Firma M. Kempinski & Co.; StA Berlin, Rep. 225, Nr. 289.

142 Aktennotiz über die Beiratssitzung der Haus Vaterland Gaststätten GmbH in den Räumen der Deutschen Bank und Disconto-Gesellschaft; ZStA Potsdam, 80 Ba 2 Deutsche Bank, Nr. 9541, Bl. 211–213.

143 Stellungnahme der M. Kempinski & Co. für Johannes Kiehl vom 13. September 1930; StA Berlin, Rep. 225, Nr. 289. Kiehl unterstützte in einem Schreiben vom 15. September 1930 die Haltung von Kempinski, ebd.

144 Bericht der Deutschen Revisions- und Treuhand AG, 1934, a.a.O., S. 46.

145 Besprechung von Kempinski-Vertretern mit Vertretern der Bank für Grundbesitz und Handel AG am 21. Juni 1932; StA Berlin, Rep. 225, Nr. 289.

146 Gutachten Dr. J. Semlers, 1936, a.a.O., S. 5f.

147 Ebd., S. 32 u. 33.

148 Ebd., S. 66.

149 Staatsarchiv zu Breslau, Inspektorat Pracy Prowincji Dolnoslaskiej, sygn. 4618, Bl. 1–12.

150 Fritz Eger an Dr. Walter Unger am 24. März 1932; StA Berlin, Rep. 225, Nr. 295.

151 Gutachten Dr. J. Semlers, 1936, a.a.O., S. 6.

152 Berlin-Brevier für Lebenskünstler. Ein Wegweiser zu gastlichen Stätten, Frankfurt a. M. 1963, S. 71.

153 §1 u. 2 des Pachtvertrages zwischen Geheimrat Dr. Louis Ravené und M. Kempinski & Co.; StA Berlin, Rep. 225, Nr. 296.

154 §13 des Pachtvertrages, ebd.

155 §16 des Pachtvertrages, ebd.

156 Ansprache Richard Ungers anläßlich des Besuches der »Brandenburgia« bei Kempinski am 17. Februar 1909, in: Brandenburgia 1909/10, XVIII. Jg., S. 149.

157 Zahlen von 1924 bis 1936 nach dem Bericht der Deutschen Revisions- und Treuhand AG, 1934, a.a.O., S. 8. Alle angegebenen Zahlen verstehen sich unter Ausschluß von »Haus Vaterland«.

158 StA Berlin, Rep. 225, Nr. 332.

159 Bericht der Deutschen Revisions- und Treuhand AG, 1934, a.a.O., S. 8f. Im Gutachten des Wirtschaftsprüfers Dr. J. Semler vom Januar 1936 finden sich für 1931/32 und 1932/33 leicht nach oben abweichende Zahlen; StA Berlin, Rep. 225, Nr. 331, S. 16.

160 Gutachten Dr. J. Semlers, 1936, a.a.O., S. 26.

161 Bericht der Deutschen Revisions- und Treuhand AG, 1934, Anlage IV, Bl. 2.

III. Die Vernichtung des jüdischen Familienunternehmens während des Nationalsozialismus

Die »schleichende« Abdrängung
ins wirtschaftliche Abseits

Schon lange vor der Machtübernahme durch die Nationalsozialisten hatte sich ein Antisemitismus mit ökonomischen Vorzeichen ausbreiten können. Zielscheibe von Anwürfen und sporadischen Aktionen waren die Bereiche, in denen Juden traditionell stark vertreten waren: die Textilbranche vom Luxusatelier bis zum Altkleiderladen, der Metallhandel, der Pelzhandel und die Schuhbranche, der Viehhandel, der Einzelhandel allgemein, das Fleischerhandwerk, Warenhäuser, aber auch die Ärzte- und die Juristenschaft. Den eifrig geschürten Neid auf wirtschaftlich – vermeintlich oder wirklich – Erfolgreichere verstärkte die Existenzangst angesichts der Weltwirtschaftskrise, die das Kleinbürgertum und insbesondere den gewerblichen Mittelstand hart traf. Der ökonomisch motivierte Antisemitismus lancierte äußerst wirkungsvoll das Feindbild des die deutsche Wirtschaft dominierenden und ruinierenden Juden; dabei wurde tunlichst übersehen, daß die jüdische Minderheit gerade im ökonomischen Bereich seit der Jahrhundertwende an Einfluß und Bedeutung verloren hatte.

Unmittelbar nach dem 31. Januar 1933 initiierten untergeordnete Parteiinstanzen, Mitglieder von SA, SS und des Kampfbundes für den gewerblichen Mittelstand wilde Terrormaßnahmen gegen die jüdische Bevölkerung. Die Verdrängung der Juden aus ihren schwer errungenen Positionen in Gesellschaft und Wirtschaft diente von Anfang an auch der schamlosen Bereicherung der »alten Kämpfer«. Das westliche Ausland reagierte auf die Gewalttaten mit Protesten und Boykottdrohungen. Die angeblich von jüdischen Organisationen im Ausland verbreiteten »Greuelmärchen« über die Situation im Deutschen Reich lieferten die fadenscheinige Legitimation für einen nun von oben – von Reichsregierung und NSDAP-Parteileitung – befohlenen und organisierten Boykott jüdischer Geschäfte, Ärzte und Rechtsanwälte, der am 1. April 1933 in Szene gesetzt wurde. Die Oberleitung der Aktion lag in den Händen des berüchtigten fränkischen Gauleiters Julius Streicher. Schon eine Woche vor dem Boykott wurde in den Leitartikeln des »Völkischen Beobachter«, des »Der Angriff« und der regionalen nationalsozialistischen Presse eine verleumderische Kampagne gestartet. Am Tag des Boykotts bezogen Nationalsozialisten vornehmlich in SA-Uniformen Posten vor jüdischen Geschäften, Warenhäusern, Praxen und Kanzleien. Es wurden Schilder und Plakate mit antijüdischen Parolen gezeigt, Fensterscheiben beschmiert, persönliche »Überzeugungsgespräche« mit Kunden geführt, die sich nicht ohne weiteres abschrecken ließen, Personalien aufgenommen, Fotos von Widersetzlichen gemacht. Man trieb jüdische Geschäftsleute durch die Straßen und zwang sie, Plakate mit diffamierenden Aufschriften zu tragen. Die Bevölkerung verhielt sich im wesentlichen – von einzelnen Unmutsäußerungen abgesehen – vorsichtig. Man schaute zu und hielt sich doch abseits. Mit

12. 11. 1938

Einleitung der »Zwangsarisierung« durch die Verordnung zur Ausschaltung der Juden aus dem deutschen Wirtschaftsleben:

§1 »(1) Juden ... ist vom 1. Januar 1939 ab der Betrieb von Einzelhandelsverkaufsstellen, Versandgeschäften oder Bestellkontoren sowie der selbständige Betrieb eines Handwerks untersagt.«

6. 12. 1938

Einleitung der Zwangsverkäufe jüdischer Eigentümer durch die Verordnung über den Einsatz des jüdischen Vermögens:

§1 »Dem Inhaber eines jüdischen Gewerbebetriebes kann aufgegeben werden, den Betrieb binnen einer bestimmten Frist zu veräußern oder abzuwickeln. Mit der Anordnung können Auflagen verbunden werden.

§11 Juden haben binnen einer Woche nach Inkrafttreten dieser Verordnung ihre gesamten Aktien, Kuxe, festverzinslichen Werte und ähnliche Wertpapiere in ein Depot bei einer Devisenbank einzulegen...

§14 Juden ist es verboten, Gegenstände aus Gold, Platin oder Silber sowie Edelsteine und Perlen zu erwerben, zu verpfänden oder freihändig zu veräußern...«

(Zit. nach: Wegweiser durch das jüdische Berlin, Berlin 1987, S. 365 f.)

Rücksicht auf die Proteste im Ausland wurde der Boykott am 4. April gestoppt. In der Hitler-Regierung hatte sich die Einschätzung durchgesetzt, daß ihre vorrangigen wirtschaftlichen Ziele – Stabilisierung der Wirtschaft, Abbau der Arbeitslosigkeit und Ankurbelung des Außenhandels – rigide Maßnahmen gegen jüdische Geschäfte und Unternehmen nicht erlaubten. Gleichwohl traten im Anschluß an den Boykott Gesetze in Kraft, die die Juden in ihrer beruflichen Existenz schädigten und ihre Ausbildungschancen minimierten. Der »Ariernachweis« wurde zum Zertifikat, das über Zugehörigkeit zur Volksgemeinschaft oder Ächtung

und Isolation entschied. Die Verdrängung der Juden aus dem Wirtschaftsleben wurde bis etwa Anfang 1938 in »ruhigere Bahnen« gelenkt; das Ziel der »Arisierung« verloren Regierung und Partei allerdings nie aus den Augen. Einerseits wurde der »langwierige, schleichende Verdrängungsterror« immer wirksamer, andererseits konnten jüdische Industrie- und Großhandelsunternehmen, insbesondere, wenn sie Beziehungen zum Ausland besaßen, bis 1936 noch relativ unbehelligt weiterarbeiten.[1]

Bereits im Jahr 1931 war die Firma M. Kempinski & Co. Angriffsziel von Gewaltaktionen. Mitglieder des nationalsozialistischen Studentenverbandes sollen Steine in die Fensterscheiben eines Kempinski-Restaurants geworfen haben.[2] Das Chandler-Auto von Hans Kempinski wurde demoliert und mit »Judensternen« beschmiert.[3] Am 1. April 1933 wurde am Delikatessengeschäft von M. Kempinski & Co. in der Friedrichstraße ein Schild angebracht, auf dem zu lesen war: Inhaber – Kommerzienrat Richard Unger, Hans Kempinski, Friedrich Wolfgang Unger, Walter Unger; und darüber stand: Juden unerwünscht! An jedem Kempinski-Betrieb hingen damals Schilder, die die Kunden mit dem Hinweis darauf, daß dieses ein jüdisches Geschäft sei, vom Eintritt und Einkauf abhalten sollten.[4]

Die Abschreckungstaktik traf ein auf Öffentlichkeit angelegtes und angewiesenes Unternehmen wie Kempinski besonders schmerzhaft. Inwieweit sich hier auch das Boykottgebot für Beamte und Mitglieder der NSDAP und ihrer Formationen auswirkte, kann nicht geklärt werden.[5] Nach 1933 beschäftigte sich wiederholt der Reichsführer SS mit dem Besuch von SS- und SA-Leuten in den Kempinski-Betrieben. In einem Bericht des Reichsführers SS vom 24. Juni 1936 über Kempinski hieß es – entgegen den Mitteilungen des Bezugsquellen-Referats der NSDAP –, daß kein offizielles Verbot für SS- und SA-Mitglieder bestehe, die Kempinski-Restaurants aufzusuchen; davon seien lediglich die Angehörigen der Leibstandarte SS »Adolf Hitler« ausgenommen. Mißbilligend wird vermerkt:

»Von der SA-Gruppe Berlin-Brandenburg, wie auch von der SS-Standortführung wurde jedoch bestätigt, daß trotz der Kenntnis der jüdischen Leitung der Kempinski-Betriebe diese sehr oft von Angehörigen der SA und SS in Uniform besucht werden. Unter Bezugnahme auf die Anordnung des Stellvertreters des Führers betr. Verkehr mit Juden, wäre es angebracht für die SS, ein Verbot der Kempinski-Betriebe auszusprechen, zumal, wie anliegende Pressenotiz des ›Daily Telegraph‹ zeigt, sich die ausländischen Zeitungen bereits mit diesem unerträglichen Zustand beschäftigen.«[6]

Bei Kempinski gingen vor allem im Zentrum die Anzahl der Gäste und der Umsatz zurück. Diese Entwicklung reicht weit über den eigentlichen Boykott hinaus.

	Gäste-zahl pro Tag	Durchschnitts-verzehr pro Person (in RM)[7]
1932: 1. 7.–31. 12.	1902	4,23
1933: 1. 1.–30. 06.	1759	4,18
1933: 1. 7.–31. 12.	1695	3,92

In guten Jahren lag der Durchschnittsverzehr pro Person bei 5,70 RM. Die Besucherstatistik für die Betriebe im Westen entwickelte sich auch weiterhin günstig, an den rund 650 Plätzen wurden 1934/35 etwa 1220 Gästen am Tag bewirtet, während im Zentrum noch nicht einmal alle 1800 Plätze besetzt werden konnten.[8] Auch das von Kempinski in Auftrag gegebene Gutachten des Wirtschaftsprüfers Dr. J. Semler machte die Boykottbewegung für den »verhältnismäßig starken Rückgang 1933« verantwortlich:

»Auf jeden Fall erscheint der Umsatzeinbruch im Jahre 1933, dem sich dann allerdings im Jahre 1934 eine reguläre, der Gesamtentwicklung parallel laufende Umsatzsteigerung anschließt, anormal groß. Die Folgerung, daß die Kempinski-Betriebe auf Grund der nicht-arischen Inhaber 1933 eine besondere Umsatzeinbuße erlitten haben, liegt durchaus nahe.«[9]

Der Tiefpunkt des Gesamtumsatzes für die Bereiche Gaststätten und Verkaufsbetriebe war zwischen Januar und März 1934 erreicht. Der Höhepunkt der dann einsetzenden Besserung lag in den gleichen Monaten des Jahres 1935. Danach erfolgte wieder ein leichter Rückgang, der sich ab Mitte 1935 verstärkte: »Getrennt betrachtet indes, zeigen die Verkaufsbetriebe seit Mitte 1934 eine schwache Tendenz zur Besserung, während die Gaststätten leicht abfallen.«[10] Besonders interessant ist die Kurve, die die Umsatzentwicklung in den Kempinski-Betrieben 1932 bis 1934 mit dem im Gastgewerbe und Lebensmittelhandel allgemein erzielten Umsatz vergleicht. Bezogen auf das Jahr 1932 gleich 100 Prozent war im Gastgewerbe der Umsatz 1933 um 7,23 Prozent, im Kempinski-Restaurant am Kurfürstendamm um 16,7 Prozent, im Stammhaus um 18,7 Prozent, in den Restaurants von »Haus Vaterland« um 16,9 Prozent gesunken. Während der Lebensmittelhandel mit Umsatzeinbußen von 3,6 Prozent rechnen mußte, nahm der Umsatz im Kempinski-Delikatessengeschäft im Zentrum um 5,2 Prozent und im Westen um 5,6 Prozent ab. Die Verluste lagen also bei Kempinski weitaus höher als in der Branche insgesamt, und die Erholung vollzog sich in den Kempinski-Betrieben weitaus langsamer als im Gastgewerbe und Lebensmittelhandel allgemein: Der Umsatz erreichte bei Kempinski nie mehr den Richtwert von 1932 (s. Tabelle S. 93 unten).

Gewinne erzielte das Unternehmen seit 1933 keine mehr. Unterdessen gestaltete sich die Vermögenslage der Gesellschaft immer schlechter,

Angabe in 1000 RM	Privatvermögen von Helene Kempinski bzw. Frieda Unger (Grundstück Leipziger Straße nach Abzug der Hypothek)	Kapital der Gesellschafter
1. Januar 1924	2750	1260
30. Juni 1924	2713	1090
30. Juni 1925	2835	798
30. Juni 1926	2835	698
30. Juni 1927	2835	698
30. Juni 1928	2835	598
30. Juni 1929	2835	539
30. Juni 1930	2835	343
30. Juni 1931	2835	216
30. Juni 1932	2835	222
30. Juni 1933	2835	159
30. Juni 1934	2835	188

Umsatzentwicklung 1934 (in %) bezogen auf das Jahr 1932	= 100%
Gastgewerbe	+ 3,6
Lebensmitteleinzelhandel	+ 1,7
Kempinski-Weinstuben Westen	− 11,5
Kempinski-Weinstuben Zentrum	− 14,11
»Haus Vaterland«	− 15,5
Deli-Laden Zentrum	− 13,0
Deli-Laden Westen	− 13,25[11]

eine Entwicklung, die allerdings schon vor 1933 begonnen hatte. Von 1924 bis 1934 war ein Kapitalschwund von 2 350 000 RM eingetreten, der sich unter Berücksichtigung der Überbewertungen noch auf 3,5 Millionen RM erhöhte. Kempinski hatte regelmäßig nur ungenügende Abschreibungen vorgenommen.[12] Die Kapitalkonten der Gesellschafter der OHG, die Forderungen an die Gesellschafter und schließlich das ausgewiesene Kapital der Firma (unter Einbeziehung der Gewinne) entwickelten sich, wie die Tabellen (oben und S. 94 oben) darstellen.

Zum 30. Juni 1934 weisen nur noch die Kapitalkonten von Richard Unger (71 000 RM) und Dr. Friedrich Wolfgang Unger (117 000 RM) ein Plus auf. Das Soll-Saldo von 250 000 RM für Elisabeth Kohsen-Gabriel war entstanden, als die Ehe mit Dr. Walter Kohsen aufgelöst und der ehemalige Gesellschafter mit insgesamt 400 000 RM abgefunden wurde. Hans Kempinski stand 1934 mit 52 000 RM im Minus, Dr. Walter Unger mit 29 000 RM und Frieda Unger mit 1 035 000 RM, wobei es sich in ihrem Fall vorrangig um Hypotheken für den Häuserkomplex Leipziger Straße, Krausenstraße handelte. Die Privatkonten der Gesellschafter wiesen 1934 ein Guthaben von

Angabe in 1000 RM	Forderungen an die Gesellschafter	Ausgewiesenes Kapital
1. Januar 1924	–	4010
30. Juni 1924	–	4241
30. Juni 1925	–	3866
30. Juni 1926	–	3769
30. Juni 1927	–	3967
30. Juni 1928	463	3486
30. Juni 1929	450	3354
30. Juni 1930	605	2942
30. Juni 1931	856	2498
30. Juni 1932	933	2332
30. Juni 1933	1246	1947
30. Juni 1934	1366	1657[13]
30. Juni 1935		1332
30. Juni 1936		1208[14]

2 343 222 RM auf.[15] Die Gesellschafter hatten jahrelang hohe Summen aus dem Gesellschaftsvermögen entnommen. Dies führte zusammen mit den Verlusten in Breslau und bei der Bank für Grundbesitz und Handel, mit Abfindungen, manchen Provisionen und vor allem dem hohen Grad der Fremdfinanzierung der OHG sowie einem seit 1928 kontinuierlich abfallenden Betriebsergebnis zu einer Überschuldung der Gesellschaft, wobei der hohe Zinsendienst zunehmend zum Problem wurde. Die Hoffnung auf eine Verbesserung des Betriebsergebnisses wurde aufgrund der diskriminierenden antijüdischen Gesetzgebung und der gesellschaftlichen Diskreditierung immer geringer:

»Die heutige Bilanz [1935; E.P.] läßt die angespannte Lage des Unternehmens klar erkennen. ... Ebenso ergibt sich aus der Struktur ohne weiteres die zwangsläufige Beeinträchtigung des Betriebsergebnisses auf Grund hohen Zinskapitals. ... Bei Beurteilung der Liquidität muß beachtet werden, daß die auf Privatkonten der Inhaber auflaufenden Zinsen und die über die Privatkonten erfolgenden Entnahmen der Inhaber, ebenso die aktivierten laufenden Neuanschaffungen im ausmachenden Betrage höher als der tatsächliche Betriebsüberschuß sind. Unter gleichbleibenden Verhältnissen muß also die Anspannung automatisch immer stärker werden.«[16]

Das bilanzmäßige Eigenkapital belief sich am 30. Juni 1936 auf ungefähr 1 208 000 RM, während das Fremdkapital mit 11 162 000 RM zu Buche stand. Das Verhältnis von Eigenkapital zu Fremdkapital mußte 1936 mit 9,8 Prozent zu 90,2 Prozent angegeben werden, während es 1935 mit 10,3 Prozent zu 89,7 Prozent etwas günstiger ausgesehen hatte.[17] 1937 waren allein an verzinslichen Hypotheken, Darlehens- und Bankschulden insgesamt 9 111 000 RM aufgenommen; 5 861 000 RM waren kurzfristige, 3 250 000 RM langfristige Kredite.[18] Neben den Bankkrediten war M. Kempinski & Co. in hohem Maße auf die Kredite der Warenlieferanten angewiesen.[19] 1937 wurde die OHG M. Kempinski & Co. ausschließlich durch Fremdkapital finanziert.

Gezwungenermaßen reagierte das Unternehmen auf die Schwierigkeiten mit Betriebseinschränkungen und der Auflösung von Beteiligungen. Die Tochterfirma George Broche war die Vertriebsstelle der Reichsmonopolverwaltung für Branntwein. Im Juni 1933 kündigte die Behörde die Verträge, die zum Verkauf von Sprit und Branntwein berechtigten. Aus »Gleichschaltungsgründen«, um erneut in den Genuß der staatlichen Privilegien zu kommen, wurde die Firma zum symbolischen Preis von 1 RM an den Kellermeister der Firma, Wilhelm Brandt, verkauft, der allerdings bald darauf verstarb. Nach Regelung der Erbschaftsformalitäten sollte die Likörfabrik wieder an M. Kempinski & Co. zurückübertragen werden. Der Bericht der Deutschen Revisions- und Treuhand AG von 1934 beurteilte den Nutzen der Beteiligung ausgesprochen pessimistisch:

»Nach dem Entzug des Branntweinverkaufsrechtes dürfte der Beteiligung ein besonderer Wert nicht beizulegen sein (zumal Eigenkapital nicht vorhanden ist), wenn auch ein gewisser Vorteil darin besteht, daß die Bardinet A.G. die Möglichkeit hat, durch den Verkauf von billigen Likören unter der Firma George Broche ihre Gewinnmöglichkeiten zu erweitern.«[20]

Inwieweit M. Kempinski & Co. über die Kündigung des Vertrags mit der Reichsmonopolverwaltung hinaus von der Stornierung staatlicher Aufträge – wie nach 1933 allerorts jüdische Firmen – betroffen war, konnte nicht festgestellt werden.

1934 verkaufte M. Kempinski & Co. das Grundstück Friedrichstraße 198–199, Ecke Krausenstraße 71, Teil des Häuserkomplexes Leipziger Straße, für 600 000 RM an die Grundstücksgesellschaft Leipziger-Friedrichstraße mbH (Geschäftsführer waren Otto Giese, Berlin, und Adelerich Furrer, Zürich). Die Übergabe erfolgte zum 1. Oktober 1934. Der Verkaufspreis belief sich auf die Hälfte des Anschaffungspreises von 1912. Zwischen Mitte 1935 und Mitte 1936 wurde die Konditorei aus der Liegnitzer Straße in das Stammhaus Leipziger Straße verlegt, wodurch Mieten und Gehälter eingespart werden sollten. Es folgte die Verkleinerung des Tischlerei-Betriebes: fünf von sieben Tischlern wurden in fremden Betrieben untergebracht; die Maßnahme hatte allerdings zur Folge, daß notwendige Reparaturaufträge nach auswärts vergeben werden mußten. Die hauseigene Malerwerkstatt beendete am 31. Dezember 1935 ihre Arbeit. Die Druckerei Gebr. Hartkopf GmbH wurde am 31. Dezember 1935 geschlossen.[21]

Im August 1935 begann die Reichskreditgesellschaft, die größte Bankengläubigerin von M. Kempinski & Co., mit Verhandlungen, die den Verkauf der Berliner Bardinet AG zum Ziel hatten. Kempinski wurden diese Absichten zunächst verschwiegen. Die Bardinet AG war die Kempinski-Tochterfirma mit dem besten Betriebsergebnis. Steigende Umsätze und hohe Gewinne sollten Interessenten anlocken; zudem hatte sich die Firma erst kürzlich von ihrem belastenden Immobilienbesitz getrennt.[22]

Seit Oktober 1935 beteiligte sich Kempinski an den Verkaufsgesprächen. Ein ernsthafter Interessent fand sich bald in der Stettiner Firma Ferd. Rümforth Nachf. AG. Allerdings war Rümforth nicht geneigt, die verbleibende Fabrikationsstätte der Bardinet AG in der Quitzowstraße 137–138 zu übernehmen. Auch die Befristung des Gebrauchs des Labels und der Rezepturen bis 1945 erschien wenig attraktiv, so daß der Verkauf schließlich nicht zustandekam.[23]

Im Januar 1936 war Kempinski auch bereit, die Tochterfirma George Broche und Kia-Ora GmbH »zu außerordentlich günstigen Bedingungen« für den Interessenten zu verkaufen.[24]

Die Domkellerei zu Köln AG löste in der zweiten Hälfte des Jahres 1936 ihren Vertretungsvertrag mit M. Kempinski & Co., obwohl gerade diese Verbindung der rheinischen Firma seit Jahren wieder Gewinne beschert hatte.[25]

»Durch die Verhältnisse gezwungen« mußte M. Kempinski & Co. die umfangreichen Weinvorräte des Hauses schrumpfen lassen. Auf eigene Kelterungen wurde fernerhin verzichtet. Beide Maßnahmen wirkten sich ausgesprochen negativ auf die Rentabilität der Gesellschaft aus.[26]

Die Tochterfirma M. Kempinski & Co. Inc., New York, befand sich 1937 in Liquidation. Die Deutsche Revisions- und Treuhand AG meldete, daß das Gesellschaftskapital als verloren betrachtet werden müsse und das Engagement der OHG 22 000 RM Schulden verursacht habe.[27] Die Treuhandgesellschaft empfahl auch, die Beteiligungen M. Kempinski Ltd. und Kempinski Restaurant Ltd., London, die nie eine Geschäftstätigkeit entfaltet hatten, wie auch N.V. M. Kempinski & Co., Amsterdam, abzuschreiben.[28]

Neben den Stillegungen einzelner Nebenbetriebe und der Auflösung von Beteiligungen, neben dem Bestreben, Material-, Zins- und Mieteinsparungen zu erreichen, griff die Firma auch zum Mittel des Personalabbaus, das allerdings wohl kaum ins Gewicht fiel. Der Wirtschaftsprüfer Dr. J. Semler wies in seinem Gutachten darauf hin, daß man unbedingt auch zu Einsparungen im umfangreichen Verwaltungsapparat kommen müsse. Er gab in seinem Gutachten allerdings auch zu bedenken, daß der hohe Verwaltungsaufwand weitgehend gerechtfertigt sei, »daß unter anderem das komplizierte Steuersystem, die Kontingentierung aller wichtigen Lebensmittel, der Verkehr mit den Wirt-

schaftsorganisationen (Zugehörigkeit zu mehr als zwanzig Wirtschaftsgruppen), die Importschwierigkeiten, die Devisenbewirtschaftung, die Verwaltung der Grundstücke usw. außerordentliche Ansprüche an das Büro stellen«.[29] Die Einsparungsmöglichkeiten werden auch in diesem Bereich nicht durchschlagend gewesen sein.

Die Probleme der Firma M. Kempinski & Co. mit »Haus Vaterland« setzten sich gleichfalls fort. Die Bank für Grundbesitz und Handel war 1933 in eine existentielle geschäftliche Krise geraten; die Schweizer Hypothekengläubigerin, das Bankhaus Leu & Co., forderte im Rahmen der Sanierungsmaßnahmen auch von Kempinski Konzessionen. Kempinski verzichtete schließlich auf die Auszahlung einer Gestionsgebühr bis zum 31. Mai 1934; danach sollten nur noch wesentlich geringere Beträge als ursprünglich vereinbart gezahlt werden. Auch was den wichtigsten Punkt des Züricher Forderungskatalogs betraf, mußte Kempinski nachgeben: Die Firma verzichtete auf die vertraglich zugesicherte Mindestregie von 100 000 RM.[30] Während der Olympiade 1936 machte »Haus Vaterland« noch einmal gute Geschäfte, die der OHG M. Kempinski & Co. zugute kamen.[31] Am 18. März kündigte die Bank für Grundbesitz und Handel zum 31. März 1938 den Gestionsvertrag, das Lieferungsabkommen und den Abänderungsvertrag von 1935.[32] Damit wußte die Firmenleitung von M. Kempinski & Co. schon vor der eigentlichen »Arisierung« der Betriebe, daß sie den Hauptabnehmer ihrer Warenlieferungen verlieren würde.

Das Beispiel »Hotel Schloß Marquardt« wiederum zeigt, daß jüdische Firmen auch nach 1933 noch gelegentlich mit der Konzilianz ihrer Geschäftspartner rechnen konnten, zumal, wenn es sich um alteingesessene, renommierte und sehr solide Kaufleute handelte. Geheimrat Dr. Louis Ravené bemühte sich stets, den Problemen der Firma M. Kempinski & Co. bis zum Besitzerwechsel 1937 Rechnung zu tragen. So

Louis Ravené

oft Erleichterungen des Pachtvertrages als notwendig angesprochen wurden, zeigte sich der Besitzer von Schloß Marquardt gesprächs- und konzessionsbereit. Am 26. Oktober 1934 wurde in einer Besprechung zwischen Walter Bussmann von Ravené, Hans Kempinski, Dr. Friedrich Wolfgang Unger-Kempinski und Dr. Walter Unger vereinbart, daß für einen festgesetzten Zeitraum während der Wintermonate die Pachtabgabe entfallen sollte, »um der Firma M. K. & Co. die Aufrechterhaltung des Betriebes Schloß Marquardt zu ermöglichen«.[33]

Bis zum 31. März 1935 mußte sich Kempinski entscheiden, ob die vertraglich eingeräumte Option auf Weiterführung des Pachtvertrages in Anspruch genommen werden sollte. Dr. Walter Unger knüpfte in einer Unterredung mit Walter Bussmann an die Verlängerung des Pachtvertrags Bedingungen, die auf eine Abänderung der Pachtsätze hinausliefen; die gegenwärtig verlangten Abgaben ließen keine Gewinne zu. Bussmann meinte, das ließe sich leicht »einmal beim Kaffee in Schloß Marquardt« regeln.[34]

Am 27. März 1935 fand in den Geschäftsräumen von Ravené eine Besprechung statt, an der Geheimrat Dr. Ravené, Konsul Ravené und Walter Bussmann sowie Kommerzienrat Richard Unger, Dr. Walter Unger und Dr. Egbert Munzer teilnahmen. Dr. Munzer von Kempinski wies zunächst nach, daß Schloß Marquardt nie rentabel gearbeitet habe und daß außerordentlich starke Saisonschwankungen zu verzeichnen seien: Große Verluste im Winter zehrten vereinzelte Spitzenverdienste im Sommer auf. Um die Rentabilität zu erhöhen, forderte Kempinski – und setzte dies auch durch – eine weitere Senkung der Pacht. Vereinbart wurde eine Herabsetzung des Pachtsatzes auf einheitlich 6 Prozent bis zu einem Umsatz von 600000 RM, darüber hinaus sollte ein Pauschalvergütungssatz von 8 Prozent gezahlt werden.[35] Trotz dieser Erleichterungen lagen die Erträge des Hotels »Schloß Marquardt« weiterhin unter denen der anderen Kempinski-Betriebe. In einer 1935 von Kempinski in Auftrag gegebenen Stellungnahme des Wirtschaftsprüfers Dr. J. Semler wurde das Ergebnis der Untersuchung dahingehend zusammengefaßt, »daß Betrieb Schloß Marquardt unter den heutigen Verhältnissen als ausgesprochen ungünstig zu bezeichnen ist und daß die ursprünglich darin gesetzten Erwartungen bei weitem nicht eingetroffen sind«.[36] Als zum 31. März 1936 wiederum über eine Vertragsverlängerung entschieden werden mußte, die zudem laut Pachtvertrag von 1932 veränderte Pachtsätze einführte, fertigte Kempinski am 24. Februar 1936 ein – von Werner

Steinke gezeichnetes – Memorandum an, das weitere Erleichterungen forderte, nicht ohne gleichzeitig an die guten Beziehungen zwischen beiden Firmen zu erinnern: »Das bisherige Pachtverhältnis beruht auf bestem Einvernehmen und verständnisvoller Würdigung der gegenseitigen Interessen. Auch für die neue Vertrags-Ära wird Kempinski an diesem Grundsatz festhalten. Andererseits hat Kempinski die Überzeugung, daß Herr Geheimrat Dr. L. Ravené sich der Sprache des folgenden Zahlenwerkes nicht verschließen wird.«[37]

Auf der Grundlage breit angelegter statistischer Angaben wurde in dem Schriftstück resümiert, daß bis zum 30. Juni 1935 insgesamt 409 532 RM in Marquardt investiert worden waren – vor allem für Ein- und Umbauten und Gartenpflege. Diese Ausgaben konnten keineswegs durch Gewinne kompensiert werden: Der Gesamtbetriebsverlust an diesem Objekt betrug für Kempinski 261 822 RM. Es bestand also ein eklatantes Mißverhältnis zwischen den finanziellen Aufwendungen und Leistungen des Pächters und den Bewirtschaftungsergebnissen. Kempinski verlangte nun die Fixierung einer Vertragsdauer von zehn Jahren, also bis zum 31. März 1946, eine pauschalisierte Umsatzpacht von 5 Prozent – für die Monate November/Dezember und Januar/Februar sollte die Vergütungspflicht generell wegfallen –, eine Ausschüttung von 10 Prozent des Gewinns vor den Abschreibungen an Ravené sowie die Niederschlagung des von Ravené gegebenen Darlehens. Außerdem sollte der Verpächter künftig die Grund- und Hauszinssteuer begleichen und für diejenigen Ein- und Umbauten Sorge tragen, die in seinen Besitz übergingen.[38] Walter Bussmann von der Ravenéschen Zentralverwaltung lehnte in einer Stellungnahme am 3. März 1936 die Forderungen des Memorandums ab – allerdings in sehr moderater Form. Er hielt den Herren von Kempinski zunächst die gute Zusammenarbeit zwischen Ravené mit »Ihrer

werten Firma« und »Ihrem werten Haus« vor Augen und erinnerte sowohl an die Konzessionen des Verpächters als auch an den Enthusiasmus, den Kempinski anfangs für das Objekt entwickelt hatte:

»Sie werden es wohl kaum abstreiten können, daß gerade ich immer wieder Wege gefunden habe, Ihnen den Aufbau Marquardts nach jeder Richtung hin zu erleichtern, und Sie werden auch anerkennen müssen, daß Herr Geheimrat Dr. Ravené sich nie strikte an Vertragsvereinbarungen gehalten hat, sondern stets bemüht war, Ihnen weitgehendst nach jeder Richtung hin behilflich zu sein. Genauso wird auch stets Herr Geheimrat Dr. Ravené anerkennen, mit welch' aufopfernder Tätigkeit Ihre werte Firma Marquardt bewirtschaftet hat und wie das Pachtobjekt von Ihnen glänzend verwaltet wurde [handschriftlich am Rand: ›na also!‹; E.P.]. Als Zeichen dieser Anerkennung hat Herr Geheimrat Dr. Ravené auch ohne weiteres stets auf Vergütung für die Wintermonate verzichtet und im letzten Jahr sogar auf 2 Prozent der Umsatzbeteiligung. … Aber genau wie Sie mit Optimismus, Lust und Liebe seinerzeit an das ganze Objekt Marquardt herangegangen sind, genau so vertraten auch Herr Geheimrat Dr. Ravené und ich den Standpunkt, daß die Zukunft die Früchte bringen müßte und man sich in den ersten Jahren beiderseits auf vernünftiger Basis entgegenkommen müsse [›vernünftiger‹ ist unterstrichen und handschriftlich am Rand: ›jawohl‹ notiert; E.P.].«[39]

Bussmann schloß das Schreiben mit der Hoffnung, daß trotz der von Kempinski artikulierten Unzufriedenheit mit dem Vertragsverhältnis eine Lösung gefunden werden könne, die es erlaube, weiterhin Geschäftspartner zu bleiben. Schon am 4. März 1936 signalisierte Ravené Entgegenkommen, indem er sich mit einer Senkung der Pachtsumme auf 8 Prozent des Umsatzes einverstanden erklärte, obwohl im Vertrag von 1932 vom 1. April 1936 an 10

Prozent vereinbart worden waren. Weiterhin wollte Ravené für die Wintermonate bis zu einem Umsatz von 20000 RM auf Abgaben ganz verzichten.[40] Noch am 30. Dezember 1936 zeigte sich Ravené bereit, die Optionsfrist zu verlängern; wenn es Ravené aber gelingen würde, Marquardt zu verkaufen, sollte das Vertragsverhältnis sofort beendet sein. Schien es bisher so, als würden die Herren von Ravené den politischen Systemwechsel im Deutschen Reich sowie die von der Hitler-Regierung lancierten antijüdischen Maßnahmen einfach nicht zur Kenntnis nehmen, hieß es jetzt in dem Schreiben, die Geschäftsleitung von Kempinski dürfe nicht vergessen, »daß ständig Verhandlungen über den Verkauf Ihrer Firma« drohten; Ravené gehe somit große Risiken ein. Die »Arisierungsverhandlungen«, über die man wohl in der Geschäftswelt Berlins gut informiert war, ließen Kempinski also zu einem unsicheren Partner werden. Auch dieser Brief, der sich noch angesichts der Endphase des Kempinskischen Existenzkampfes an die durchaus üblichen Formen geschäftlicher Verhandlungen hielt, schloß – und das sicher ohne jeden Zynismus – mit einer versöhnlichen Note: »Wenn ich es persönlich auch für ausgeschlossen halte, daß ein Verkauf dieses Besitzes überhaupt möglich ist, so müssen Sie mir jedoch ebenso Freiheit geben, wie ich Ihnen mit vorstehender Erklärung gegeben habe. Ihnen, auch im Namen meiner Sozien, ein recht gutes Neujahr wünschend, zeichne ich mit Deutschem Gruß als Ihr sehr ergebener [handschriftlich: Ravené; E.P.].«[41]

Während sich Kempinski-Kunden offenbar in größerer Zahl von der nationalsozialistischen Propaganda gegen jüdische Geschäfte und Firmen beeindrucken ließen und die Restaurants und Verkaufsstellen zunehmend mieden, hielten sich die Geschäftspartner vermutlich noch länger an die Regeln des »Fair play« – wenn zudem die Unternehmen das soziale, ökonomische und auch kulturelle Niveau hatten, das hier

gegeben war. Außerdem waren die Unternehmensleitungen in geringerem Maß Pressionen ausgesetzt als die Kunden des Einzelhandels und Dienstleistungsgewerbes. Es soll allerdings nicht der Eindruck erweckt werden, als ob die Berliner Kaufmannschaft nach der nationalsozialistischen Machtübernahme ihre jüdischen Kollegen vorwiegend nach dem Grundsatz »business as usual« behandelt hätte. Kempinski war in den 30er Jahren in hohem Maß darauf angewiesen, Warenkredite zu beanspruchen, und mußte deshalb auch – überhöhte – Zinszahlungen in Kauf nehmen. Es ist nicht ausgeschlossen, daß bei der Fixierung der Zinsen der Wunsch eine Rolle spielte, die Notlage des jüdischen Unternehmens auszunutzen.

Obwohl die aktenmäßigen Belege fehlen, ist als sicher anzunehmen, daß Kommerzienrat Richard Unger und sein Sohn aus allen von ihnen ausgeübten Ehrenämtern bei der IHK und ihren Ausschüssen sowie aus allen anderen Wirtschaftsorganisationen entfernt wurden. 1932 war Dr. Friedrich Wolfgang Unger-Kempinski im Fachausschuß der IHK für den Weinhandel tätig; 1933 sind die Namen Unger und Kempinski nicht mehr in den Mitgliederlisten zu finden. Gerade der Ausschluß von der Mitarbeit in Gremien, die Ansehen, Anerkennung gefördert und die Zugehörigkeit zu einer bestimmten sozialen Gruppe sichtbar gemacht hatte, war schmerzlich. Der Ausschluß brachte dem Kaufmann Nachteile und traf den Menschen.

Jüdische Firmeninhaber – inbesondere wenn es sich um Familienbetriebe handelte – waren nach 1933 oftmals mit Erfahrungen konfrontiert, die Bestürzung und Bitterkeit wecken mußten. Die nationalsozialistischen Arbeitnehmerorganisationen, in erster Linie die Deutsche Arbeitsfront (DAF) und die Vertrauensräte, betrieben systematisch den Abbau der Führungsqualität innerhalb des alten Unternehmensmanagements. 1936 konstatierte der Wirtschaftsprüfer Dr. J. Semler in seinem Gutachten: »Die

Entwicklung der letzten Jahre läßt die Auswirkung besonderer geschäftshemmender Momente erkennen. Umsatz, Einflußmöglichkeit der Leitung auf den Betrieb in autoritärer Hinsicht und Unternehmergeist wurden bei Kempinski als nichtarisches Unternehmen in Mitleidenschaft gezogen.«[42] Inhabern jüdischer Firmen wurde ein »arischer« Betriebsführer als Entscheidungsträger und Kontrolleur aufgezwungen – ein eklatanter Angriff auf die Rechte der eigentlichen Besitzer, der ihre Isolation innerhalb des eigenen Betriebes bezweckte: Der Betriebsführer und die »Gefolgschaft« wurden ihnen als massiver Block gegenübergestellt. Betriebsführer bei Kempinski war Fritz Eger. Auf diese Ernennung scheint M. Kempinski & Co. noch einen gewissen Einfluß ausgeübt zu haben, da Fritz Eger offenbar das Vertrauen der Firmenleitung genoß. Als Hans Kempinski sich genötigt sah, zum 1. November 1936 seinen Posten als Geschäftsführer der Haus Vaterland Gaststätten GmbH niederzulegen, designierte er Eger zu seinem Nachfolger; die Ernennung ermöglichte, »die auf Grund des Regievertrages notwendige Einwirkung auf die Geschäftsführung der Haus Vaterland Gaststätten G.m.b.H. ungeschmälert aufrecht zu erhalten«.[43] Am 1. Dezember 1936 schrieb M. Kempinski & Co. an Fritz Eger: »… nachdem Herr Hans Kempinski auf die im Gestionsvertrag vorgesehene Stellung eines Geschäftsführers der Haus Vaterland Gaststätten G.m.b.H. verzichtet hat, haben Sie es in dankenswerter Weise übernommen, die Interessen der Firma M. Kempinski & Co. nach Maßgabe des Gestionsvertrages als Geschäftsführer der Haus Vaterland Gaststätten G.m.b.H. wahrzunehmen. Für die Ihnen daraus erwachsende Mehrarbeit vergüten wir Ihnen monatlich RM 200,–. Wir haben Sie gebeten, diesen außerordentlich wichtigen Posten zu übernehmen, weil wir Ihnen damit das große Vertrauen, daß wir Ihnen entgegenbringen, beweisen können und weil wir gerade in der jetzi-

gen schwierigen Übergangzeit es für erforderlich halten, daß eine Persönlichkeit mit Autorität und Tatkraft die Interessen unserer Firma gemäß den geschlossenen Verträgen wahrnimmt«.[44]

Das war die eine Seite, die andere sah folgendermaßen aus: Am 8. Juni 1936 wurde auf einer Vertrauensratssitzung der Haus Vaterland Gaststätten GmbH auch die Frage der Einsetzung eines »arischen« Betriebsführers für »Haus Vaterland« diskutiert. Anwesend waren die stellvertretenden Betriebsführer Hugo Marktscheffel und August Lechner sowie die Vertrauensmänner Wolf, Pridigkeit, Wulff, Horn, Röhricht und Jud. Lechner konstatierte eingangs, daß die Einsetzung eines »arischen« Betriebsführers »von uns allen« schon wiederholt gefordert worden sei; konkrete Vorschläge konnten allerdings nicht gemacht werden. Lechner empfahl, die Frage wegen der aktuellen Verhandlungen mit den Banken zu vertagen. Neben personellen Veränderungen scheint die Entfernung der Kempinski-Firmenschilder erwogen worden zu sein; offensichtlich wurden diese Maßnahmen als nicht ausreichend betrachtet: »Herr Lechner sowie Herr Marktscheffel sind der Meinung, daß eine Entfernung der Firmenschilder und das Einsetzen eines arischen Betriebsführers allein nicht genügen würden, um nach außen hin den Eindruck eines arischen Betriebes zu erwecken, solange die Belieferung des Hauses Vaterland durch Kempinski, vertraglich festgelegt, erfolgt.«[45] Gefordert wurde also von den Angestellten – Hugo Marktscheffel war seit Jahrzehnten in führender Position bei Kempinski – eine »Arisierung« des »Haus Vaterland – Betrieb Kempinski«. Allerdings wurde der nationalsozialistische Gefolgschaftsenthusiasmus nicht von allen Kempinski-Angestellten geteilt. Aus den Akten läßt sich ersehen, daß Kellner bei Kempinski 1933/34 Widerstandsaktionen organisierten, ein zwar mutiger Akt, der allerdings von der Firmenleitung keineswegs als Demonstration der Loyalität aufgefaßt wurde, da er das Unternehmen in Gefahr brachte. Die Kellner Otto Priem, Erich Reichelt, Willi Wendrich und der Silberwäscher Max Ferbik hatten im Stammhaus in der Leipziger Straße KPD-Propagandamaterial wie die »Rote Speisekarte« und den »Gegenangriff« verbreitet. Aufgrund der Denunziation durch einen DAF-Spitzel wurden sie verhaftet; gegen den Portier Hans Wolter wurde Schutzhaft beantragt.[46] Der 4. Strafsenat des Berliner Kammergerichts verurteilte die Angeklagten – das weitere Schicksal Wolters ist nicht bekannt – wegen versuchten Hochverrats und der Verbreitung illegaler Schriften zu Zuchthausstrafen.[47] Die Vertrauensrätewahlen von 1935 ergaben für die Kempinski-Betriebe, daß sich 30 Prozent der Stimmberechtigten für die Opposition und gegen die nationalsozialistischen Kandidaten entschieden hatten; bei Aschinger wurden übrigens 60 Prozent Stimmen für die Opposition gezählt.[48]

In welchem Maß sich die nationalsozialistischen Verfolgungen und Diffamierungen der ersten Jahre im Privatleben der Kempinskis und Ungers, im Familienbereich oder im gesellschaftlichen Verkehr mit Freunden, Nachbarn und Geschäftspartnern auswirkten, ist kaum mehr nachzuvollziehen. Elisabeth Kohsen, die Tochter Richard Ungers, berichtete, daß sie jeden Tag in ein Schwimmbad am Hundekehlesee in Halensee zu fahren pflegte; am 1. April 1933 bekam sie von dort einen Anruf, in dem sie gebeten wurde, das Bad nicht mehr aufzusuchen.[49] Der Prokurist Dr. Georg von Kaulbars, der

Frau Kohsen in einem Kempinski-Delikatessengeschäft traf und ihr die Hand küßte, geriet deswegen in Schwierigkeiten.[50] Die Kinder von Frau Kohsen hatten Probleme in der Schule. Die älteste Tochter Anita, die zur Volksschule ging, stritt sich eines Tages im Haus ihrer Eltern mit einem Schulkameraden. Anita entgegnete auf antisemitische Anwürfe des Jungen, daß sie auch Jüdin sei, woraufhin ihr der Junge den Schulranzen an den Kopf warf. Die Mutter beschwerte sich dann in der Schule: »Damals konnte man das noch. Das war 1934.« Der Direktor habe alle Schüler zusammengerufen und den rabiaten Mitschüler verwarnt. Acht Tage später wurde der Schulleiter abgesetzt. Die jüngere Tochter Monika ging in der Reichsstraße zur Schule. Zwei jüdische Kinder besuchten die Klasse: Monika Kohsen und Judith Caro. Im Jahr 1935 wurde der Klassenlehrer darauf hingewiesen, daß beim Fahnenappell und Absingen des Fahnenliedes – einem Hauptakt der inszenierten schulischen »Volksgemeinschaft« – die Anwesenheit jüdischer Schüler unpassend sei und störend wirke. Der Lehrer hatte sich jedoch geweigert, die Kinder nach Hause zu schicken. Beim Fahnenappell hielt er künftig demonstrativ an jeder Hand ein jüdisches Mädchen.[51] Frau Kohsen berichtete auch, daß gerade katholische Kreise der Bevölkerung Hilfsbereitschaft gezeigt hätten. Die Beispiele machen deutlich, daß es unter der Nazi-Diktatur einen gewissen Spielraum für ein vorurteilsfreies und couragiertes Verhalten des einzelnen gab, der freilich immer weiter eingeschränkt wurde.

1936, nachdem die Vollbeschäftigung in Deutschland erreicht worden war und sich das Regime während der Olympiade in Berlin erfolgreich selbstinszeniert hatte, begann eine neue Phase der Ausgrenzung der Juden aus dem Wirtschaftsleben. Rücksichtnahme gegenüber dem Ausland und wirtschaftspolitische Opportunitäten standen nun nicht mehr auf der Prioritätenliste der nationalsozialistischen Regierung. So fielen die Barrieren für eine neue »Arisierungswelle«, die nun auch die größeren Firmen traf. Bei der Mehrzahl dieser »Arisierungen« handelte es sich um »freiwillige« Verkäufe an andere Firmen und Privatpersonen, denen langwierige Verhandlungen vorausgingen und die mit komplizierten, rechtlich bindenden Verträgen besiegelt wurden, in denen zahlreiche Interessen Berücksichtigung fanden.[52]

1936/37 bestand trotz der rigiden Devisenbestimmungen noch die Chance für die ehemaligen jüdischen Inhaber, einen Teil ihres Vermögens ins Ausland zu retten, insbesondere, wenn der Transfer über ausländische Firmenfilialen möglich war. Man darf allerdings nicht verkennen, daß eine Übergabe des Besitzes in »arische Hände« – wie der Vorgang damals oft genannt wurde – für die jüdischen Besitzer die Vernichtung ihrer ökonomischen Existenz bedeutete. Zwar kam es bis 1937 noch kaum zu Enteignungen; diese setzten erst 1938 mit den staatlich verordneten und kontrollierten Zwangs»arisierungen« ein. Dennoch waren die jüdischen Eigentümer auch jetzt schon die Verlierer. Auch wenn sie noch Abfindungen erhielten, wurde ihnen doch das genommen, was sie oft in jahrzehntelanger, mühsamer, von Fährnissen und Rückschritten bedrohter Arbeit aufgebaut hat-

ten. Die Zerstörung des Lebenswerkes der jüdischen Kaufleute und Unternehmer besiegelte ihre Entwurzelung in Deutschland. Zudem waren sie in der Regel schon vor der »Arisierung« in wirtschaftliche Schwierigkeiten geraten, was ihre Verhandlungspositionen eklatant schwächte: Die »Arisierungsbewerber« wußten alle Trümpfe auf ihrer Seite, die jüdischen Besitzer standen mit dem Rücken zur Wand.

Im Januar 1936 konstatierte der Wirtschaftsprüfer Dr. J. Semler in seinem Gutachten, daß die tragenden Betriebe des Kempinski-Unternehmens – abgesehen von Breslau und Schloß Marquardt – »auch unter Berücksichtigung der jetzigen Absatz- und Kostenlage an sich gesund und ertragsfähig« sind.[53] Um die Jahreswende 1936/37 allerdings stand Kempinski vor dem Zusammenbruch; der Konkurs war abzusehen, die Firma schien »wirtschaftlich am Ende« zu sein.[54] Die Kaufinteressenten wußten: Nach Abwicklung der »Arisierung« würde die gesunde Grundlage eine neue Prosperität des Unternehmens garantieren.

Kempinski wurde im Jahre 1937 von der Aschinger AG übernommen. Mit Berufung auf den formal korrekten Ablauf des Verfahrens und auf die seitens Aschingers zugesagten Zahlungsverpflichtungen stellte der Konzern nach 1945 in Abrede, daß es sich um eine »Arisierung« gehandelt habe: »Es wird nicht bestritten, daß die Inhaber der O.H.G. im Jahre 1937 aus Gründen des wirtschaftlichen Boykotts gegen jüdische Betriebe sich gezwungen sahen, ihr Unternehmen zu veräußern. Es trifft aber nicht zu, daß von der Aschinger A.-G. irgendwelcher Zwang oder eine Nötigung ausgeübt wurde. Die Inhaber der O.H.G. haben sich selbst an die Aschinger A.-G. gewandt und eine Übernahme vorgeschlagen. Die Übernahme- und Pachtverträge sind auf Grund von freundschaftlichen Verhandlungen zwischen der Geschäftsleitung der Aschinger A.-G. und den Inhabern der O.H.G. zustande gekommen.«[55]

Noch deutlicher wurde ein Schreiben des Treuhänders der Aschinger AG an die Deutsche Treuhandstelle zur Verwaltung des beschlagnahmten Vermögens im sowjetischen Sektor Berlins vom 14. Mai 1947: »Was die Firma Kempinski anbelangt, handelt es sich in keiner Beziehung um eine Arisierung im damaligen Sinne, sondern um ein durch Wahrung der gegenseitigen Interessen geschlossenes freiwilliges Übereinkommen. Im Laufe des Jahres 1936 trat die Firma M. Kempinski & Co. o.H.G., die sich in erheblichen finanziellen Schwierigkeiten befand, mit der Anfrage an die Aschinger A.-G. heran, ob diese die Betriebe der Gesellschaft übernehmen wolle.«[56]

Die Nutznießer der Zwangslage, in die die jüdischen Betriebe gedrängt worden waren, wußten sehr genau, daß das nationalsozialistische Regime die Rahmenbedingungen für ihre Geschäfte geschaffen hatte. Sie scheuten sich auch nicht, dieses im Sinne ihrer Interessen zum Handeln zu bewegen. Sie werden auch gewußt haben, daß sie das ihre zur Erfüllung des Regierungsprogramms beitrugen, das letztendlich immer auf eine »judenfreie« Wirtschaft, ein »judenfreies« öffentliches Leben und schließlich auf ein »judenfreies« Deutschland ausgerichtet war. Hieß es doch in einem Schreiben der Aschinger AG, in dem es um die »Arisierung« des »Café Dobrin« nach dem Novemberpogrom 1938 ging, daß die Übernahme dieses Etablissements im Staatsinteresse liege.[57] Dennoch redeten die Nutznießer sich und anderen ein, daß die »Arisierungen« ganz normale geschäftliche Transaktionen wären: Die Sphäre des nationalsozialistischen Herrschaftsapparats wurde getrennt von den Verhandlungen unter ordentlichen Kaufleuten, in denen ein durchaus höf-

licher und freundlicher Umgangston herrschen konnte. Auch die jüdischen Verkäufer haben diese Optik oft adaptiert.

Die Hauptfragen, die sich für die Aschinger AG um die Mitte der 30er Jahre stellten, lauteten: Wie lenkt das Unternehmen die Überkapazität seiner Produktionsstätten in rentable Bahnen? Wie steigert die Gesellschaft ihren Umsatz?[58] Die Antwort lag in der Angliederung der Kempinski-Betriebe. Für die Aschinger AG bedeutete also die Übernahme von M. Kempinski & Co. den Schlußpunkt der Sanierung des Konzerns nach dem Verkauf des Hotelbetriebs-Aktienpaketes. Aschinger rechnete mit einer Umsatzsteigerung nach der realisierten »Arisierung«. Wenn den Aschinger-Zentralbetrieben ein derart gut eingeführtes Absatzgebiet zur Verfügung stünde, könnten sie wieder vollausgelastet arbeiten. Das Interesse der Aschinger AG an Kempinski wurde noch dadurch erhöht, daß hier annähernd gleichartige Unternehmensstrukturen bestanden, die eine rationale »Entschlackung« erlaubten: Aschinger konnte sich aus den beiden Firmen die Bereiche aussuchen, die besonders lukrativ waren. Die Geschäftsleitung betonte, daß sich hier eine einmalige Gelegenheit böte.[59] Diese Sichtweise wurde auch als diejenige der Gesellschafter der OHG M. Kempinski & Co. deklariert, um die Banken zur Beschleunigung des »Arisierungsverfahrens« zu drängen:

»Die Inhaber halten sich für verpflichtet, mit allem Ernst und aller Eindringlichkeit den interessierten Banken vor Augen zu führen, daß sich hier eine Gelegenheit bietet, die notwendige Überleitung zu vollziehen, wie sie nach menschlichem Ermessen nicht wiederkehren wird. Sie sprechen dies aus, obwohl, wie häufig erwähnt, die Abwicklung keineswegs den von den Inhabern gehegten Erwartungen entspricht, und der o.H.G. nur eine bescheidene Möglichkeit übrig bleibt, ohne jegliche Aussicht auf zukünftige Entwicklung.«[60]

Gegenüber einem solchermaßen artikulierten Interesse der Aschinger AG an Kempinski ist die Begründung der Übernahme mit dem sozialen Anliegen, das Unternehmen und damit über tausend Arbeitsplätze erhalten zu wollen, eher sekundär.

Nach eigenem Bekunden wurde der Leitung der Aschinger AG im Verlauf des Jahres 1936 bekannt, daß die Kempinski-Betriebe zum Verkauf standen. Im September 1936 sei ein Vermittler an Aschinger herangetreten, um zu eruieren, ob hier Interesse an einer Übernahme bestünde. Nachdem Aschinger dies bejaht hatte, wandten sich die Inhaber von M. Kempinski & Co. an Rechtsanwalt Dr. H. Koch, den stellvertretenden Aufsichtsratsvorsitzenden der Aschinger AG, in dessen Kanzlei dann das erste Treffen zwischen den Inhabern der OHG und dem Aschinger-Vorstand stattfand. Es folgten langwierige und komplizierte Verhandlungen.[61] Am 12. Dezember 1936 wurde den Aufsichtsratsmitgliedern der Aschinger AG zusammen mit einem streng vertraulichen Schreiben der entscheidende Bericht der Deutschen Revisions- und Treuhand AG vom 9. Dezember 1936 »in Sachen M. Kempinski & Co. zur gefl. Kenntnisnahme« überreicht; am 3. Dezember mußte das Thema allerdings schon einmal zur Sprache gekommen sein. Auf seiten Aschingers führte der Finanzchef Paul Spethmann die weiteren Verhandlungen. Die Gesprächspartner bei Kempinski waren in erster Linie Richard Unger und Dr. Walter Unger. Hans Kempinski war im Laufe des Jahres 1936 nach London emigriert. Inwieweit Dr. Friedrich Wolfgang Unger, der 1937 in die USA ging, an den Verhandlungen teilnahm, läßt sich nicht sagen.

Es hatte noch andere »Arisierungsbewerber« gegeben – die Namen gehen leider nicht aus den Akten hervor –, die auch während der Verhandlungen zwischen Aschinger und Kempinski ihre Bemühungen fortsetzten. Rechtsanwalt Dr. von Lewinski äußerte am 17. Februar 1937 Befürch-

tungen, daß »die Angriffe interessierter Konkurrenzstellen, die bisher immer erfolgreich abgewehrt worden sind, nicht aufhören werden«.[62]

Aschinger sorgte frühzeitig für das Placet der zuständigen staatlichen Stellen. Der Gauwirtschaftsberater hat dann – wie erwartet – die geplante Transaktion »trotz grundsätzlicher Bedenken« gutgeheißen. Der Gausozialwalter und der Treuhänder der Arbeit konnten ebenfalls gewonnen werden. Der Treuhänder der Arbeit erklärte, daß »er sich den aus dem Zusammenschluß folgenden wirtschaftlichen Notwendigkeiten nicht verschließen« werde[63], was die Aschinger-Direktoren als Zustimmung zu den geplanten Entlassungen werteten, ohne die das Unternehmen nicht zur Übernahme von M. Kempinski & Co. bereit war.

Die Gläubigerbanken von M. Kempinski & Co. – die Reichskreditgesellschaft AG, Hardy & Co. GmbH und Sal. Oppenheim jr. & Cie., Köln – hatten vielfach versucht, das »Arisierungsverfahren« zu verzögern, da sie sich um die Rückzahlung ihrer Kredite sorgten und von der Aschinger AG Garantien forderten. Die Banken setzten sich in wichtigen Punkten durch, wie noch anläßlich der Darstellung der Bestimmungen des »Arisierungsvertrages« gezeigt werden wird. Weiter kompliziert wurden die Verhandlungen noch durch die Einschaltung der Versicherungsgesellschaften und der ausländischen Gläubigerbanken.

Während die Banken eine Hinhaltetaktik übten und Aschinger auf Beschleunigung drängte, wurden die wirtschaftlichen Probleme bei Kempinski immer drängender. Hugo Marktscheffel, der Leiter des Kassenwesens, soll während der Verhandlungen geäußert haben, »daß es noch einen Monat dauere und dann die Firma pleite sei«. Auch Schuldbeträge von 100 RM habe man nur noch in Raten von 20 RM tilgen können.[64] Als abzusehen war, daß Kempinski demnächst zu Aschinger gehören würde, gewährte Aschinger der OHG zwischen Mai und Juli 1937 einen

Überbrückungskredit, damit die Gesellschaft bis zur Übernahme überleben konnte.[65]

Schon sehr früh bestand kein Zweifel, daß Aschinger die Kempinski-Betriebe pachten wollte; der Pachtbetrieb sollte die Rechtsform einer GmbH erhalten. Aschinger erwarb daher die im Besitz der OHG befindlichen Geschäftsanteile der »Kempinski Export und Hotel Gesellschaft m.b.H.« [GmbH-Mantel] zum Preis von 20 000 RM. Diese Gesellschaft wurde dann umgewandelt in die M. Kempinski & Co. Weinhaus und Handelsgesellschaft mbH [im folgenden auch Kempinski GmbH genannt; E.P.]. Die Geschäftsführer der neuen Firma waren Fritz Aschinger und Paul Spethmann. Als Prokuristen fungierten Werner Steinke, Fritz Eger und Hans Rebitzki.[66] Das Kapital der Kempinski GmbH wurde auf 800 000 RM aufgestockt, die sich wie folgt verteilten:[67]

Aschinger AG	796 200 RM =	99,52%
Fritz Aschinger	1900 RM =	0,24%
Paul Spethmann	1900 RM =	0,24%

Die GmbH war damit eine Tochtergesellschaft der Aschinger AG. Die Kempinski GmbH trat in der Folgezeit als Vertragspartnerin der OHG M. Kempinski & Co. und schließlich als Pächterin der Kempinski-Betriebe auf. Die Kempinski GmbH, deren Kapitalanteile sich fast ausschließlich im Besitz der Aschinger AG befanden, ist das »arisierte« Kempinski-Unternehmen.

Am 28. April 1937 stimmte der Aufsichtsrat der Aschinger AG einstimmig der »Angliederung der Kempinski-Betriebe« zu. Die bisher ausgehandelten Verträge wurden abends am 29. April vollzogen. Am 1. Mai 1937 übernahm die Kempinski GmbH die Betriebsleitung, die Betriebe liefen allerdings noch auf Rechnung der OHG. Am 1. Juli 1937 wurden die Kempinski-Betriebe endgültig übernommen; diese arbeiteten von nun an für die GmbH.[68]

Der umfangreiche, etwa hundertseitige »Arisierungs«vertrag[69], mit dessen Unterzeichnung die Übernahme der Kempinski-Betriebe besiegelt wurde, gliederte sich in mehrere Teile:
– den Mantelvertrag,
– den Treuvertrag,
– den Wettbewerbsvertrag,
– den Betriebsübernahmevertrag,
– den Miet- und Pachtvertrag,
– den Zusatzvertrag für das »Café Trumpf«,
– die Nachtragsprotokolle vom 13. Mai 1937.

Im Mantelvertrag verpflichtete sich die OHG bzw. die GmbH, die Kempinski-Betriebe nach Maßgabe der Unterverträge zu übergeben bzw. zu übernehmen. Der Vertrag erhielt seine Gültigkeit ab dem 30. Juni 1937 und sollte bis zum 31. Dezember 1956 in Kraft bleiben, »soweit nicht für einzelne Bestimmungen eine längere Dauer vorgesehen war«.[70]

Der Treuvertrag verpflichtete zur Volleinzahlung des GmbH-Kapitals von 800 000 RM bis spätestens zum 30. September 1938 und regelte die Lieferpreise für Waren und betriebliche Leistungen wie Bereitstellung von Wäsche und Wäscherei, Eislieferungen und Reparaturen. Aschinger sollte alle Lieferungen und Leistungen für die GmbH zu den gleichen Preisen abwickeln, die auch für die eigenen Absatzstellen galten.[71] Auf diesen Passus hatten die Banken, die am wirtschaftlichen Erfolg der GmbH interessiert waren, besonderes Gewicht gelegt. Eventuelle Preisdifferenzen sollten an die Banken abgeführt werden.[72] Die Waren hatten konkurrenzfähig zu sein; die Preise sollten die der preisgünstigsten Konkurrenzfirma nicht unterschreiten. Aschinger verpflichtete sich, die Verwaltungskosten des Aschinger-Konzerns auf die GmbH und die anderen Konzernbetriebe nach einem »gerechten Schlüssel« zu verteilen, dem die Deutsche Revisions- und Treuhand AG ihre Zustimmung erteilen mußte.[73]

Der Wettbewerbsvertrag gestand der Kempinski GmbH das Recht der freien Nutzung des

Vermögen (Angabe in 1000 RM)[75]	Insgesamt	Verbleib bei der OHG	Übergang auf die GmbH
Anlagewerte inkl. Beteiligungen	7412	6493	919
Warenvorräte inkl. vorzeitige Übergabe	1974	4	1970
Forderungen ohne Konzern	476	169	307
Konzernforderungen	1422	1422	–
Flüssige Mittel	99	50	49
Verteilungsposten, Banksonderkonten usw.	255	99	129
Insgesamt	11 608	8237	3371

Verbindlichkeiten (Angabe in 1000 RM)	Insgesamt	Verbleib bei der OHG	Übergang auf die GmbH
Hypotheken und Darlehen	5861	5861	–
Bankschulden	3250	1770	1480
Sonstige, im wesentlichen kurzfristige Schulden	1867	257	1610
Rückstellungen und Verteilungsposten	142	61	81
Insgesamt	11 120	7949	3171

Namens Kempinski und der Warenrechte zu. Den Inhabern der OHG verblieben – außer den Grundstücken und Beteiligungen – das Exportgeschäft und sehr begrenzte geschäftliche Aktivitäten (bis zu einem Umsatzvolumen von 50 000 RM) in Deutschland unter dem Namen Kempinski. Außerdem sicherte der Wettbewerbsvertrag die Aufrechterhaltung der Kempinski-Betriebe.[74] Die Kempinski GmbH erwarb von der OHG das Inventar, die Warenvorräte und einen Teil der Außenstände. Der Übergang der Vermögens- und Schuldwerte von der OHG auf die GmbH war im Betriebsüber-

nahmevertrag fixiert. Mit diesem Vertrag trat die GmbH auch in alle laufenden Miet-, Arbeits-, Kauf-, Lieferungsverträge etc. ein. Die OHG wurde von allen aus den Arbeitsverträgen resultierenden Verpflichtungen entbunden.

Die obige Auflistung gibt einen Überblick über die Verschiebung der Vermögenswerte und Verbindlichkeiten. Vorauszuschicken ist, daß die OHG M. Kempinski & Co. zum 30. Juni 1937 mit insgesamt 11 120 000 RM verschuldet war (s. Tabelle).

Nach einer Berichtigung ergab sich als Kaufpreis für die Vermögenswerte der OHG M.

Übernahme der Schulden der

OHG aus Warenlieferungen	1 311 983,23	RM
Saldo der Betriebssparkasse	38 400,93	RM
Sonstige Verbindlichkeiten (Löwenbräu, Ravené, Zollkasse, Steuern und öffentl. Abgaben für übergehende Betriebe, Guthaben von Kunden, Rückstellungen für Betriebsausgaben usw.)	266 813,97	RM
Rechnungsabgrenzungsposten	16 051,23	RM
Saldo bei der Deutschen Bank, Berlin	31 471,50	RM
gemäß §3b Betriebsübernahmevertrag	1 664 720,86	RM
Barzahlung gemäß §3a	200 000,00	RM
Anteilige Übernahme von Bankschulden gemäß §3a bei der Reichskreditgesellschaft AG	686 648,82	RM
bei Hardy & Co. GmbH	488 497,39	RM
bei Sal. Oppenheim jr. & Cie.	273 959,83	RM
Insgesamt	3 313 826,90	RM[76]

Kempinski & Co. laut §1 des Betriebsübernahmevertrages eine Summe von 3 313 826,90 RM. In der obenstehenden Tabelle wird noch einmal detaillierter aufgelistet, wie dieser Kaufpreis von der GmbH durch Übernahme von Schulden abgedeckt wurde.

Der Preis für das Kempinski-Inventar wurde mehrfach gedrückt. Die Revisions- und Treuhand AG hatte ihn noch mit 1 500 000 RM angegeben, doch bereits in den Vorverträgen wurde eine um 350 000 RM niedrigere Summe festgelegt.[77] Nachdem die OHG M. Kempinski & Co. den Rechtsstreit um die Verlängerung des Pachtverhältnisses mit der Romanisches Haus AG verloren hatte und »Café Trumpf«, das der Inhaber der Kroll-Betriebe Leussing zu erwerben beabsichtigte, nunmehr aus dem Vertragswerk mit der GmbH herausgefallen war, reduzierte sich der Übernahmepreis für das Inventar ein weiteres Mal und betrug schließlich 916 000 RM.[78] Auf dem Inventar sowie den Neuanschaffungen ruhte noch ein Eigentums-

vorbehalt der OHG, der am 27. Juni 1938 auf die Reichskreditgesellschaft AG übertragen wurde.[79] Nach Tilgung der Bankschulden sollte das Eigentum an die GmbH übergehen.

Die Banken waren wegen der Übernahme der Schulden und folglich wegen des Eintritts der GmbH in die laufenden Kredite in Sorge. Sie wollten Sicherungen für die Übernahme, insbesondere eine bürgschaftsähnliche Haftung der Aschinger AG für die neue GmbH.[80] Natürlich sahen die Banken auch Gefahren für die Tilgung der bei der OHG verbleibenden Schulden, die ja die weitaus größere Summe darstellten. Die Banken befanden, daß ausschließlich sie Opfer zu bringen hätten.[81] Von Aschinger hörte man die Einschätzung, daß die Banken in der »Arisierung« von M. Kempinski & Co. keinen Vorteil, sondern ein erhöhtes Risiko sähen, daß die Forderungen der Geldinstitute zur Folge hätten, daß Aschinger »nur für die Abdeckung ihrer [der Reichskreditgesellschaft AG; E.P.] Forderungen an die Firma Kempinski arbeiten« würde.[82] Die Aschinger AG versuchte natürlich, die Kauf- und Pachtsumme zu drücken, die Banken wollten das verhindern. Abgesehen von der geminderten Kaufsumme für das Inventar konnte die Aschinger AG eine Reduzierung der Pacht gegenüber den Berechnungen der Deutschen Revisions- und Treuhand AG durchsetzen; der schließlich im Vertrag festgelegte Pachtzins wurde auf der Grundlage des Jahres mit den geringsten Umsätzen errechnet.[83] Die Gläubigerbanken der OHG setzten allerdings durch, daß sich die GmbH auf die Garantie einer Mindestpacht einließ. Nicht erreichen konnten sie die nachdrücklich gewünschte Übernahme des Häuserkomplexes Leipziger Straße, der hoch mit Hypotheken belastet war.[84] Entscheidend für die Zustimmung der Banken zum »Arisierungs«vertrag war schließlich die Zusicherung einer Abführung der an die OHG zu zahlenden Mieten und Pachten – mit Ausnahme der Fremdmieten – an die Banken, die sich dann erst einmal bedienten:

»Die bei den Banken eingehenden Beträge werden grundsätzlich der oHG nach Maßgabe der über die Verwendung der eingehenden Gelder mit der oHG von den Banken zu treffenden Vereinbarungen nach Bezahlung sämtlicher Grundstückslasten sowie der Zinsen auf die Darlehnsforderungen der Schweizer Banken zur Verfügung gestellt.«[85] Das Bankhaus Hardy & Co. GmbH erreichte zusätzlich für sich die Einnahme der Miete für den Faßkeller in der Friedrichstraße. Die Aschinger AG hatte offenbar die Anregung zu diesem Entschuldungskonzept gegeben, das weit über die ursprünglich im Miet- und Pachtvertrag fixierten Bestimmungen hinausging. Dr. Walter Unger protestierte vergeblich gegen diese über den Kopf der OHG hinweg getroffenen Regelungen.[86] Am 22. März 1938 mußte Richard Unger für die Geschäftsleitung der M. Kempinski & Co. OHG seine Zustimmung zu der Abführung der

Pachten und Mieten geben.[87] In bezug auf die von der Kempinski GmbH übernommenen Schulden galt: »Die G.m.b.H. vepflichtete sich, dafür zu sorgen, daß die o.H.G. von ihrer Mithaftung für den von der G.m.b.H. übernommenen Teil der Bankschulden der o.H.G. durch jährlich bis zum 31. März erfolgende Tilgung eines Zehntels zuzüglich ersparter Zinsen befreit wird. Die vollständige Befreiung soll bis zum 31. März 1946 durchgeführt sein.«[88]

Gemäß Miet- und Pachtvertrag erfolgte die Verpachtung folgender Betriebe:

– Weinrestaurants Leipziger Straße 25 und Kurfürstendamm 27
– Feinkostgeschäfte Friedrichstraße 198–199 und Fasanenstraße 20–21
– Großhandlung für den Vertrieb von Weinen, Kaffee, Tabak und Lebensmitteln
– Weinhandelsgeschäft Leipziger Straße 25
– »Hotel Schloß Marquardt« am Schlänitzsee
– Stadtküchengeschäft

Mit Wirkung vom 1. April 1937 ging das Pachtverhältnis zwischen M. Kempinski & Co. OHG und Ravené auf die Kempinski & Co. Weinhaus und Handelsgesellschaft mbH über.[89] An diesem Stichtag übernahm die Kempinski GmbH auch die Lieferungen und die Geschäftsführung im »Haus Vaterland«. Seit dem 1. April 1938 bewirtschaftete die GmbH die Gaststätten im »Haus Vaterland« in eigener Rechnung; die Firma trat in ein direktes Pachtverhältnis mit der Eigentümerin des Hauses, der Bank für Grundbesitz und Handel bzw. deren Rechtsnachfolgerin, der Grundstücksgesellschaft am Potsdamer Platz.[90] Seit dem 1. April 1938 ruhte die Tätigkeit der Haus Vaterland Gaststätten GmbH, im Juni 1938 wurde die Gesellschaft stillgelegt. Der Anteil der OHG an der Haus Vaterland Gaststätten GmbH im Nennwert von 3000 RM war am 17. Januar 1938 an die Kempinski GmbH abgetreten worden.[91]

Das »Café Trumpf«, von dem sich Aschinger geschäftlich so viel versprochen hatte, wurde für die Monate Juli bis November 1937 treuhänderisch übernommen. Nachdem die OHG den Rechtsstreit um die Verlängerung des Pachtverhältnisses verloren hatte, mußte das Café im Romanischen Haus am 1. Dezember 1937 aufgegeben werden.[92]

Die Übernahme der Weinkellereien in der Friedrichstraße 225 bildete ein Kernstück in der von der Aschinger-Direktion erarbeiteten Rationalisierungskonzeption: »... durch deren Übertragung auf die G.m.b.H. wurde es möglich, die gesamte Weinlagerung – auch für Aschinger – in der Friedrichstraße zu zentralisieren und dadurch erhebliche Kosten einzusparen. Im Zusammenhang hiermit wurden die Weinbestände Aschingers von der G.m.b.H. übernommen und der Weinkeller Aschingers (Rheingold) geschlossen. Die Belieferung der Aschinger-Absatzstellen mit Wein wurde dem Kellerei-Betrieb der G.m.b.H. übertragen«.[93]

Die Nebenbetriebe der OHG – Bäckerei, Rösterei, Pralinenfabrik, Eisfabrik, Wäscherei und Fuhrpark – wurden zum 1. Juli 1937 stillgelegt. Die Aschinger-Zentrale übernahm die Lieferung.[94]

Nach §3, Absatz 1 des Miet- und Pachtvertrages verpflichtete sich die Kempinski GmbH, »an die oHG als Entschädigung für die Überlassung des Gebrauchs der verpachteten Betriebe, für den Genuß der aus ihnen erwirtschafteten Erträge und für die von der oHG und ihren Inhabern aus dem angeschlossenen Wettbewerbsvertrag übernommenen Verpflichtungen folgende Beträge« zu zahlen, wobei es sich bei den angegebenen Prozentzahlen um eine Umsatzpacht handelte (s. Tabelle rechts).[95]

Fünf Prozent der sieben Prozent Pacht für die Weinrestaurants in der Leipziger Straße und am Kurfürstendamm galten als Miete für beide Gebäude. Die Miet- und Pachtzahlungen waren auf Wunsch der OHG und laut Aussage der

Weinrestaurant Leipziger Straße 25	7%
Weinrestaurant Kurfürstendamm 27	7%
»Hotel Schloß Marquardt«	7%
Weinladen Leipziger Straße	7%
»Café Trumpf« am Kurfürstendamm	9%
Feinkostgeschäft Friedrichstraße	3,5%
Feinkostgeschäft Fasanenstraße	3,5%
Stadtküche	3,5%
Weinhandel (mit Ausnahme der Lieferungen an die Aschinger AG)	4%
Kaffeehandel	4%
auf Wein, Sekt, Bier, Spirituosen und ähnliche Getränke an Aschinger und auf gemäß §3 des Wettbewerbsvertrages später eröffnete weitere Kempinski-Betriebe	1,5%
Lebensmittelgroßhandel	1,5%
Zigarren- und Zigarettengroßhandel	1,5%

Aschinger-Geschäftsführung getrennt worden, um den »Goodwill« (Entgelt für immaterielle Werte wie Reputation, Namen des Unternehmens) verstecken zu können, da eine solche Zahlung während des Nationalsozialismus an jüdische Firmen nicht geleistet werden durfte.[96]

Von den Mieten und Pachten gingen die sogenannten Fremdmieten ab, und zwar an die Friedrichshaus GmbH, an Geheimrat Dr. Louis Ravené, an die Haus Friedrichstadt GmbH; der Höchstbetrag für diese Mieten bewegte sich um 132000 RM.[97] Auf Betreiben der Banken wurde eine Mindestpacht vereinbart, die sich bis zum 31. Dezember 1938 auf 473000 RM – für das halbe Jahr 1937 anteilsmäßig –, dann vom 1. Januar 1939 an auf 493000 RM jährlich belaufen sollte. Als Höchstsumme der Pacht hatte man folgende Beträge vertraglich fixiert: vom 1. Juli 1937 bis zum 31. Dezember

1938 900 000 RM pro Jahr, vom 1. Januar 1939 bis zum 31. Dezember 1943 950 000 RM, vom 1. Januar 1944 bis zum Vertragsende 900 000 RM pro Jahr.[98] Die tatsächlich gezahlten Mieten und Pachten lagen zwischen dem Mindest- und Höchstsatz:

1937 (1. Juli – 31. Dezember)	321 986,07 RM
1938	598 816,21 RM
1939	618 993,67 RM
1940	623 537,57 RM
1941	710 728,25 RM
1942	731 788,13 RM
1943	807 078,10 RM
1944/45	nicht errechnet und nicht gezahlt[99]

Mit der Ausbombung der Kempinski-Betriebe während des Krieges hörten die Zahlungen an die weiterhin existierende OHG M. Kempinski & Co. auf. Insgesamt hat die Kempinski GmbH 5 Millionen RM an die OHG abgeführt. Die Aschinger AG betonte 1946, daß die Miet- und Pachtzahlungen sich im Rahmen der branchenüblichen Sätze bewegt, diese sogar noch etwas überschritten hätten[100], was durchaus der Wahrheit entsprochen haben mag: Die Pacht für »Haus Vaterland« betrug 4,8 Prozent.[101] Dennoch war die Übernahme der bald wieder florierenden Kempinski-Betriebe für Aschinger ausgesprochen profitabel.

Von der M. Kempinski & Co. Weinhaus und Handelsgesellschaft mbH zur F. W. Borchardt GmbH

Die »Arisierung« der M. Kempinski & Co. manifestierte sich in der Veränderung des Firmensignets: Aus dem »K-Turm mit Stern« wurde der »K-Turm mit Traube«. Möglicherweise hätte das alte Signet Assoziationen an jüdische Symbole wachgeru-

Die Firmensignets:
Der Kempinski-Turm mit Stern bis 1937,
der Kempinski-Turm mit Traube seit 1936

fen.[102] Ungefähr vier Jahre lang war der »K-Turm mit Traube« auf Kempinski-Produkten und an Kempinski-Betrieben zu sehen, bis ihn der »B-Turm mit Traube« ablöste.

Die Unternehmen M. Kempinski & Co. Weinhaus und Handelsgesellschaft mbH und die Aschinger AG haben unter dem neuen Emblem gute Geschäfte gemacht. Zunächst allerdings gab es einige Probleme, die von der Firmenleitung sicher mit Absicht übertrieben wurden. Mit Hinweis auf die Tatsache, daß die Kempinski-Betriebe seit dem 1. Mai 1937 als »rein deutsches Unternehmen« geführt wurden, beschwerte sich die Kempinski GmbH am 12. November 1937 bei der Reichsführung SS in der Prinz-Albrecht-Straße, daß Beamte und Mitglieder der NSDAP in Unkenntnis der vollzogenen »Arisierung« die Kempinski-Betriebe weiterhin mieden:

»Trotz unserer vielseitigen Bemühungen und zwar: Bekanntmachungen in der gesamten Presse des deutschen Reiches, dauernder Inserate in nationalsozialistischen Zeitungen, ist es bis heute leider nicht allen Kreisen bekannt, daß wir als arisches Unternehmen gelten. Des öfteren werden Veranstaltungen in unseren Räumen mit der Begründung abgesagt, daß Beamte bezw. Parteigenossen an diesen Veranstaltungen nicht teilnehmen können, weil sie unser Unternehmen nicht für arisch halten. Leider konnten wir in den letzten 5 Monaten eine Zunahme unserer Gäste aus Beamtenkreisen nicht feststellen.«[103] Die Gesellschaft habe die Kempinski-Betriebe »aus sehr schwacher wirtschaftlicher Lage« übernommen, der Boykott bringe »große wirtschaftliche Schädigungen« für das Unternehmen mit sich und gefährde den Bestand der Arbeitsplätze. Die Reichsführung SS wurde gebeten, die Informationskampagne der Firma zu unterstützen.[104]

Etwa zeitgleich mit dieser Intervention der Kempinski & Co. Weinhaus und Handelsgesellschaft mbH bei der SS, ein halbes Jahr nach der »Arisierung«, konnte mit Sicherheit gesagt werden, »daß die Übernahme auf die Dauer zu den erwarteten Auswirkungen auf die Rentabilität unserer Gesellschaft [der Aschinger AG; E.P.] führen werde«.[105] Kempinski war für Aschinger Umsatzkatalysator, Effektivierungschance und Krisenpolster. Am 24. April 1940 resümierte Paul Spethmann, Geschäftsführer der Kempinski GmbH, »daß zu dem unter Berücksichtigung der Zeitverhältnisse relativ günstigen Verlauf die Übernahme der Kempinski-Betriebe im Jahre 1937 wesentlich beigetragen« habe.[106]

Zunächst konnte zwar nicht mit spektakulären Gewinnen, wohl aber mit zurückgehenden

»Haus Vaterland – Betrieb Kempinski«,
Werbeanzeige in der nationalsozialistischen Zeitung
»Der Angriff«, 9. Mai 1937

jahr 1937 stieg der von der Kempinski GmbH erwirtschaftete Brutto-Überschuß im zweiten Halbjahr 1938 um 52 Prozent.[110] Zur Verbesserung des Ertrages steuerten wesentlich die Bereiche Gaststätten, Delikatessenläden und vor allem »Haus Vaterland« bei.[111] Das erzielte Ergebnis war um so beachtlicher, als zunehmend Preisstopverordnungen für Lebensmittel, insbesondere für Wein, Obst, Gemüse, Konserven und Wurstwaren, zusätzliche Umsatzsteuern, der Wegfall des Großhandelsprivilegs und zeitweilig auch ein erhöhter Werbeaufwand nach der »Arisierung« profitschmälernd wirkten.[112] Die Entwicklung des Umsatzes bei Aschinger läßt deutlich erkennen, daß die Übernahme der Kempinski-Betriebe einen Umsatzschub bewirkte, der mit dem Ausbruch des Zweiten Weltkrieges für einige Monate unterbrochen wurde, sich dann aber verstärkt fortsetzte; innerhalb von sieben Jahren konnte Aschinger seinen Umsatz verdoppeln:[113]

1934	21 282 800	RM
1935	22 954 000	RM
1936	25 571 000	RM
1937	31 658 500	RM
1938	41 442 400	RM
1939	42 344 000	RM
1940	37 618 000	RM
1941	44 132 000	RM
1942	46 794 000	RM
1943	50 500 000	RM

Verlusten gerechnet werden. Während der Betriebsverlust für die zweite Hälfte des Jahres 1937 bei 242 662,61 RM (im Monatsdurchschnitt bei 40 000 RM) lag, wurde für Januar 1938 ein Verlust von 32 661,71 RM[107] und für Februar 1938 nur noch ein Verlust von 8476,13 RM errechnet.[108] Insgesamt brachte das Geschäftsjahr 1938 einen Gewinn von 88 901,48 RM, was die bisherigen Verluste entscheidend verringerte.[109] Gegenüber dem zweiten Halb-

Die Umsatzsteigerung war auch ein Symptom für das erhoffte Gelingen einer effektiveren Betriebsauslastung.

Bedingung für die positive Ertragsentwicklung war neben dem nach 1933 einsetzenden Konjunkturaufschwung die Möglichkeit, Rationalisierungsmaßnahmen durchzuführen. Schon frühzeitig hatte die Aschinger AG ein Junktim zwischen der Übernahme von M. Kempinski & Co. und Entlassungen von Arbeitskräften hergestellt. Das Unternehmen wurde hierin von den Behörden unterstützt: »Wir haben deshalb viele eingehende Verhandlungen, insbesondere auch mit den zuständigen Reichs- und Parteistellen gehabt und darauf hingewiesen, daß es für uns unmöglich wäre, die Betriebe [der M. Kempinski & Co.; E.P.] vor dem Zusammenbruch zu bewahren, wenn wir nicht die Erlaubnis erhielten, einer größeren Anzahl von überalterten und nicht mehr voll leistungsfähigen Gefolgschaftsmitgliedern zu kündigen. Diese Maßnahme wäre in äußerstem Grade unpopulär, aber unumgänglch notwendig.«[114]

Der Reichstreuhänder der Arbeit, der Gauwirtschaftsberater und der Gausozialwalter machten sich schließlich diese Einschätzung der Aschinger-Direktion zu eigen. Am 16. Juni 1937 präsentierte die Geschäftsführung der Kempinski GmbH den Beschäftigten der M. Kempinski & Co. OHG ein Übernahmeangebot, wies aber schon von vornherein darauf hin, daß Kündigungen aus »betriebsbedingten Gründen« notwendig würden. Die Beschäftigten mußten bis zum 22. Juni erklären, ob sie das Angebot annehmen wollten oder nicht. Der Verzicht auf die geforderte Unterschrift unter ein vorgefertigtes Schreiben galt als vollzogenes Ausscheiden aus der »Gefolgschaft«.[115]

Am 21. Juni 1937 stellte die Kempinski GmbH den Antrag auf Entlassung von 375 Beschäftigten, dem der Reichstreuhänder der Arbeit schon am 22. Juni stattgab. Zu den Betroffenen gehörten nicht nur »kleine Leute«, sondern auch besser verdienende Angestellte wie Hugo Marktscheffel, der Leiter des Kassenwesens, sein Kollege Selle aus dem Bereich

Kasse/Disposition sowie der Oberbuchhalter Lehmann. Paul Spethmann versicherte, daß sich die GmbH ebenso wie die Inhaber der OHG bemüht hätten, Kontakte zu befreundeten Firmen und Banken zu nutzen, um vor allem den langjährigen und älteren Angestellten eine neue Beschäftigung zu verschaffen. Von den geplanten Entlassungen wurden schließlich nur 135 realisiert.[116] Die Belegschaft der Kempinski GmbH entwickelte sich im ersten Jahr nach der »Arisierung«, wie die Tabelle (s. S. 114 oben) zeigt.[117]

Die meisten Entlassungen wurden in der Zentralverwaltung vorgenommen, und zwar der größte Teil unmittelbar nach der Übernahme der Kempinski-Betriebe. Die hier Ende des Jahres 1937 noch tätigen Angestellten fanden fortan in der Aschinger-Zentrale Beschäftigung. Auch die Belegschaft der alten Kempinski-Zentralbetriebe (Bäckerei, Pralinenfabrik, Eisfabrik etc.), die aufgelöst wurden, ging auf die Aschinger AG über. Die Entwicklung der Beschäftigtenzahlen in den Bereichen Weinkeller, Feinkost und Schloß Marquardt erklärt sich durch saisonale Schwankungen. Bei der Besetzung des Weinkellers spielte auch die Übernahme des »Rheingold«-Weinlagers eine Rolle.

Die Entlassungen führten zu starkem Unmut innerhalb der Belegschaft, der sich gegen die Geschäftsführung richtete. Der Vorsitzende des Vertrauensrates Bleck äußerte die Befürchtung, daß eine solche Atmosphäre leicht zu »staatsfeindlichen Strömungen« führen könnte. Spethmann forderte demgegenüber die Vertrauensleute zu einer argumentativen Offensive auf; sie hätten die »Gefolgschaft« darüber aufzuklären, daß alle Beschäftigten entlassen worden wären, hätte sich die Aschinger AG bzw. die Kempinski GmbH nicht dankenswerterweise zu einer Übernahme der Kempinski-Betriebe entschlossen: »Beim Vertrauensrat der A. A.G. wäre die Betriebsführung gewohnt, daß jede Unruhe durch Eingreifen der Vertrauensmän-

	1. 7. 1937	31. 12. 1937	30. 6. 1938
Geschäftsführer	2	2	2
Prokuristen	3	3	3
Zentralverwaltung	153	26	auf Aschinger übergegangen
Zentral-Verkauf	56	64	51
Zentral-Betriebe	140	auf Aschinger übergegangen	
Zentral-Weinkeller	106	181	120
Weinrestaurant Zentrum	353	339	323
Weinrestaurant Westen	292	291	284
Delikatessenläden	77	159	76
Marquardt	118	25	117
	1300	1090	976

ner vermieden wird. Auch die Kempinski-Vertrauensmänner sollen für die Zukunft ihre Pflicht in dieser Beziehung erfüllen.«[118]

Die Mißstimmung entzündete sich vor allem an der Entlassung älterer Mitarbeiter. Einige dieser Angestellten haben sich allerdings gewehrt, indem sie Prozesse vor dem Arbeitsgericht anstrengten. Im Fall Hugo Marktscheffels sind Prozeßunterlagen vorhanden: Seine Anwälte bemühten sich nachzuweisen, daß es sich hier nicht – wie von der GmbH stets behauptet – um eine betriebsbedingte Entlassung handelte, da der Posten des Klägers erhalten und mit einem betriebsfremden Mitarbeiter neu besetzt worden war. Die Kempinski GmbH verlor schließlich den Prozeß und mußte Marktscheffel eine hohe Abfindung zahlen. Später gelang es dem ehemaligen Angestellten der M. Kempinski & Co., regelmäßige Pensionszahlungen durchzusetzen, wofür sich Dr. Walter Unger besonders engagiert hatte – in einer Zeit, in

der er selbst schon in ständiger Lebensgefahr schwebte. Der Bericht der Deutschen Revisions- und Treuhand AG zum 31. Dezember 1938 vermerkte als außerordentliche Personalkosten im Zusammenhang mit der »Arisierung« 15 002,71 RM für Abfindungszahlungen an nicht übernommene Angestellte der OHG; die Kosten in Streitsachen mit Entlassenen beliefen sich auf 6 131,55 RM.[119]

Auch die Behandlung der wenigen jüdischen Angestellten bei M. Kempinski & Co. scheint die Mißstimmung in der Belegschaft verstärkt zu haben. Der Unmut der verunsicherten Angestellten richtete sich hier auf eine ohnehin diskriminierte, nahezu rechtlose Minderheit.[120] Während der Sitzung des Vertrauensrates am 19. Oktober 1937 forderte der Vorsitzende Bleck, die Pension des »Juden Berg« zu streichen; wahrscheinlich war der ehemalige Prokurist der Firma Heinrich Berg gemeint: »Er [Bleck; E. P.] könne nicht zusehen, daß im

Augenblick, wo viele alte Angestellte ihre Arbeit verlieren, ein Jude von der Firma Bezahlung erhalte.«[121] Weiterhin verlangte Bleck Auskunft über die Zahl der jüdischen Pensionsempfänger. Dr. von Kaulbars erklärte daraufhin, daß »von den ca. 30 Pensionsempfängern lediglich 2 Juden« seien, und Paul Spethmann bekräftigte, »daß er die Pensionszahlungen an die beiden Juden nicht einstellen könnte, da er in dieser Beziehung vertragliche Bindungen mit der o.H.G. eingegangen wäre und er Verträge zu halten pflege«.[122] Auf die Frage Blecks, wann die jüdischen Vertreter entlassen würden, entgegnete Spethmann, daß bei der Kempinski GmbH keine jüdischen Vertreter angestellt seien. Auf die freiberuflich tätigen jüdischen Vertreter wolle er »im Augenblick« nicht verzichten, »da sie gute Aufträge bringen und der Keller dadurch Arbeit hat«.[123] Den kühlen geschäftlichen Berechnungen der Direktion stand also die mit antijüdischen Ressentiments verbundene Interessenlage der Angestellten gegenüber. In einem Schriftsatz vom 29. September 1938 an das Landesarbeitsgericht Berlin rechneten die Anwälte Hugo Marktscheffels, Dr. Schneider und Dr. Tänzler, die Übernahme der »gutbezahlten jüdischen Privatsekretärin des Herrn Dr. Unger« gegen die Entlassung des »hochverdienten, arischen Angestellten« Marktscheffel auf.[124] Die Aschinger-Anwälte Strauch und Hielscher beeilten sich daraufhin, am 7. Oktober 1938 klarzustellen: »Nur der Vollständigkeit halber und um kein falsches Bild entstehen zu lassen, wird noch darauf hingewiesen, daß die Beklagte nicht die jüdische Sekretärin des Herrn Unger übernommen hat. Diese hat vielmehr lediglich die schwebenden Sachen abgewickelt und verläßt bereits in den nächsten Tagen Deutschland, um nach Guatemala auszuwandern.«[125]

Es kann davon ausgegangen werden, daß es der Direktion und den im Unternehmen tätigen NS-Organisationen in der Folgezeit gelungen ist, die Atmosphäre der betrieblichen »Volks-

gemeinschaft« bei der Kempinski GmbH wiederherzustellen. Schulungskurse der DAF, Betriebsappelle, die Bildung uniformierter Werkscharen, denen im Stammhaus die gesamte Kapelle angehörte, und Kameradschaftsabende der Betriebsgemeinschaften trugen dazu bei. Jedenfalls führte die Personalpolitik der Kempinski GmbH zum erwünschten geschäftlichen Resultat: Während die Aufwendungen für Löhne und Gehälter sukzessive zurückgingen, stiegen die Umsätze und Gewinne.[126]

Die Erfolgskurve wurde durch den Beginn des Zweiten Weltkrieges zunächst unterbrochen. Im September 1939 waren rückläufige Umsätze zu verzeichnen; insbesondere »Haus Vaterland« war betroffen, wo einige Abteilungen stillgelegt werden mußten. Auch der Ausfall von »Hotel Schloß Marquardt« war abzusehen.[127] Im September waren für Gaststätten noch keine Lebensmittelkarten vorgeschrieben worden. Als zu erwarten stand, daß auch in diesem Bereich der Markenzwang eingeführt würde, erfolgte in der zweiten Monatshälfte ein verstärkter Zulauf auf die Gaststätten.[128] Als am 2. Oktober in den gastronomischen Betrieben Marken abgegeben werden mußten, ging der Umsatz um mehr als 20 Prozent zurück.[129] Bald aber erfolgte wieder eine Aufwärtsbewegung. Waren die Gesamtumsätze bei Aschinger von 37 618 000 RM im Jahre 1940 gegenüber 42 344 000 RM im Jahre 1939 gefallen, so stiegen sie 1941 wieder auf 44 132 000 RM, eine Entwicklung, die sich bis zu den ersten Gebäudeverlusten infolge von Fliegerangriffen fortsetzte. 1941 konnte die F.W. Borchardt Weinhaus und Handelsgesellschaft mbH, die umbenannte Kempinski GmbH, fast ihren gesamten Betriebsgewinn von 353 562,54 RM an die Aschinger AG ausschütten. Dies läßt auch erkennen, daß die Schulden der GmbH minimiert wurden.[130] Der Umsatz der GmbH hat sich 1942 um ein gutes Fünftel erhöht, im »Haus Vaterland« zog er sogar um 46,7 Prozent an.[131]

Auch die Gewinnmargen entwickelten sich 1942 positiv. So konnte dem Aufsichtsrat der Aschinger AG am 22. Dezember 1942 berichtet werden: »In den ersten 9 Monaten d. J. haben wir nach unserer Schätzung verdient: bei Aschinger rd. RM 2 200 000,– gegen rd. RM 900 000,– in der gleichen Zeit des Vorjahres, bei Borchardt rd. RM 2 400 000,– gegen rd. RM 2 600 000,– in der gleichen Zeit des Vorjahres nach den regulären Abschreibungen, aber vor den gewinnabhängigen Steuern. Die Gewinne der 3 letzten Monate dürften eher höher liegen als in den ersten 9 Monaten dieses Jahres.«[132]

Tatsächlich stiegen die Umsätze gegenüber den Vormonaten bei Aschinger im Oktober 1942 um 2,1 Prozent, im November um 1,5 Prozent, bei Borchardt im Oktober um 25,6 Prozent, im November um 51 Prozent.[133]

Die Finanzlage der Aschinger AG entwickelte sich während des Weltkrieges – noch immer bedingt durch die Übernahme der Kempinski-Betriebe – derart positiv, daß die Geschäftsleitung daran denken konnte, das »Haus Vaterland«-Grundstück zu erwerben. Schon im Juni 1939 war von Aschinger und Spethmann erstes Interesse bekundet worden, und 1940 trat man in Kaufverhandlungen ein.[134] Die Mehrheit der Aktien der Grundstücks-AG am Potsdamer Platz, die als Eigentümerin von »Haus Vaterland« auftrat, befand sich im Besitz von Schweizer Banken, was die Verhandlungen während des Krieges sehr erschwerte. Die Aschinger AG begründete ihre Erwerbsabsicht mit der außerordentlichen Wichtigkeit dieses Etablissements für die Wirtschaftätigkeit des Unternehmens, die wiederum in den nationalen Rahmen eingeordnet wurde: »Der Umsatz dieses Hauses ist so beträchtlich, daß er für die Rentabilität und den Bestand unserer Gesellschaft von ausschlaggebender Bedeutung ist und wir deshalb uns die Weiterbewirtschaftung des Betriebes auch für die Zukunft unbedingt sichern müssen. ... Der Erwerb des Grundstückes Haus Vaterland würde, wie bereits oben erwähnt, nicht allein im Interesse unseres Hauses, sondern auch im allgemeinen Berliner und deutschen Interesse liegen, nach dem es sich um eines der prominentesten Grundstücke der Reichshauptstadt handelt, die zum deutschen Besitz gehören müßten.«[135]

Ein zusätzliches Motiv für die Aschinger AG, das Grundstück »Haus Vaterland« zu erwerben, lag in dem äußerst ungünstig abgefaßten Pachtvertrag begründet, der nur eine kurze Laufzeit hatte und mit einer halbjährigen Frist kündbar war.[136] Der Gesellschaft war daran gelegen, hier sichere Verhältnisse zu schaffen. Aschinger erklärte sich bereit, für das Grundstück 4 175 000 RM zu zahlen; die Schweizer Banken, die zunächst an 6,2 Millionen RM gedacht hatten, schraubten ihre Forderung dann auf 5,2 Millionen RM zurück. Aschinger bezeichnete diese Summe als nicht akzeptabel, wollte den Schweizern aber auf halber Strecke entgegenkommen. Wurden die bisherigen Verhandlungen immer unter der Prämisse geführt, daß der Kaufpreis in eine auf »Haus Vaterland« lastende Grundstückshypothek umgewandelt werden sollte, so war Aschinger im Frühjahr 1943 aufgrund der »augenblicklichen Lage unserer Gesellschaft« zur Barzahlung bereit.[137] Die Kaufverhandlungen wurden auch noch weitergeführt, als das Gebäude »Haus Vaterland« schon eine Ruine und daher für gastronomische Zwecke kaum noch nutzbar war; ein Abschluß ist wohl nicht zustandegekommen.

Erfolgreicher war die Aschinger AG im Falle des Schlosses Marquardt, obwohl sie sich auch hier nicht mit ihren finanziellen Vorstellungen durchsetzen konnte. Geheimrat Dr. Ravené dachte schon lange an einen Verkauf des Schlosses, und die Aschinger AG wurde in ihrem Kaufinteresse dadurch bestärkt, daß sie bzw. die Kempinski/Borchardt GmbH seit Beginn des Pachtvertrages 1,5 Millionen RM in das Objekt investiert hatte. Die Aschinger AG wollte zunächst nur 1 bis 1,1 Millionen RM aufwenden, worauf Ravené nicht einging. Erst als bekannt wurde, daß die Firma Gruban & Souchay, die schon einen ähnlichen Besitz erworben hatte, Kontakt mit Ravené aufgenommen hatte, war Aschinger bereit, ein höheres Angebot vorzulegen. Das Schloß am Schlänitzsee ging schließlich mit Park und Ländereien (etwa 253 000 qm) am 24. März 1942 für 1 280 000 RM in den Besitz der Aschinger AG über.[138]

Die Vergnügungssucht eines großen Teils der deutschen Kriegsgesellschaft, das Bedürfnis nach Ablenkung von den Sorgen und dem Chaos des Alltags brachte der Gastronomie nach 1940 eine Hochkonjunktur. Wie in anderen Unternehmen trugen auch bei Aschinger bzw. bei der Kempinski/Borchardt GmbH sinkende Personalkosten bzw. stabile Personalkosten bei Vermehrung der Beschäftigtenzahl zur Prosperität und Liquidität bei. Der Lohnabbau betraf keineswegs alle Gehaltsgruppen. Angestellte, Kellner und Musiker konnten nun mit einem Mehr in der Lohntüte rechnen. Entscheidend war, daß die Einberufungen von Beschäftigten zum Militär durch Einstellung minderqualifizierter Arbeitskräfte, zunächst Frauen und Pensionäre in Hilfsfunktionen, kompensiert werden konnten.[139] Es ist bekannt, daß im Verlauf des Krieges und mit der Besetzung des Großteils der europäischen Staaten durch die deutsche Wehrmacht Kriegsgefangene und Zwangsarbeiter aus den von den Deutschen besetzten Gebieten in das Reich gebracht wurden, um dort in Privatunternehmen oder auch im kommunalen Bereich Schwerstarbeit zu leisten. Diese Arbeiter wurden meistens von der übrigen Belegschaft abgesondert und äußerst schlecht bezahlt; ihnen waren die anstrengendsten, schmutzigsten und auch gefährlichsten Tätigkeiten vorbehalten. 1942 waren von 4403 Beschäftigten bei Aschinger/Borchardt 919 »Ausländer aus 26 Nationen«. 385 von ihnen wurden in »eigenen Quartieren«, d.h. vermut-

lich in Baracken untergebracht.[140] Die Zwangsarbeiter waren auch bei Aschinger oftmals einer entwürdigenden Behandlung ausgesetzt. Gewalttätigkeiten kamen nachweisbar vor und wurden als probates Disziplinarmittel betrachtet.[141] Angesichts der desolaten Arbeitsbedingungen erscheint die Klage der Geschäftsleitung über mangelnde Arbeitsmoral, Unzuverlässigkeit und »Unehrlichkeit« der Beschäftigten als in höchstem Maße ungerechtfertigt.[142]

Jüdische Arbeitslose konnten schon seit Ende 1938 willkürlich zum Arbeitseinsatz beordert werden. Am 4. März 1941 wurden die »gesetzlichen« Grundlagen geschaffen, die alle Juden der Zwangsarbeit unterwarfen.[143] Die Tatsache, daß unter der Verantwortung von Fritz Aschinger und Paul Spethmann jüdische Frauen Zwangsarbeit verrichteten, steht zweifelsfrei fest. Julius Bienert, ein früherer Angestellter der Aschinger AG, der nach dem Krieg im Zusammenhang mit der Enteignung des Aschinger-Konzerns durch den Berliner Magistrat einen Zeitzeugenbericht anfertigte, schilderte am 6. Mai 1947 die Arbeitsbedingungen der Frauen: »Wenn sich Aschinger jetzt mit seiner jüdischen Frau herausreden will, so ist es auffallend, daß er die jüdischen Frauen, welche er von der Arbeitsfront als Zwangsarbeiterinnen zugewiesen erhielt, wie Aussätzige behandeln ließ, sie schlecht bezahlte und dressieren ließ, wenn sie im Akkord zu wenig Kartoffeln geschält hatten. Die Männer dieser jüdischen Frauen waren Rechtsanwälte, Ärzte, Bankiers usw. Diese Frauen wurden hier oft von der Gestapo von ihrer Arbeitsstelle für die Kz. und die Gasöfen abgeholt. Es spielten sich an der Pforte bei dem Portier Hofmann oft herzzerreißende Szenen ab, die der Portier Hofmann, der der besondere Liebling von Aschinger und Werdermann war, lächelnd betrachtete. So sah die Judenfreundlichkeit bei Aschinger aus.«[144] Ein Schreiben des CDU-Landesverbandes Berlin, dem Fritz Aschinger nach 1945 angehörte, versuchte daraufhin, die Glaubwürdigkeit des Zeugen Bienert zu erschüttern und die verantwortlichen Angestellten zu entlasten: »Die von Herrn Bienert aufgestellte Behauptung über die schlechte Behandlung jüdischer Zwangsarbeiter durch die Firma Aschinger ist frei aus der Luft gegriffen. Die jüdischen Zwangsarbeiterinnen sind ausgesprochen gut behandelt worden und haben dem Leiter der zuständigen Abteilung, Herrn Fuchs [Küchendirektor; E.P.], wiederholt ihren Dank und ihre Anerkennung ausgesprochen. Herr Fuchs ist inzwischen verstorben; die erwähnte Tatsache kann aber von dem Angestellten Bickel [Küchenmeister; E.P.] noch als Zeuge bestätigt werden. Richtig ist allerdings, daß sich der als Zeuge gegen Herrn Aschinger auftretende Herr Bienert den jüdisch verheirateten Frauen gegenüber ungehörig benommen hat.«[145]

Während des Zweiten Weltkriegs im Deutschen Reich zur Zwangsarbeit verurteilt zu sein, bedeutete in den meisten Fällen, daß die Arbeitskraft der Menschen bis zur Erschöpfung und bis zum Zusammenbruch ausgenutzt wurde: Vernichtung durch Arbeit war das Ziel. Abgesehen davon, daß jüdischen Zwangsarbeitern in der Regel Löhne gezahlt wurden, die das Existenzminimum auch nicht annähernd sicherten, angesichts der sozialen Entwurzelung und Isolation der Juden in Deutschland, angesichts auch des erzwungenen Lebens in einer Atmosphäre der Angst und des Schreckens ist anzunehmen, daß den jüdischen Frauen bei Aschinger keineswegs nach Dank und Anerkennung für eine angeblich bessere Behandlung zumute war.

1941 begann die letzte Phase der Judenverfolgung im Deutschen Reich und in Europa, die im Holocaust endete.

Am 27. März 1941 verpflichtete eine Verordnung alle Inhaber »arischer« Geschäfte und Unternehmen, auf die alten jüdischen Firmennamen zu verzichten; damit war auch das Ende der Bezeichnung M. Kempinski & Co. Weinhaus und Handelsgesellschaft mbH gekommen. Der GmbH gelang am 26. Juli 1941 der Erwerb der Weinstube F.W. Borchardt, Französische Straße 48, mit dem Recht der Firmenfortführung.[146] Als Verkäufer trat der Einzelhandelskaufmann Hugo Christel auf. Der Firmenname F.W. Borchardt wurde für 42000 RM gekauft.[147] Der einzige Grund für die Übernahme der F.W. Borchardt war der staatlich verordnete Zwang zur Namensänderung. Aschinger und die Kempinski GmbH konnten sich bei dieser Transaktion der Unterstützung durch das Reichswirtschaftsministerium und den Gauwirtschaftsberater sicher sein.[148] Da die Wirtschaftstätigkeit der Kempinski GmbH weit über die des F.W. Borchardt-Betriebes hinausging, hätte ein Antrag für die Neueinrichtung einer Verkaufsstelle gestellt werden müssen. Aber auch diese Barriere konnte beseitigt werden: Der Berliner Oberbürgermeister erteilte am 23. September 1941 eine Ausnahmegenehmigung.[149] Am 11. November 1941 wurde die F.W. Borchardt Weinhaus und Handelsgesellschaft mbH in das Berliner Handelsregister eingetragen. Die Namensänderung wurde schließlich verspätet, nach einer von offizieller Seite zugestandenen Fristverlängerung vollzogen. Am 16. Juli 1943 erfolgte die nochmalige Umbenennung des Unternehmens in F.W. Borchardt GmbH.[150] Mit F.W. Borchardt wurde ein Name erworben, der für eine erstklassige Gastronomie stand. Anders als Kempinski war Borchardt – zusammen mit Hiller, Horcher, Habel und Ewest – immer ein Luxusrestaurant für die »Happy few«, vornehmlich für die konservative Elite, gewesen, exklusiv, jedoch vom Ambiente her bescheiden, das »Frühstückslokal des Auswärtigen Amtes«.[151] Diese Zeiten waren allerdings längst vorbei, als aus Kempinski Borchardt wurde: Kriegschaos und Völkermord warfen ihre Schatten schon voraus.

Es ist hier nicht der Raum, auf die Situation der jüdischen Bevölkerung in Berlin in der Phase der totalen Ausgrenzung und der Deportationen einzugehen; es soll nur einiges über die Lebensmittelversorgung der Juden gesagt werden, da hier die Firma Aschinger/Borchardt involviert war.

Im Berliner Stadtarchiv befindet sich eine Akte mit Anordnungen des Haupternährungsamtes bzw. des Berliner Ernährungsamtes aus den Jahren 1942/43, die durch die Aschinger

4. 7. 1940
Der Einkauf von Lebensmitteln für Juden wird in Berlin auf die Stunde von 16 bis 17 Uhr beschränkt.

10. 10. 1941
Juden wird das Verlassen der Wohngemeinde ohne polizeiliche Erlaubnis untersagt.

7. 7. 1942
Die Benutzung von Warteräumen, Gaststätten und sonstigen Einrichtungen der Verkehrsbetriebe wird Juden verboten. Sämtliche jüdischen Schulen werden geschlossen.

1. 9. 1941
Polizeiverordnung über die Kennzeichnung der Juden:
§1 »(1) Juden, die das sechste Lebensjahr vollendet haben, ist es verboten, sich in der Öffentlichkeit ohne einen Judenstern zu zeigen.
(2) Der Judenstern besteht aus einem handtellergroßen, schwarz ausgezogenen Sechsstern aus gelbem Stoff mit der schwarzen Aufschrift »Jude«. Er ist sichtbar auf der linken Brustseite des Kleidungsstücks fest angenäht zu tragen.«

(Zit. nach: Wegweiser durch das jüdische Berlin, Berlin 1987, S. 366 f.)

AG bzw. die F.W. Borchardt Weinhaus und Handelsgesellschaft mbH – abgezeichnet von den Prokuristen der Firma – an die Verkaufsstellen weitergegeben wurden. Die hektographierten Texte regelten detailliert die Bereitstellung der rationierten Lebensmittel für die Bevölkerung, wobei stets vermerkt war, welche Nahrungsmittel nicht an Juden abgegeben werden durften. Stereotyp hieß es: »Verbraucher, deren Lebensmittelkarten durch ein ›J‹ gekennzeichnet sind, sind von der Belieferung ausgeschlossen.«[152] So gab es wiederholt ein Verbot der Belieferung mit Reis, Zuckerwaren, Apfelsinen und Mandarinen, auch für Kinder und Jugendliche, mit Roggenmehl, Backwaren oder kakao- und marzipanhaltigen Erzeugnissen, Frischgemüse, tiefgefrorenem Gemüse und Obst, mit Mandeln, Nüssen, Rosinen u. a., sogar mit Salzheringen, Eiern, Käse und Kondensmilch. Jüdische Kleinkinder bekamen keine Mohrrüben; seit Sommer 1942 erhielten Juden keine »Reichseierkarte« mehr. Am empfindlichsten wird der weitgehende Entzug von Fetten, Obst und Gemüse die ohnehin psychisch zermürbten und körperlich geschwächten Menschen getroffen haben. Am 5. Oktober 1942 statuierte die Anordnung: »An Verbraucher, die im Besitz des mit ›J‹ gekennzeichneten Berliner Haushaltsausweises sind, darf nur einmal wöchentlich Gemüse, und zwar nur Weißkohl, Kohlrüben oder rote Rüben, abgegeben werden.« Am 9. Januar 1943 standen nur noch Kohlrüben zur Verteilung bereit. Als am 6. April 1943 eine halbe Flasche Alkohol ausgegeben werden sollte, waren alle diejenigen vom Bezug dieses Genußmittels ausgeschlossen, die laut NS-Ideologie als »Feinde des deutschen Volkes« galten: »Ostarbeiter, Kriegsgefangene, Zivilgefangene, Polen, Juden und Zigeuner sind von der Sonderzuteilung ausgenommen. Sie dürfen Spirituosen nicht erhalten, selbst wenn sie etwa einen Berliner Bezugsausweis – 7. Ausgabe – vorlegen sollten.«[153] Eine Verfügung vom 18. Juni 1942 wies darauf hin, daß auch nicht rationierte Lebensmittel nur dann an Juden abgegeben werden durften, »wenn sie so reichlich vorhanden sind, daß jede Anforderung der deutschen Verbraucher reibungslos erfüllt werden kann« – wobei zu fragen ist, wer das nach welchen Kriterien entscheiden konnte.[154]

Am 14. Oktober 1942 wurde die Einkaufszeit für Juden geregelt. Waren Juden vom Einkauf in Markthallen, auf Wochenmärkten und an Straßenverkaufsständen – und damit von den verbilligten Versorgungsquellen – gänzlich ausgeschlossen, so legten der Berliner Polizeipräsident und das Haupternährungsamt für den Einkauf an offenen Verkaufsstellen eine »sogenannte Juden-Einkaufszeit« fest, die auf täglich eine Stunde begrenzt war: montags bis freitags von 16 bis 17 Uhr. Mit Hilfe der äußerst schikanösen Einzelbestimmungen konnten jüdische Kunden so lange »übersehen« werden, bis die ihnen gesetzte Frist verstrichen war; es bot sich hier also eine Handhabe, Juden generell von der Versorgung mit Lebensmitteln auszuschließen:

»Auch wenn Juden den Laden vor 17 Uhr betreten haben, dürfen sie nach 17 Uhr nicht abgefertigt werden. Fernmündliche oder mündliche Vorbestellungen für Juden sind verboten, desgleichen ist ein Zurücklegen von Waren nicht gestattet. In keinem Fall ist es zulässig, daß Juden während der für sie festgesetzten Einkaufsstunde vor Nichtjuden bevorzugt, d. h. außer der Reihe, abgefertigt werden, auch wenn sie irgendwelche Ausweise zur bevorzugten Abfertigung von jüdischen oder sonstigen Stellen vorzeigen. ... Die Zweckvereinigung Filialbetriebe vermerkt dazu, daß selbstverständlich auch in der sogenannten Juden-Einkaufszeit Arier bevorzugt abzufertigen sind.« Die Verfügung ging als Rundschreiben an die Aschinger-Konditoreien und Bäckereiverkaufsstellen der Firma, an die früheren Kempinski-Feinkostgeschäfte und an den Ladenverkauf in der vierten Aschinger-Bierquelle.[155]

Während sich die Kempinski bzw. Borchardt GmbH mit der Wehrmacht über Einzelheiten der Bewirtschaftung des bei Kriegsbeginn von der Heeresverwaltung als Reservelazarett beschlagnahmten Schlosses Marquardt stritt, während dort zunehmende Verwahrlosung zu beklagen war und von der Direktion schon große Pläne für eine Restitution des luxuriösen Anwesens nach Kriegsende ausgearbeitet wurden[156], fielen die ersten Bomben auf die Berliner Betriebe des Unternehmens. Am 22. November 1943 wurde »Haus Vaterland« von Sprengbomben getroffen; vor allem die oberen Räume erlitten großen Schaden und brannten aus. In dem Schadensbericht, der die Auswirkungen des Fliegerangriffs protokollierte, wurde die Hoffnung ausgesprochen, daß nach Aufräumungsarbeiten zumindest das Café wiedereröffnet werden könne. »Haus Vaterland« hatte in den vorangehenden Monaten noch gute Geschäfte gemacht. Vor allem das Varietéprogramm war beliebt, und noch immer wurden täglich 1500 Mahlzeiten verkauft.[157] Schon im Februar 1943 war das Reichspropagandaministerium mit dem Anliegen an die Borchardt GmbH herangetreten, »Haus Vaterland« ausschließlich als Amüsierbetrieb für die Wehrmacht zu führen.[158] Dieser Plan kam nicht zur Ausführung; ein nächtliches Wehrmachtskabarett hatte jedoch gute geschäftliche Erfolge. Am 19. Oktober 1944 berichtete die Aschinger AG, daß so gut wie keine Weinimporte mehr ins Reich gelangten, daß Berlin zudem von allen Weinimporten aus dem Westen abgeschnitten sei. Seit dem 1. September gebe es keine Varieté-Vorführungen mehr im »Haus Vaterland«: Hohe Umsatzeinbußen seien daher zu erwarten. Große Teile der Bevölkerung hatten Berlin verlassen, zahlreiche Behörden waren evakuiert worden.[159] Während eines Fliegerangriffs am 3. Februar 1945 wurde das Erdgeschoß des »Haus Vaterland« völlig zerstört – ohne Aussicht auf Wiederherstellung. Auch jetzt noch suchte die Geschäftsleitung nach verbleibenden Möglichkeiten der Weiterführung des Geschäfts: »Es wird geprüft, ob ein Teil der früheren Mittelhalle sowie die neuerstellten Garderoben in Betrieb genommen

Haus Vaterland

Betrieb Borchardt

Unser heutiges Abend-Gedeck
1.80 RM.

Deutsche Graupensuppe
2 Sardellenbratlinge mit Robertsoße und Salat
(10 g Fettmarke)
oder
Pfannkuchen mit Kompott
(100 g Weizenbrotmarke und 10 g Fettmarke)
Süße Speise

Stammgericht

Szegediner Kraut mit Thüringer Klößen 1.10

Suppen

Deutsche Graupensuppe 0.55
Pilzsuppe 0.55

Gemischte Vorspeise 1.35

Fleischlose Gerichte

Pfannkuchen mit Kompott
(100 g Weizenbrotmarke und 10 g Fettmarke) 1.15

Feingericht von Hummerkrabben mit Muscheln in Weißwein, mit
Gemüse und Schwenkkartoffeln (10 g Fettmarke) 2.12

Kartoffeln können nachgereicht werden

Eßt Vollkornbrot, es ist gesünder!

Gratisbrötchen nur gegen Abgabe von Weizen-Brotmarken   C/0813

»Haus Vaterland«, Speisekarte von 1943

werden können.«[160] Die Ruine des »Haus Vaterland« stand nach Beendigung des Krieges noch jahrzehntelang am Potsdamer Platz.[161]

Am 30. Januar 1944 wurde das Haus am Kurfürstendamm durch eine Sprengbombe, die im Nebenhaus einschlug, stark beschädigt. Ein Mensch kam bei dem Brand ums Leben. Nach Aufräumungsarbeiten wollte man den Restaurantbetrieb bald wiederaufnehmen. Der Feinkostladen in der Fasanenstraße war noch stärker betroffen, konnte aber in einem in der Nähe gelegenen Geschäftslokal weitergeführt werden.[162] Die Geschichte des ehemaligen Kempinski-Ecks am Kurfürstendamm nach 1945 soll im vierten Kapitel dargestellt werden.

Am 3. Februar 1945 brannte der Faßkeller in der Friedrichstraße 225. Am 1. Dezember 1941 war dieses Grundstück an die Daimler Benz AG verkauft worden, die zwecks »Ausführung eines wehrwirtschaftlich hochwichtigen Auftrages, die Luftwaffe betreffend« in dem Haus die »Zentralstelle der gesamten Flugmotorenindustrie« untergebracht hatte.[163] In der Friedrichstraße soll sich auch die Zentralverteilungsstelle für französischen Wein befunden haben, die Weine aus dem besetzten Teil Frankreichs ins Reich importierte.[164] Die Schäden am Friedrichhaus schienen irreparabel: »Der Faßkeller erhielt 6 Bombentreffer, die, soweit die Bomben in die Höfe fielen, bis in den zweiten Keller durchgeschlagen sind. Die über dem Keller befindlichen Gebäude sind teilweise heruntergebrannt, z. T. bis in den Keller hinein. Der Keller dürfte für unsere Zwecke erledigt sein. Die Expedition ist zerstört. Es läßt sich noch nicht übersehen, ob von den Beständen etwas zu retten ist.«[165] Nicht alle Räumlichkeiten werden gänzlich zerstört gewesen sein. Der Faßkeller in der Friedrichstraße wurde im Verlauf der eskalierenden Kampfhandlungen von der Roten Armee besetzt und geplündert. Am 13. Juni 1945 suchte die Aschinger AG, die vom Magistrat und den zuständigen militärischen Stellen

mit der Versorgung der Zivilbevölkerung beauftragt worden war, beim Kommandanten des Verwaltungsbezirks Mitte um Freigabe der Weinkellereien nach; die Firma wollte an die dort noch gelagerten Getränke gelangen.[166] Am 19. Oktober 1950 berichtete die »Neue Zeitung« unter den zugkräftigen Überschriften »Größter Weinkeller versank im Grundwasser«, »Gefüllte Fässer unter der Friedrichstraße« und »Bisher unerreichbar für ›Schatzsucher‹«, der in eine Betonwanne eingebaute Faßkeller sei im Zuge der Bombardements so stark getroffen, daß das Grundwasser einströmen könne und der Caisson absacke: Das ehemalige Kempinski-Zentralweinlager sei also relativ unbeschädigt in der Unterwelt verschwunden.[167]

Völlig zerstört wurde das prachtvolle Kempinski-Stammhaus in der Leipziger Straße 25. In der Schadensmeldung hieß es lakonisch: »Am 23. November 1943 völlig ausgebrannt. Nicht wieder in Betrieb zu nehmen. Wir bemühen uns um ein Ersatzlokal.«[168] Es ist ein Bericht erhalten geblieben, der den Brand in der Leipziger Straße und die vergeblichen Löschversuche schildert. Dieses einzigartige Zeitdokument, das auch die rüde Behandlung ausländischer Zwangsarbeiter nicht ausspart, zeigt – dramatisch zugespitzt –, wie das Lebenswerk Berthold Kempinskis in der Folge der hybriden Gewaltherrschaft des Nationalsozialismus zugrunde ging. Es soll im folgenden ungekürzt zitiert werden:

»Am 22. 11. wurde der Betrieb nur mit Brandbomben belegt. Es gelang dem Einsatztrupp und Teilen der Belegschaft alles zu löschen. Da aber die in der Krausenstraße gelegene kleine Kirche durch mehrere Brandbomben getroffen war und in Brand geriet, war dieser Flügel des Gebäudes stark gefährdet. Mit Einsatz aller Kräfte gelang es, das Wäschereidach und den darunter liegenden Gelben Saal zu halten. Erst am Morgen war alle Gefahr beseitigt und die Löschmannschaft konnte entlassen werden.

Am 23. 11. kamen erst Sprengbomben in die Häuser Krausenstraße und schräg gegenüber Leipzigerstraße. Dadurch gingen alle Fenster zu Bruch. Dann kamen Brandbomben in unglaublicher Menge, auch diese konnten wieder gelöscht werden. Darauf kamen die Phosphorkanister, auf den kleinen Hof Krausenstraße allein 3 Stück. Durch das Aufschlagen spritzte die brennende Flüssigkeit in die scheibenlosen Fenster und somit an die Vorhänge im Parterre und im 1. Stock. Die Vorhänge brannten und fielen auf die Polsterstühle, sogar der Flügel im Mittelsaal brannte sofort. Auch diese Brände konnten trotz wiederholten Aufflammens gelöscht werden. Ein Trupp mußte den Lagerschuppen (im Frieden-Garten) des Weinladens löschen. Mit Hilfe einiger Minimaxe gelang das auch. Inzwischen waren durch neuen Angriff Brand- und Phosphorbomben auf die Dächer gefallen, hatten diese durchschlagen und entzündet. Alles, was Beine hatte und Hände, auch Gäste, wurden aus dem Luftschutzkeller geholt und eingesetzt. Einige Brandherde konnten vorübergehend gelöscht werden, aber immer wieder brannte es an anderer Stelle durch den Phosphor. Das Schlimmste war das Dach der Wäscherei. Im Augenblick stand der ganze Dachstuhl in Flammen. Das Feuer der Phosphorspritzer fand an dem trockenen Gebälk reichlich Nahrung. Unsere Luftschutzspritzen sind in solchem Fall nur Spielzeug. Unser eigenes Wasser ging zu Ende, die städtische Leitung versagte ganz, die Polizei war unerreichbar, wir mußten aufgeben. Es wurde aus der Küche herausgetragen was möglich war.

Nun kam das Fürchterlichste. Der Weinladen brannte und gleichzeitig war durch herunterfallende brennende Balken von Hilbrich der Lagerschuppen mit Pappdach vom Weinladen unbeobachtet in Brand geraten und stand sofort in hellen Flammen, da hier Packpapier und Kartons lagerten. Jetzt war unser Schicksal besiegelt, es brannte nun von unten nach oben.

Ich hatte mir ein Wasserreservoir in der alten Eisfabrik im Keller angelegt. Das Wasser wurde außer in Eimern in Kokotten und Timbals zur Brandstätte gebracht, die Leitung war leer, alles verlorene Mühe. Es brannte nun das Treppenhaus, der Weinladen, Cadiner-Saal, Eingangs-Saal, die Dächer Krausenstraße und Stadtküche, der Gelbe-Saal, alle Höfe – da die herabfallenden Balken alles zündeten – und an den Seiten vorn und hinten die Nachbarhäuser.

Die Einsatztrupps mußten streng zusammengehalten werden, da berechtigte Zweifel entstanden, ob wir lebend noch einmal herauskommen. Gäste und Ausländer verschwanden spurlos. Lobend muß ich einen Leutnant, einen Gefreiten und einen Zivilisten erwähnen, welche sich tatkräftig bei den unglaublich schweren Löscharbeiten eingesetzt haben. Ca. 20 Brandstellen, welche weit auseinanderlagen, forderten das Letzte von der Löschmannschaft. – Versagt haben bis auf einige Ausnahmen die Ausländer, sogar mit Schlägen und Drohungen mußten sie angetrieben werden.

Es wurde nun in den Keller getragen, was möglich war und ich freue mich, melden zu können, daß eine Menge gerettet werden konnte. Vor allem die gesamte Wäsche (Friedensbestand), viel Silber, Porzellan und fast alles Kupfer, sowie ca. 2000 Flaschen Wein. Eine andere Möglichkeit, die Sachen in Sicherheit zu bringen als in den Keller, bestand nicht, da die Höfe und Straßen brannten und die Flammen durch herunterfallende, brennende Balken immer neue Nahrung erhielten, auch der herabprasselnde glühende Kalk war allein schon lebensgefährlich.

Gottseidank haben wir kein Menschenleben zu beklagen, trotzdem es oft sehr, sehr bedenklich aussah. Ein Urteil über diesen Einsatz für den von allen Gefolgschaftsmitgliedern geliebten Betrieb kann nur derjenige abgeben, der diese fürchterliche Nacht in den Weinstuben Leipzigerstraße miterlebt hat.«[169]

Die »Arisierung«
der Rest-OHG M. Kempinski & Co.

Neben der M. Kempinski & Co. Weinhaus und Handelsgesellschaft mbH führte die noch immer in Familienbesitz befindliche OHG M. Kempinski & Co. ein kümmerliches Dasein. Es blieben ihr die Grundstücke, die Beteiligungen und ein rudimentäres geschäftliches Engagement im In- und Ausland. Die Restfirma fungierte zum einen als die Stelle, über die die Entschuldung des früheren Unternehmens Kempinski abgewickelt wurde, zum anderen bildete sie den Kristallisationspunkt für die Hoffnungen der Inhaber, das Unternehmen nach einer Veränderung der politischen Verhältnisse restituieren zu können.

Nachdem im Jahre 1939 alle anderen Mitglieder der Familien Unger und Kempinski Deutschland verlassen hatten, wurden die Interessen der OHG von Dr. Walter Unger und dem Prokuristen der GmbH Werner Steinke wahrgenommen. Die OHG war im wesentlichen ein Unternehmen »in Abwicklung«. Steinke und Unger waren damit beschäftigt, Umschuldungen vorzunehmen, die Vermögenswerte, über die die OHG noch verfügte, abzustoßen und die nicht aufzulösenden Beteiligungen zu »arisieren«. So wurde das frühere Erholungsheim der Firma in Rheinsberg 1938 an die Landesversicherungsanstalt Berlin verkauft. Gegenüber einem Buchwert von 51000 RM betrug der Erlös 33000 RM, von denen noch 1860 RM an Vermittlerprovision abzuziehen waren.[170]

Sogar die Briefmarken, die in der Bilanz des Jahres 1937 mit 12200 RM ausgewiesen waren, mußten 1938 für 9835 RM verkauft werden.[171]

Am 7. März 1938 wurde das Vermögen der Kosterlitz & Co. Einkaufs- und Handels GmbH unter Ausschluß der Liquidation und gemäß dem Gesetz über die Umwandlung der Kapitalgesellschaften vom 5. Juli 1934 auf die OHG M. Kempinski & Co. übertragen.[172] Dem gleichen Verfahren war die Tochtergesellschaft Domkellerei zu Köln AG unterworfen.[173] Die Liquidation der amerikanischen Tochtergesellschaft M. Kempinski & Co., New York, erfolgte 1938 mit einem Gesamtverlust von 56000 RM. Die Interessen der OHG wurden weiterhin von der Firma Williams & Co., New York, gewahrt, so daß eine Beeinträchtigung des Exports in die USA vorerst vermieden werden konnte.[174]

Der Gesamtverlust bei der »Arisierung« der Druckerei Gebr. Hartkopf betrug für die OHG 150000 RM.[175] Der Liquidationsprozeß brachte der OHG erhebliche Verluste, so daß die Verfasser des Berichts der Revisions- und Treuhand AG zum 30. Juni 1938 zu dem Schluß kamen, daß auch bei weiteren Auflösungen mit ähnlich schlechten Ergebnissen zu rechnen sei; die OHG würde nach Abschluß dieses Prozesses »nur noch eine reine Verwaltungsgesellschaft sein und daneben in geringem Umfang Export betreiben«.[176]

1938/39 mußten die Grundstücke in Nierstein und Laubenheim an die Kempinski GmbH für 10000 RM verkauft werden; im Falle Laubenheims war eine »Arisierungsabgabe« in Höhe von 500 RM zu zahlen. Der Buchverlust betrug insgesamt 2000 RM.[177] Das Inventar der Breslauer Filiale und der Geschäftswagen gingen 1939 an die Bardinet AG: »An Mobiliar ist damit zum Bilanzstichtag nur noch das Inventar der oHG vorhanden, das mit RM 1,– zu Buch steht.«[178] Nach langem Tauziehen fand sich für das Aktienpaket der Bardinet AG ein Käufer: Es ging mit einem Buchverlust von 5800 RM an die Berliner Kindl Brauerei

AG. Auch der Grundbesitz der Tochtergesellschaft Lifag AG – das Geschäftshaus Liegnitzer Straße – sowie die Anteile an der »Ariane«-Fabrikation chemischer und kosmetischer Artikel mußten 1938/39 aufgegeben werden.[179] Am 14. März 1940 trennte sich die OHG M. Kempinski & Co. von ihrem Engagement bei der Bank für Grundbesitz und Handel bzw. deren Rechtsnachfolgerin, der Grundstücksaktiengesellschaft am Potsdamer Platz.[180] Es blieben noch bestehen die Beteiligungen an der Friedrichshaus GmbH und an der N.V. Wijnhandel M. Kempinski & Co. in Amsterdam.

Die OHG war 1940 noch immer eine völlig überschuldete Firma, ihr gesamtes noch vorhandenes Vermögen war Bank- und Hypotheken-Instituten überschrieben.[181] Dennoch griffen allmählich die Maßnahmen, die auf eine Verringerung der Schuldenlast zielten.[182] Die Bankschulden gingen durch laufende Tilgung von 1698000 RM am 30. Juni 1938 auf 1651000 RM am 30. Juni 1939 zurück. Die Hypotheken- und Darlehensschulden sanken von 4269000 RM am 30. Juni 1938 auf 3500000 RM am 30. Juni 1939. Allerdings stieg durch die Abdeckung der Schweizer Forderungen und anderer Darlehen über die Friedrichshaus GmbH der Posten der Konzernforderungen in der Bilanz stark an.[183]

Im Zuge der Liquidation der Beteiligungen und Konzernforderungen konzentrierte sich die gesamte Geschäftstätigkeit auf die OHG. Auf diese Restfirma richteten sich nun alle Bemühungen um eine vollständige »Arisierung« der M. Kempinski & Co. Nach dem Novemberpogrom 1938 begann die Phase staatlich forcierter und kontrollierter Zwangs»arisierungen«. Im Fall der Kempinski OHG waren die Gläubigerbanken die treibende Kraft. Da sich die Transaktion von 1937 so »positiv« entwickelt hatte, betrachteten die Bankenvertreter jetzt die Aschinger AG als bevorzugten »Arisierungsbewerber«. Nach 1938 schreckte man vor Zwangsmitteln

nicht mehr zurück, die die körperliche Integrität der jüdischen Unternehmer angriffen. Die Inhaber wurden in Konzentrationslager gebracht und nur unter der Auflage entlassen, ihr Eigentum zu veräußern und auszuwandern. So berichtete Elisabeth Kohsen, daß auch ihr Cousin Dr. Walter Unger nach der Reichspogromnacht im KZ Oranienburg interniert war. Um an »Arisierungsverhandlungen« in der Reichskreditgesellschaft teilnehmen zu können, gelangte er schließlich in Freiheit. Walter Unger verließ das Lager als gebrochener Mann: »Er sah jammernswert aus, Gelbsucht, die Haare geschoren, blaue Augen, erfrorene Hände und erfrorene Füße. Er hatte einen viel zu weiten Anzug an.« Unger scheute sich, in diesem Zustand zu der Zusammenkunft zu gehen. Seine Cousine mußte ihn zwingen, sich seinen »Geschäftspartnern« zu zeigen, um zu demonstrieren, was geschehen war.[184]

Bei dem Treffen mit den Vertretern der Reichskreditgesellschaft könnte es zum einen um Zusatzklauseln oder Abänderungen der Verträge von 1937 gegangen sein; wahrscheinlich war auch schon die »Arisierung« der OHG im Gespräch. Am 13. Februar 1939, anläßlich einer Besprechung Spethmanns mit der Reichskreditgesellschaft wegen der Kempinski-Kredite, wollte Bankdirektor Berg die Kempinski GmbH »erneut« auf den Erwerb des Grundstücks Leipziger Straße festlegen. Der Grundbesitz bildete den Kern der »Arisierung« der Restfirma M. Kempinski & Co. Die Tatsache, daß sich die Grundstücke noch im Besitz der jüdischen Familie befanden, war schon früh zum »Stein des Anstoßes« geworden: »Alle Beteiligten seien sich einig, daß der Umstand des nichtarischen Besitzes unhaltbar sei. Er kostet nach Feststellung der Reichskredit rd. RM 54000,– an Steuern p.a. mehr, als wenn das Grundstück in arischen Händen wäre.« Das Grundstück Leipziger Straße, dessen Einheitswert 2206000 RM betrug, war mit Forderungen in Höhe von 2,2 Millionen RM belastet.[185] Im Oktober 1939 sprach Direktor Berg Paul Spethmann auf seine Meinung zur »Arisierung« der OHG an. Der Finanzdirektor der Aschinger AG und Geschäftsführer der Kempinski GmbH meinte, daß auf seiten Aschingers durchaus Interesse bestünde, allerdings keine »Arisierungsmittel« vorhanden wären. Spethmann gewann den Eindruck, daß die Reichskreditgesellschaft unbedingt eine Übernahme der Grundstücke durch die Kempinski GmbH erreichen wollte; die Bank wäre möglicherweise bereit, die notwendigen Beträge vorzustrecken.[186]

Ende November 1939 schienen die Reichskreditgesellschaft und die anderen Gläubigerbanken eine Beschleunigung des Verfahrens anzustreben: »Anschließend wurde über die Frage der Arisierung der Kempinski o.H.G. gesprochen. Man kam zu dem Schluß, daß die Durchführung der Arisierung aus verschiedenen Gründen dringend wünschenswert und auch eilig sei.«[187] Eine Sicherung der Ansprüche der Gläubiger sollte ebenso erreicht werden wie eine »ordnungsgemäße Verwaltung der den Betrieben der M. Kempinski & Co. Weinhaus und Handelsgesellschaft m.b.H. dienenden Grundstücke, Anlagen und Rechte«.[188]

Im Verlauf des ersten Halbjahres 1940 war ein konkurrierender Aspirant für den Erwerb der Kempinski-Grundstücke und die »Arisierung« der OHG aufgetaucht: die Berliner Schloßbrauerei AG. Es war geplant, eine Gesellschaft bürgerlichen Rechts zu bilden, bestehend aus Direktor Theisen, Vorstandsmitglied der Schloßbrauerei, und Werner Steinke, die die »Vermögenswerte der OHG M. Kempinski & Co. in arisches Eigentum« überführen sollte.[189] Die Verhandlungen mit der Schloßbrauerei zogen sich in die Länge und scheiterten schließlich am Einspruch staatlicher Stellen; die Brauerei ließ allerdings auch fernerhin von ihren Bemühungen nicht ab. Selbstverständlich waren diese Transaktionen

der Aschinger AG ein Dorn im Auge. Spethmann und Fritz Aschinger fühlten sich in ihrer Absicht bestätigt, eine schnelle »Arisierung« der Grundstücke zu vollziehen, zumal im Herbst 1941 bei der OHG Hypothekenzahlungen bevorstanden und dem Aschinger-Konzern Nachteile aus einer staatlichen Verordnung drohten, die in jüdischem Besitz befindliche Immobilien im Fall von Kriegsschäden von einer Entschädigung ausnahm.[190]

Diesem Interesse stand der feste Wille Dr. Walter Ungers und Werner Steinkes entgegen, die Grundstücke nicht an die Aschinger AG zu verkaufen. Unger schlug nun vor, Spethmann und Steinke zu »Trägern« des Grundbesitzes zu berufen; wahrscheinlich war an eine Art Treuhänderschaft gedacht.[191] Es war beabsichtigt, eine Gesellschaft bürgerlichen Rechts, bestehend aus Spethmann und Steinke, ins Leben zu rufen, wobei Steinke 60 Prozent und Spethmann 40 Prozent der Anteile halten sollten. Die Aschinger AG schien diesem Plan zustimmen zu wollen, verband damit jedoch völlig andere Zielsetzungen: »Wie aus den Unterlagen hervorgeht, hatte die Gesellschaft [die Aschinger AG; E.P.] sich bemüht, die Kempinski-Grundstücke käuflich zu erwerben, doch war der Kauf ... mit Rücksicht auf die von der Firma Kempinski vorgesehene Art der Durchführung der Arisierung nicht möglich. Es ist daher beabsichtigt, Herrn Spethmann (zusammen mit Herrn Prokurist Werner Steinke) als Erwerber auftreten zu lassen, damit beide Herren als Strohmänner für die Aschinger A.G. fungieren und die Durchführung der Arisierung beschleunigt werden kann. Später wird die Aschinger A.G. wahrscheinlich dem Erwerb der Grundstücke wieder nähertreten wollen.«[192] Notariell beglaubigte Absprachen mit den »Strohmännern« sollten den Plan absichern. Spethmann, gefragt, ob Interessenkollisionen zu befürchten seien, verneinte: das Interesse der Aschinger AG habe für ihn stets Priorität. Falls sich Probleme ergäben, würde er sich von der Gesellschaft bürgerlichen Rechts trennen.[193]

Werner Steinke, der ja auch die Stelle eines Prokuristen bei der Aschinger-Tochtergesellschaft M. Kempinski Weinhaus und Handelsgesellschaft mbH bekleidete, war am 6. Februar 1938 vom Reichstreuhänder für das Wirtschaftsgebiet Brandenburg zum Betriebsführer der Rest-OHG berufen worden[194]; am 11. April 1940 wurde er durch Bestallungsurkunde des Kammergerichts Berlin zum Abwesenheitspfleger für alle Inhaber der OHG mit Ausnahme von Dr. Friedrich Wolfgang Unger-Kempinski berufen.[195] Seit dem 7. März 1941 fungierte Steinke auch als Abwesenheitspfleger für den Juniorchef der OHG M. Kempinski & Co.[196] Ob sich Steinke nun tatsächlich auf die »Strohmänner«-Konzeption der Aschinger AG einließ, ist aufgrund der Aktenlage nicht mehr festzustellen. Es ist allerdings nicht zu übersehen, daß Steinke in den Verhandlungen mit der Aschinger AG bisweilen eine plakative Nachgiebigkeit an den Tag legte. Die Familie Kempinski hielt Steinke für schwer belastet; Hans Kempinski, der ihn zunächst protegiert hatte, dann aber enttäuscht worden war, hatte mehrfach vor dem Angestellten gewarnt.[197] Auf einige Unstimmigkeiten in der Biographie Steinkes und zahlreiche offene Fragen soll im vierten Kapitel dieser Arbeit eingegangen werden.

Dr. Walter Unger jedenfalls strebte wohl eine Art »Tarn-Arisierung« der OHG durch Personen an, zu denen er Vertrauen zu haben schien. Am 25. September 1941 sprach er von den »bisher so ausgezeichneten Beziehungen zwischen O.H.G. und G.m.b.H.«.[198] Die Grundstücke wollte er behalten, um sie beizeiten als Basis für die Wiederherstellung des Familienunternehmens nutzen zu können, eine Vorstellung, die Fritz Aschinger mit der Sicherheit dessen, der warten kann, desillusionierte: »Ich hatte volles Verständnis dafür, daß Herr Dr. Unger sich für die Zukunft keine Chance

verschütten wollte, und stellte daher meine Wünsche prinzipiell auf den Zeitpunkt ab, in dem feststehen würde, daß sich an den jetzigen Zuständen nichts mehr ändern würde.«[199] Man muß sich vor Augen führen, daß Dr. Walter Unger während dieses letztes Aktes der »Arisierungsverhandlungen« den »Judenstern« tragen – zur Führung des Beinamens »Israel« war er schon seit 1939 verpflichtet – und daß er in möblierten Zimmern bei jüdischen Bekannten leben mußte.[200]

Es bleibt noch nachzutragen, daß Dr. F.W. Unger-Kempinski, der im Frühjahr 1941 im amerikanischen Exil von den »Arisierungsplänen« erfuhr, am 21. April 1941 beim Amtsgericht Berlin vehementen Protest gegen personelle und rechtliche Veränderungen in der OHG M. Kempinski & Co. erhob: »Ich habe der Geschäftsführung obiger Gesellschaft mitgeteilt, daß ich für die von mir vertretenen 85% der Gesellschaft mit keiner Abmachung irgendwelcher Art einverstanden bin, die eine Änderung der Gesellschafter oder irgendeine Besitzveränderung in der Gesellschaft herbeiführen soll.«[201] Dr. Unger-Kempinski wird ähnliche Hoffnungen wie sein Cousin Walter Unger gehegt haben; aus seiner rigorosen Ablehnung einer »Umwandlung der o.H.G.« spricht allerdings eine eklatante Verkennung der Pressionen, denen die noch in Deutschland lebenden jüdischen Unternehmer ausgesetzt waren. Es schien ihm auch nicht bewußt gewesen zu sein, daß er Walter Unger durch sein Verhalten in Gefahr bringen würde. Gerhard Kempinski hat Dr. Unger-Kempinski 1942 von London aus wegen seiner Leichtsinnigkeit scharf gerügt.[202]

Die Erbitterung in der Familie muß sehr groß gewesen sein. Julius Kohsen, der Vater Dr. Walter Kohsens und Jugendfreund Richard Ungers, schrieb im Schlußkapitel seiner Memoiren: »The final chapter I had mentioned the Ungers, I destroyed on mature consideration. In spite of 60 years of connection through friendship, through relatedness by virtue of the marriage of my son Walter with Richard's daughter Echen which lasted seven years and my work for the M. Kempinski & Co. during 13 years. For the denial of our rights as grandparents drew a thick line through and under that chapter. In the name of cleanliness no memories should be devoted to criminals.« Julius Kohsen hat sich vor seiner Deportation am 25. August 1942 in Berlin das Leben genommen.[203]

Am 24. September 1941 fand in den Räumen der OHG eine Besprechung zwischen Unger, Steinke, Spethmann und Aschinger statt, die die von den Aschinger-Geschäftsführern in den letzten Wochen definierten »essentials« noch einmal auf die Tagesordnung setzte: Spethmann und Aschinger wollten ein Vorverkaufsrecht für die Grundstücke, das die Vertreter der OHG kategorisch ablehnten. Aschinger forderte die Option auf eine Verlängerung der Miet- und Pachtverträge bis 1966 bzw. 1976. Unger war bereit, der Verlängerung zuzustimmen; für die Einräumung einer Option allerdings müßten Gegenleistungen erbracht werden. Auf die von Aschinger gewünschte Herabsetzung der Höchstmiete, die mit dem Ausfall des »Café Trumpf« begründet wurde, wollte sich Unger auch dann nicht einlassen, wenn es über diese Frage zum Prozeß käme.[204] Fritz Aschinger gab seinem Unmut über das Ergebnis der Besprechung ungeniert Ausdruck und betonte wiederum, daß er warten könne, daß in absehbarer Zeit günstigere Resultate zu erzielen seien. Was die Grundstücksfrage betraf, so meinte er, daß, wenn er nicht Eigentümer der Grundstücke werden könne, eben an eine Verlegung der Betriebe gedacht werden müsse.[205] Eine Verlängerung des Miet- und Pachtvertrages ohne Option lehnte die Aschinger AG/Kempinski GmbH ab.[206] Im Grunde war zu diesem Zeitpunkt die Entscheidung schon gefallen. In einer Aufsichtsratssitzung der Aschinger AG am 27. November 1941 schloß Paul Spethmann die

Beteiligung des »Treuhänders für das feindliche Vermögen« an den Verhandlungen mit der OHG aus, da M. Kempinski & Co. nicht als feindliche Gesellschaft anzusehen sei: Die Bemühungen um die »Arisierung« der OHG würden »in Kürze« abgeschlossen; Werner Steinke werde dann an der Spitze der Firma stehen.[207]

Am 28. November 1941 schlossen Unger und Steinke einen Vertrag, der die Übernahme der OHG durch Steinke sanktionierte. Dr. Walter Unger informierte seinen früheren Geschäftspartner J.P. Danby in Amsterdam über die »Umwandlung«: »Herr Steinke wird der von den Gläubigern ausersehene Träger des Vermögens, also der Rechtsnachfolger der Firma sein. Diese Lösung hat bereits die Genehmigung der zuständigen Pflegschaftsgerichte, der hiesigen Wirtschaftsdienststellen und des Gauwirtschaftsberaters gefunden.«[208] Eine Umschreibung im Berliner Handelsregister erfolgte nicht, »weil zunächst der Oberfinanzpräsident Berlin-Brandenburg ›Vermögensverwertungsstelle‹ Schwierigkeiten bereitete und später die Registereintragung über den Wirren der Kriegsjahre in Vergessenheit geriet«.[209] Eine Beteiligung Paul Spethmanns an der neuen Firma ist nicht aktenkundig. Steinke wurde auch Eigentümer des Grundstücks Leipziger Straße 25[210] sowie der Grundstücke Kurfürstendamm 27, Fasanenstraße 21 sowie Fasanenstraße 20.[211]

Sehr spät und im Zusammenhang mit der Übernahme der Berliner OHG durch Steinke erfolgte die »Arisierung« der Amsterdamer Filiale N.V. Wijnhandel M. Kempinski & Co. Die Beteiligung an der Amsterdamer N.V. blieb 1937 zunächst weiterhin im Besitz der OHG. Die Kempinski GmbH hatte sich am 31. Januar 1939 ausdrücklich gegenüber der OHG, den Inhabern und deren Kindern verpflichtet, bei Geschäften in und nach Holland den Namen Kempinski und die eingetragenen Schutzmarken nicht zu verwenden.[212] 75 Prozent der Anteile waren im Besitz des Stammhauses, 25 Prozent gehörten dem Direktor J. P. Danby; es existierte allerdings ein Vorkaufsrecht zugunsten der Berliner Firma. Am 31. Januar 1941 mußte Danby, der seit der Gründung 1919 Chef der Filiale war, »aufgrund der Zeitumstände« als Direktor des Restaurants und der Weinhandlung zurücktreten. An die Stelle Danbys trat B.T.W. Parson, bisher stellvertretender Direktor der N.V. Die Danby seinerzeit erteilte Konzession wurde auf Parson übertragen.[213] Danby blieb allerdings noch im Besitz seines Viertels der Geschäftsanteile. 1942, nach der »Arisierung« der Berliner OHG, sollte eine Klärung der finanziellen Beziehungen zwischen Stammhaus und Amsterdam erreicht werden; das Verhältnis muß in den Jahren zuvor sehr lose gewesen sein.[214] Danby hatte wohl eigenmächtige Kapitalerhöhungen vorgenommen, um die N.V. während des Krieges als holländisches Unternehmen ausweisen zu können und finanzielle Schwierigkeiten zu umgehen. In der Folgezeit war das Stammhaus bestrebt, alle Anteile – auch die Danbys – auf Berlin zu überschreiben.[215] Dabei mußte erreicht werden, daß die Anteile, die im Zuge der Kapitalerhöhung in niederländischen Besitz gekommen waren, rückübertragen wurden. Dr. Walter Unger scheint die »Arisierung« forciert zu haben. Am 9. Juni 1942 plädierte er zunächst in einem Schreiben an Steinke dafür, Johann Albert, einem der Geschäftsführer der N.V., die Anteile Danbys zu überschreiben: »Ich lasse mich hierbei besonders von dem Gedanken leiten, daß alles das geschehen muß, was eine rasche Erledigung der Entjudung der o.H.G. M. Kempinski & Co. und ihrer Konzernglieder sicherstellt. Mit Rücksicht darauf, daß die zwischen uns geschlossenen Verträge vom 14. und 28. 11. 1941 nur noch der Zustimmung des Herrn Oberfinanzpräsidenten bedürfen, möchte ich Ihnen sogar die Anregung unterbreiten, von sich aus und unter Ihrem Namen die Entjudung der Amsterdamer Firma vorzunehmen, indem Sie kurzerhand die Rechte und Anteile der o.H.G. M. Kempinski & Co. erwerben.«[216] Dieser Weg ist schließlich beschritten worden.

Am 25. Mai 1943 erteilte der Reichskommissar für die besetzten niederländischen Gebiete, Wirtschaftsprüfstelle Arnheim, der Berliner Firma M. Kempinski & Co. OHG das Recht, 100 Prozent [gleich 16 000 holländische Gulden] des Kapitals der N.V. Wijnhandel M. Kempinski & Co. ihr eigen zu nennen: »Laut Vertrag vom 14./28. 11. 1941 ist Herr Werner Steinke Rechtsnachfolger der Firma M. Kempinski & Co., Berlin, damit gehören ihm auch sämtliche Aktien der N.V.«[217]

Steinke übernahm die »kommerzielle Oberleitung« der N.V. und wurde – neben Louis Carp, Rotterdam, und später A. H. Casparis van der Laag, Amsterdam, als Mitgliedern – Vorsitzender des Aufsichtsrates und Delegierter des Aufsichtsrates in der Direktion. Johann Albert und B.T.W. Parson fungierten als Direktoren einer Firma, die 1943 51 Angestellte zählte. Parson hatte die Verwaltung inne und kümmerte sich um das Restaurant, Albert war zuständig für den Weineinkauf, die Kellerwirtschaft, für Aufträge für die Wehrmacht und die deutschen Besatzungsbehörden.[218] Der langjährige jüdische Direktor der N.V., J.P. Danby, wurde deportiert und in einem Konzentrationslager im Osten ermordet.[219]

Die »Arisierung« der OHG M. Kempinski & Co. war abgeschlossen.

Hans Kempinski, seine Frau Luise und ihr Sohn Gerhard mit seiner Ehefrau Melanie waren die ersten Familienmitglieder, die nach England ins Exil gingen. 1936 bestand in London schon ein von Hans Kempinski gegründetes Restaurant, das unter dem Namen »G. Kempinski« geführt wurde; mit Hilfe dieses Geschäftes sollte vermutlich die Existenz des Sohnes gesichert werden.[220] Beziehungen zur OHG M. Kempinski & Co. in Berlin existierten nicht.[221] Die Finanzierung dieses Londoner Restaurants konnte nicht geklärt werden. Es dürfte Hans Kempinski wohl gelungen sein, noch Devisen aus Deutschland herauszubringen. Möglicherweise waren auch Mittelsmänner an der Gründung beteiligt. Das kleine, aber sehr nett aufgezogene Lokal lag in der Swallow Street, einer Seitenstraße der Regent Street. Die Räumlichkeiten hatte der bekannte Zeichner Walter Trier ausgemalt. Besucht wurde es in erster Linie von deutsch-jüdischen Emigranten. Gerhard Kempinski war hier Empfangschef und später Geschäftsführer. Auch konnte er in England endlich seinen Traum verwirklichen, Schauspieler zu werden. Nach seinem Debüt beim linksorientierten »Freien Deutschen Kulturbund« erhielt er Rollen in mehreren englischen Spielfilmen.[222] Für Hans und Luise Kempinski war London nur eine Zwischenstation auf ihrem Weg in die Emigration; sie wollten von Anfang an zu Verwandten in die USA. 1940 kamen sie mit dem Enkelkind Tom in New York an. Hans Kempinski starb hier schon am 3. Dezember 1940. Sein Sohn Gerhard erlag 1947 – erst 42 Jahre alt – einem Schlaganfall.

Dr. Friedrich Wolfgang Unger-Kempinski emigrierte Mitte 1937 in die Vereinigten Staaten. Hatte er bis zu seiner Emigration den Namen Unger-Kempinski geführt, so legte er nun das polnisch klingende »Kempinski« ab und nannte sich nach seiner Naturalisation Dr. Frederic W. Unger.

Kommerzienrat Richard Unger, seine Frau Frieda und Elisabeth Kohsen konnten erst in letzter Minute – nach dem Novemberpogrom 1938 und vor dem Kriegsausbruch – aus Deutschland fliehen. Das Leben dort war schon lange mit großen Einschränkungen verbunden. 1936 oder 1937 mußte Richard Unger die Stadtvilla in der Fasanenstraße verlassen und zog in das Haus seines Sohnes in Sakrow. In einer Zeit, die geprägt war durch Gewalt, Denunziation und Angst, gab es nur noch wenige Menschen, die es wagten, Juden Hilfe zu leisten. So überließ Rudolf Englert, der Küchenchef von M. Kempinski & Co., dem Ehepaar Unger und der Tochter Elisabeth den Schlüssel zu einem Wochenendhäuschen in Gatow, wo sich die Familie, wenn Gefahr drohte, verstecken konnte.[223] Von Emil Georg von Stauß, bis 1932 Vorstands-, dann Aufsichtsratsmitglied der Deutschen Bank, mit dem Unger wahrscheinlich seit der »Haus Vaterland«/Ufa-Transaktion gut bekannt war, hat sich der Kempinski-Chef wohl vergeblich Unterstützung erhofft. Stauß, ein prominentes Mitglied der NSDAP, hat Unger 1939 allerdings gewarnt und ihm geraten, Deutschland zu verlassen.[224] Unterstützung bei der Auswanderung erhielten der frühere Seniorchef des Unternehmens und seine Frau schließlich durch den Ehemann von Elisabeth Kohsen, Warschauer, der einen hohen Beamten der englischen Botschaft in Berlin kannte. Hans und Luise Kempinski beantragten die Ausreise von Richard und Frieda Unger in London; im April 1939 kamen sie mit einem Handkoffer in

Kommerzienrat Richard Unger, um 1938

Elisabeth Kohsen traf am 2. August 1939 in London ein.[226] Ihre Töchter, denen der Vater ein ansehnliches Vermögen hinterlassen hatte und die sich seit Mai oder Juni 1939 in einem Internat in Antwerpen befanden, konnten einen Tag, bevor die deutsche Wehrmacht in Belgien einmarschierte, mit dem Flugzeug nach London ausreisen. Das Erbe der Kinder ging verloren. Da Elisabeth Kohsen einige Möbel aus Deutschland mitnehmen konnte, mietete sie in London ein Haus, dessen einzelne Zimmer weitervermietet wurden. Zusätzlich arbeitete sie für einen geringen Lohn bei einem Arzt als Sprechstundenhilfe. Sie ermöglichte es unter schwierigsten Bedingungen, daß ihre Töchter Anita und Monika studieren und eine akademische Laufbahn einschlagen konnten.

Während des Krieges lebten Richard und Frieda Unger im Haus ihrer Tochter; später sind sie in die USA gegangen, wo sie ihr Sohn Friedrich Wolfgang aufnahm. Sowohl Hans und Luise Kempinski als auch Richard und Frieda Unger wurden ausgebürgert. Ihre Beteiligungen an der Firma M. Kempinski & Co. OHG sind »infolge Vermögensverfalls« auf das Deutsche Reich übergegangen. Bei der Ausbürgerung und dem Entzug der Beteiligung Elisabeth Kohsens hat es wohl Schwierigkeiten gegeben. Laut Akte des Oberfinanzpräsidiums gelang es der Gestapo mangels genauer Informationen nicht, das Feststellungsverfahren abzuschließen. Auch eine Nachfrage bei Werner Steinke in seiner Funktion als »Generalbevollmächtigter« der OHG führte nicht weiter.[227]

Dr. Walter Unger war der einzige Gesellschafter der OHG M. Kempinski & Co., der Deutschland nicht verließ. Er bezahlte sein Bleiben mit dem Leben. Elisabeth Kohsen, die ihren Cousin sehr gern hatte, versuchte, ihm die Flucht über die holländische Grenze nach Belgien zu ermöglichen. Walter Unger hat diese Chance nicht wahrgenommen. Er muß jedoch an Auswanderung gedacht haben: Bei einem

England an. Sie hatten alles stehen und liegen lassen müssen. Elisabeth Kohsen schickte in den folgenden Wochen nichtjüdische Bekannte nach London, die den Eltern Kleidungsstücke brachten. Die Ungers waren im Exil auf die Unterstützung wohltätiger Einrichtungen angewiesen; Privatvermögen hatten sie nicht mitnehmen können. Mit den gesetzlichen Bestimmungen über die Einschränkung des Devisenverkehrs, mit dem Entzug der Verfügungsbefugnis über die Vermögen, mit Reichsfluchtsteuer, Auswandererabgabe und Judenvermögensabgabe stand dem Staat ein breitgefächertes Ausplünderungs-Instrumentarium zur Verfügung. Richard Unger hatte sich zudem vor seiner Emigration kategorisch geweigert, illegal Geld aus Deutschland zu transferieren.[225]

Spediteur in Danzig hatte er zwei Lifts und fünf Kisten mit Umzugsgut eingelagert. Seine Frau Hilde – die Ehe muß schon lange nicht ganz glücklich gewesen sein – ging zunächst mit der Tochter Marianne nach Jerusalem und später in die USA. Die Tochter hat einen Amerikaner geheiratet, Hilde Unger ist eine neue Ehe eingegangen. Walter Unger war also in den letzten Jahren seines Lebens allein. Elisabeth Kohsen, die mit ihm bis zu ihrer Auswanderung in Verbindung stand, meinte, er sei vor der Emigration zurückgeschreckt, weil er nicht die Kraft gehabt habe, noch einmal neu anzufangen.[228]

Dr. Unger mag gehofft haben, die M. Kempinski & Co. OHG über die Herrschaft des Nationalsozialismus hinwegzuretten – wenn auch in veränderter Form. Für ihn selbst gab es in Deutschland schon lange keine Möglichkeit mehr, ein menschenwürdiges Leben zu führen. Am 7. November 1940 schrieb er an die Kempinski GmbH, daß er im Begriff stehe, »auch die letzten Verbindungen mit meiner Firma M. Kempinski & Co. zu lösen«.[229] Ungers Privatvermögen schrumpfte schnell. Das Grundstück Taunusstraße 12, Ecke Teplitzer Straße 15 und Teplitzer Straße 13 in Berlin-Grunewald, das ihm und Richard Unger zu gleichen Teilen gehörte, mußte am 2. Dezember 1938 an die Kölner Firma Otto Wolff verkauft werden. Das Grundstück Tannhäuserstraße 39–40 in Berlin-Karlshorst, Eigentum der Tochter Marianne, wurde am 28. Juni 1939 an die Deutsche Reichsbahn/Reichsbahndirektion Berlin verkauft. Der Verkaufserlös von 28 953 RM reduzierte sich um eine »Judenvermögensabgabe« in Höhe von 10 000 RM. Diese Steuer, die von den Behörden als »Sühneleistung« deklariert wurde, war die abgefeimteste aller Zwangsabgaben, wurde doch hiermit die von den Nationalsozialisten während des Novemberpogroms angerichteten Zerstörungen jüdischen Eigentums auf die Opfer abgewälzt.

Betriebsvermögen besaß Dr. Unger nicht mehr. Die OHG war völlig überschuldet. Ungers Anteil an dem Minusvermögen betrug 15 Prozent gleich 215 340 RM.[230]

Die Wohnung in der Schlüterstraße 18 in Charlottenburg hatte Unger verlassen müssen. 1940 wohnte er bei Fräulein Behr, Ilmenaustraße 3, in Berlin-Grunewald; bis Oktober 1942 war er bei Stein, Elgersburgerstraße 3 in Grunewald, untergekommen. Vom 30. Oktober 1942 bis zum 29. Januar 1943 wohnte Dr. Unger in der Pension Bernhard, Pariser Straße 32, als Untermieter. Die Pension Bernhard, die von Dr. Gertrud Karpel geführt wurde, war offensichtlich eines der sogenannten Judenhäuser, in denen die jüdische Bevölkerung vor der Deportation konzentriert wurde. Unger lebte hier in einem Zimmer und bezahlte einschließlich Teilverpflegung 160 RM monatlich an Miete.[231]

Auch in den letzten Monaten vor seiner Deportation aus Berlin setzte sich Unger noch für einen ehemaligen Angestellten der OHG M. Kempinski & Co. ein, der ihn wiederholt mit finanziellen Ansprüchen quälte, moralisch unter Druck setzte und sogar erpreßte.[232] Der frühere Prokurist Marktscheffel legte Unger sogar nahe, die geforderte Erhöhung einer schließlich von OHG und GmbH gemeinsam gezahlten Pension aus eigener Tasche zu bezahlen, wobei er nicht versäumte, auf die sein Budget stark schmälernden Beiträge für NSDAP und die DAF hinzuweisen.[233] Unger vermittelte in dieser Sache mit großer Geduld bei der Kempinski bzw. Borchardt GmbH. Der Korrespondenz ist zu entnehmen, daß hier ein gehetzter Mann schrieb, der sich nach Ruhe und Harmonie sehnte, der seinen Frieden mit früheren Bekannten machen wollte und bereit war, sehr viel dafür zu geben.

Am 6. November 1941 verzichtete Walter Unger auf seine Forderungen an die OHG »für den Fall seines Todes, seiner Auswanderung oder Evakuierung«.[234] Anderen Informationen

Geheime Staatspolizei
Staatspolizeileitstelle Berlin

Berlin C 2, Grunerſtr. 12, Ecke Dirckſenstraße

Eingangs- und Bearbeitungsvermerk

An den

Herrn Oberfinanzpräsi-
denten Berlin-Branden-
burg Vermögensverwer-
tungsstelle
B e r l i n   NW 40
Alt Moabit 143

Geſchäftszeichen und Tag Ihres Schreibens

Geſchäftszeichen und Tag meines Schreibens
IV D 2-U. 7499/42

Berlin, den 12.3.43

Betrifft: Juden Walter Israel Unger,
geb. am 21.8.94 in Erfurt

Bezug: Ohne

41/24428

      Der Jude Walter Israel U n g e r ,
geb. am 21.8.94 in Erfurt, Staatsangehö-
rigkeit Deutsches Reich, zuletzt in Ber-
lin-Wilmersdorf, Pariser Str. 32 wohnhaft gewesen, ist am 29.1.43 nach
Theresienstadt evakuiert worden. Nach
Mitteilung der Staatspolizeileitstelle
Danzig hat U n g e r . noch einen Posten
Umzugsgut bei der Zollabfertigungsstelle .
- Packhoff - des Hauptzollamtes Auslands-
verkehr, in Danzig, lagern.
      Ich gebe hiervon Kenntnis und bitte,
das weitere zu veranlassen.

Im Auftrage:

Vordruck
Nr. 2

........Anlagen

Fernruf: Berlin 51 00 23

Poſtſcheckkonto Berlin 23 86
Kaſſe des Geheimen Staatspolizeiamts

Schreiben der Geheimen Staatspolizei vom 12. 3. 1943:
Zugriff der Finanzverwaltung auf den Besitz des deportierten Walter Unger

Das zerbombte Restaurant »Kempinski« am Kurfürstendamm, 1945

zufolge hat Unger seine Ansprüche, die aufgrund des Vertrages vom 28. November 1941 bestanden, im Rahmen eines »Heimeinkaufsvertrages« – in das Ghetto Theresienstadt – an die Reichsvereinigung der Juden in Deutschland abgetreten.[235]

Am 29. Januar 1943 wurde Dr. Walter Unger unter der Nr. 014387 nach Theresienstadt deportiert.[236] Von hier aus wurde er im Oktober 1944 nach Auschwitz verschleppt und ermordet.[237]

Nach der Deportation Dr. Ungers zog der Oberfinanzpräsident von Berlin-Brandenburg 31332 RM ein. Am 11. Oktober 1943 versteigerte das Berliner Auktionshaus Achenbach einen Teil seines Hausrats zugunsten des Reichsfiskus, Erlös: 4567,50 RM.[238] Am 28. Oktober 1943 teilte der Reichsstatthalter Danzig-Westpreußen/Oberfinanzpräsident dem Oberfinanzpräsidenten von Berlin-Brandenburg, Vermögensverwertungsstelle, mit, daß der Hausrat Dr. Ungers in Danzig »im Hinblick auf die heute bestehenden Schwierigkeiten der Beschaffung von Einrichtungsgegenständen und das dortige Einverständnis voraussetzend« für die Einrichtung eines Erholungsheimes und der Unterkünfte der Reichsfinanzverwaltung im Bezirk Danzig zur Verfügung gestellt werden sollte.[239]

Anmerkungen

1 Avraham Barkai, Vom Boykott zur »Entjudung«. Der wirtschaftliche Existenzkampf der Juden im Dritten Reich 1933–1943, Frankfurt a. M. 1988, S. 41 u. S. 84.
2 »Leben wie Kempinski?«. Tatsachenbericht von Klaus-Dieter Stefan, in: Das Magazin, Nr. 12, 1988, S. 26. Allerdings ließen sich die Übergriffe nicht anhand zeitgenössischer Dokumente oder Zeitzeugenberichte belegen.
3 Bericht von Tom Kempinski, London, vom 24. März 1993; Gespräch mit Fritz Teppich, Berlin, am 16. Mai 1993.
4 Auskunft von Elisabeth Kohsen, 9. Juli 1990.
5 Die führende Rolle von SA-Leuten beim Boykott gegen jüdische Geschäfte hielt Ernst Röhm, bis 1934 Chef der Organisation, nicht davon ab, sich weiterhin mit Kempinski-Weinen beliefern zu lassen. Dem Chauffeur, der die Waren abzugeben hatte, pflegte er Zigarren mit Hakenkreuzbanderole zu schenken (Interview mit Elisabeth Kohsen, 9. Juli 1990). Unerklärlich erscheint die Tatsache, daß bis zur »Arisierung« der Firma Anzeigen für Haus Vaterland Betrieb Kempinski im nationalsozialistischen »Angriff« erscheinen konnten. Die nationalsozialistische Presse hatte schon vor 1933 eine generelle Inseratensperre über jüdische Firmen verhängt.
6 Anlage zum Schreiben des Reichsführers SS/Chef-Adjutantur an das SS-Hauptamt vom 17. Juli 1936 (Fotokopie, unbekannte Archivprovenienz im Besitz der Kempinski AG). Der Vermerk am Rande des Berichts läßt darauf schließen, daß der Forderung stattgegeben wurde. Auf einem Schreiben des SS-Standortführers Berlin an den SS-Oberabschnitt Ost vom 21. Juli 1936, das darauf hinwies, daß die Kempinski-Betriebe »nach wie vor jüdisch« seien, stand handschriftlich vermerkt: »Nach den Spielen für Verbot sorgen!« (Unbekannte Archivprovenienz im Besitz der Kempinski AG.)
7 Gutachten Dr. J. Semlers, 1936, a.a.O., S. 22.
8 Ebd., S. 23.
9 Ebd., S. 19.
10 Ebd., S. 16.
11 Gutachten Dr. J. Semlers, 1936, a.a.O., Anlage V. Der Gutachter wies darauf hin, daß die Angaben mit Vorsicht zu betrachten seien. Insbesondere für das Gastgewerbe allgemein lägen nur sehr unzuverlässige Zahlen vor: »Leider gibt es im Gaststättengewerbe sehr wenig brauchbares Material, das zu einem Vergleich herangezogen werden könnte. Außerdem stellen die Kempinski-Restaurationsbetriebe und Feinkostläden Betriebe eigener Art dar, für die kaum Vergleichsobjekte zu finden sind.«
12 Bericht der Deutschen Revisions- und Treuhand AG, 1934, a.a.O., S. 12.
13 Ebd., Anlage IV, Bl. 2.
14 Bericht der Deutschen Revisions- und Treuhand AG Berlin über die bei der M. Kempinski & Co. OHG vorgenommene Prüfung des Jahresabschlusses zum 30. Juni 1936; ZStA Potsdam, 80 Re 1, Nr. 1636, Bl. 63/64.
15 Ebd., Anlage V.
16 Gutachten Dr. J. Semlers, 1936, a.a.O., S. 30.
17 Bericht der Deutschen Revisions- und Treuhand AG, 1936, a.a.O., S. 14.
18 Bericht der Deutschen Revisions- und Treuhand AG über die bei der M. Kempinski & Co. OHG vorgenommene Prüfung des Abschlusses zum 30. Juni 1937; StA Berlin, Rep. 225, Nr. 356/1, S. 12.
19 Gutachten Dr. J. Semlers, 1936, a.a.O., S. 71.
20 Bericht der Deutschen Revisions- und Treuhand AG, 1934, a.a.O., S. 50 f.
21 Bericht der Deutschen Revisions- und Treuhand AG, 1936, a.a.O., S. 2 f.
22 Vermerk der Kreditabteilung der Reichskreditgesellschaft AG (ERKA) vom 17. August 1935 betr. Bardinet AG; ZStA Potsdam, 80 Re 2 Reichskreditgesellschaft, Nr. 3404, Bl. 221/222; vgl. auch: M. Kempinski & Co. an die ERKA am 12. Oktober 1935; ZStA Potsdam 80 Re 2, Nr. 3404, Bl. 135.
23 Aktenvermerk von Dr. Goetz (Reichskreditgesellschaft AG) vom 12. Dezember 1935, ebd., S. 204 f.
24 Memorandum der Firma M. Kempinski & Co. (gez. Werner Steinke) betr. Verkauf der Bardinet AG, ebd., Bl. 65 f.
25 Geschäftsbericht der Domkellerei zu Köln AG für das Geschäftsjahr 1935/36 vom 17. Dezember 1936; Amtsgericht Charlottenburg, Handelsregisterakten, HRA 87450, Bl. 12.
26 Schreiben der M. Kempinski & Co. Weinhaus und Handelsgesellschaft mbH an die ERKA vom 28. März 1938; StA Berlin, Rep. 225, Nr. 281.
27 Vorläufige Erläuterungen der Deutschen Revisions- und Treuhand AG zu den Einzelposten der Bilanz zum 30. Juni 1937; StA Berlin, Rep. 225, Nr. 601, S. 18 f.
28 Ebd., S. 17 u. 20.
29 Gutachten Dr. J. Semlers, 1936, a.a.O., S. 69.
30 Aktennotiz betr. Besprechung in Sachen »Haus Vaterland«/Kempinski zwischen Herrn Dr. Diggelmann, Ludwig Sachs, August Lechner und Kommerzienrat Richard Unger, Hans Kempinski, Dr. Walter Unger und Dr. F.W. Unger-Kempinski am 21. November 1934 in der Privatwohnung von Kommerzienrat Unger, Fasanenstr. 4; StA Berlin, Rep. 225, Nr. 289; vgl. auch das Gutachten des Rechtsanwalts Dr. Walter Zander über das rechtliche Verhältnis der Firma M. Kempinski & Co. zu »Haus Vaterland«, ebd.
31 Einnahmen von »Haus Vaterland« vom 1. bis 16. August 1936; StA Berlin, Rep. 225, Nr. 289; vgl. auch das Schreiben von August Lechner an Direktor Dr. Diggelmann von der Leu & Co. vom 17. August 1936, ebd.
32 StA Berlin, Rep. 225, Nr. 289.
33 Von Dr. Walter Unger handschriftlich gezeichnete Aktennotiz vom 27. Oktober 1934; StA Berlin, Rep. 225, Nr. 295.
34 Von Dr. Walter Unger gezeichneter Aktenvermerk über die Besprechung vom 12. Februar 1935, ebd.

35 Ebd.

36 Abschrift des Schreibens Dr. J. Semlers vom 19. Dezember 1935 an die Firma M. Kempinski & Co., z. Hd. Kommerzienrat Richard Unger; StA Berlin, Rep. 225, Nr. 296.

37 Memorandum vom 24. Februar 1936 zur Frage der Option betr. den zwischen Geheimrat Dr. Louis Ravené und der OHG M. Kempinski & Co. bestehenden Vertrag vom 21. Juni 1932 nebst Ergänzugen, ebd.

38 Ebd.

39 Walter Bussmann an die Geschäftsleitung der M. Kempinski & Co. am 3. März 1936, ebd.

40 Geheimrat Dr. Louis Ravené an M. Kempinski & Co., z. Hd. Kommerzienrat Richard Unger, ebd.

41 Geheimrat Dr. Louis Ravené an die Geschäftsleitung der M. Kempinski & Co. am 30. Dezember 1936, ebd.

42 StA Berlin, Rep. 225, Nr. 331, S. 65.

43 Schreiben (Durchschrift, mit Bleistift von Hans Kempinski abgezeichnet) von Hans Kempinski an die Bank für Grundbesitz und Handel AG vom 29. Oktober 1936; StA Berlin, Rep. 225, Nr. 289.

44 Schreiben (Durchschrift) der M. Kempinski & Co. an Fritz Eger vom 1. Dezember 1936, ebd.

45 Protokoll der Vertrauensratssitzung am 8. Juni 1936, ebd.

46 Schreiben an die Deutsche Arbeitsfront (DAF), Abt. Abwehr, vom 7. Juni 1934; ZStA Potsdam, 62 DAF 1, Nr. 16, Bl. 125

47 NSDAP-Gauleitung Groß-Berlin, Gau-Betriebszellen-Abteilung an das Organisationsamt der DAF, Abt. Information, vom 18. September 1934; ZStA Potsdam, 62 DAF 1, Nr. 16, Bl. 124. Vgl. Willy Buschak, Kellner im Widerstand, in: Bochumer Archiv für die Geschichte des Widerstandes und der Arbeit, 8. Jg., 1987, S. 165 ff. Buschak erwähnt, daß Egon Benda, Kellner in der Amsterdamer Kempinski-Filiale, im Rahmen des Exil-Zentralverbandes der Hotel-, Restaurant- und Caféangestellten zum gewerkschaftlichen Widerstand gehörte. Auch der Vorsitzende des ZVHRC, Fritz Saar, nach 1945 Treuhänder der Aschinger AG, war nach Amsterdam emigriert.

48 Buschak, Von Menschen, S. 251.

49 Interview mit Elisabeth Kohsen, 9. Juli 1990.

50 Ebd.

51 Ebd.

52 Barkai, Vom Boykott zur »Entjudung«, S. 85. Neben der Arbeit von Barkai, der das Schwergewicht auf die Selbsthilfemaßnahmen der jüdischen Organisationen legt, ist ein Standardwerk zum Thema »Arisierung« noch immer: Helmut Genschel, Die Verdrängung der Juden aus der Wirtschaft des Dritten Reiches, Göttingen u. a. 1966. Es existieren relativ wenige Fallbeispiele – wohl auch aufgrund der ungünstigen Quellenlage. Genschel stellt neben den »Normalfall« einer »Arisierung« eine »Arisierung in freundlichem Einvernehmen« (Bankhaus M. M. Warburg) und die Zwangs»arisierungen« im Gau Franken, wo sich im wesentlichen eine

korrupte Parteiorganisation bediente. Zu den Fallstudien vgl. Stefi Jersch-Wenzel (Hrsg.), Das Leinenhaus Grünfeld. Erinnerungen und Dokumente von Fritz V. Grünfeld, Berlin 1967. Eine sogenannte Tarn-Arisierung behandelt Wilhelm Treue, Das Schicksal des Bankhauses Sal. Oppenheim jr. & Cie. im Dritten Reich, Wiesbaden 1983; vgl. auch: Michael Stürmer, Gabriele Teichmann, Wilhelm Treue, Wägen und Wagen. Sal. Oppenheim jr. & Cie. Geschichte einer Bank und einer Familie, München–Zürich 1989, insbes. S. 365 ff. In seiner Darstellung der Geschichte des Berliner Bankhauses Mendelssohn & Co. geht Wilhelm Treue auch kurz auf das Schicksal des Unternehmens in der NS-Zeit ein. Im Fall des traditionsreichen Hauses Mendelssohn fand 1938 die Liquidierung des Unternehmens statt; die Geschäfte und die Belegschaft wurden nach »einer völligen Einigung« zwischen Rudolf Loeb und Hermann J. Abs von der Deutschen Bank übernommen; siehe: Wilhelm Treue, Das Bankhaus Mendelssohn als Beispiel einer Privatbank im 19. und 20. Jahrhundert, in: Mendelssohn-Studien. Beiträge zur neueren deutschen Kultur- und Wirtschaftsgeschichte, Bd. I, hrsg. für die Mendelssohn-Gesellschaft e.V. von Cécile Lowenthal-Hensel, Berlin 1972, S. 29 ff. Die Studie von Konrad Fuchs über die Schocken-Kaufhäuser läßt einige Parallelen zum Fall Kempinski erkennen, insbesondere zu den »gütlichen Arrangements« in der Zeit nach 1945; siehe: Konrad Fuchs, Ein Konzern aus Sachsen. Das Kaufhaus Schocken als Spiegelbild deutscher Wirtschaft und Politik 1901 bis 1953, Stuttgart 1990. Johannes Ludwig, Boykott – Enteignung – Mord. Die »Entjudung« der deutschen Wirtschaft, 2. Aufl., Hamburg 1989, stellt besonders den Einfluß von SS und Großbanken – hier der Dresdner Bank – auf das »Arisierungsverfahren« heraus. Am Beispiel der Engelhardt-Brauerei in Berlin wird gezeigt, wie schon 1933/34 jüdische Eigentümer mittels Haft, Strafverfahren, Überrumpelung und Erpressung unter Druck gesetzt und zum Verkauf genötigt wurden. Zur Zusammenarbeit von Unternehmern und Partei bzw. staatlichen Gremien vgl.: A. Barkai, Die deutschen Unternehmer und die Judenpolitik im »Dritten Reich«, in: Geschichte und Gesellschaft, 1989, Heft 2, S. 227 ff.

53 Gutachten Dr. J. Semlers, 1936, a.a.O., S. 68.

54 Fritz Aschinger an Wilhelm Brückner, den »Persönlichen Adjutanten des Führers und Kanzlers des Deutschen Reiches« am 26. August 1937; StA Berlin, Rep. 225, Nr. 155; vgl. auch den Schriftsatz der Aschinger-Anwälte Strauch und Hielscher für das Landesarbeitsgericht Berlin vom 24. Oktober 1938; StA Berlin, Rep. 225, Nr. 695.

55 Schreiben der Aschinger AG an Rechtsanwalt Hans Christian Taeger vom 25. September 1946; StA Berlin, Rep. 225, Nr. 624.

56 StA Berlin, Rep. 105, Nr. 1539. In dem Schreiben kam noch eine weitere von Aschinger durchgeführte »Arisierung« zur Sprache. Nach dem Novemberpogrom von

1938 erwarb die Aschinger AG das zerstörte »Café Dobrin« am Kurfürstendamm und führte es nach der Wiedereröffnung unter dem Namen »Konditorei Schloß Marquardt«. Nach dem 9. November 1938 begann die letzte Phase der Ausplünderung der jüdischen Bevölkerung; vor diesem Hintergrund muß man die Charakterisierung auch dieser »Arisierung« als freundschaftliche Übereinkunft als eklatante Beschönigung bezeichnen: »Das Unternehmen Café Dobrin am Kurfürstendamm wurde in der sogenannten Kristallnacht einschließlich der gesamten Einrichtung in einen Trümmerhaufen verwandelt. Nach diesem Ereignis trat Herr Moritz Dobrin an die Aschinger A.-G. heran, und es kam zu dem Abkommen, das beide Teile befriedigte. ... Es handelte sich also auch in diesem Fall um keine von der Aschinger A.-G. erzwungene Arisierung, sondern, wie auch im Falle Kempinski, um einen im besten Einvernehmen geschlossenen Vertrag.« Zur »Arisierung« von »Café Dobrin« vgl. auch: StA Berlin, Rep. 225, Nr. 227.

57 Ebd.
58 »Aschinger ohne Hotelbetriebsgesellschaft«, in: Wirtschaft und Arbeit. Monatsschrift für das deutsche Wirtschaftsleben, Heft 6 vom Juni 1935, S. 150.
59 Von Paul Spethmann und Fritz Aschinger gezeichnetes Schreiben an Bankdirektor Hugo Scharnberg vom 27. Januar 1937; StA Berlin, Rep. 225, Nr. 469.
60 Schreiben des Rechtsanwalts Dr. von Lewinski an die Banken vom 17. Februar 1937; StA Berlin, Rep. 225, Nr. 281.
61 Schreiben der Aschinger AG an Rechtsanwalt Hans Christian Taeger vom 25. September 1946; StA Berlin, Rep. 225, Nr. 624.
62 Entwurf eines Schreibens Dr. von Lewinskis an die Banken vom 17. Februar 1937; StA Berlin, Rep. 225, Nr. 281. Daß es andere Interessenten gab, bestätigen auch die Anwälte Dr. Schneider und Dr. Tänzler in einem Brief vom 3. Dezember 1938; StA Berlin, Rep. 225, Nr. 695. Die beiden Juristen vertraten den nach der »Arisierung« von M. Kempinski & Co. entlassenen ehemaligen Leiter des Kassenwesens Hugo Marktscheffel in dem Prozeß, den dieser beim Landesarbeitsgericht gegen die Aschinger AG angestrengt und gewonnen hatte. Die erhaltenen Schriftsätze der Anwälte und die Urteilsbegründungen geben Aufschluß über die »Arisierung« von M. Kempinski & Co.
63 Dr. von Lewinski am 17. Februar 1937; StA Berlin, Rep. 225, Nr. 281.
64 Schriftsatz der Aschinger-Anwälte Strauch und Hielscher für das Landesarbeitsgericht vom 24. Oktober 1938; StA Berlin, Rep. 225, Nr. 695.
65 Schriftsatz der Aschinger-Anwälte für das Landesarbeitsgericht vom 10. November 1938, ebd.
66 StA Berlin, Rep. 225, Nr. 624.
67 Bericht der Deutschen Revisions- und Treuhand AG über die bei der M. Kempinski & Co. Weinhaus und Handelsgesellschaft mbH vorgenommene Prüfung des Jahresabschlusses zum 31. Dezember 1937 (Bericht

datiert vom 8. Aug. 1938); StA Berlin, Rep. 225, Nr. 356/3, S. 2.
68 Aschinger AG an die Rechtsanwälte Dr. Heinz Kohlen und W. Tormann vom 29. April 1937; StA Berlin, Rep. 225, Nr. 461.
69 Der Originalvertrag konnte leider nicht aufgefunden werden; die wichtigsten Bestimmungen lassen sich allerdings aus anderen Unterlagen rekonstruieren.
70 Bericht der Deutschen Revisions- und Treuhand AG über die bei der OHG M. Kempinski & Co. vorgenommene Prüfung des Jahresabschlusses zum 31. Dezember 1937, a.a.O., S. 2f.
71 Ebd., S. 7.
72 Vertrauliches Schreiben der Kreditabteilung der ERKA an die Direktion der Aschinger AG vom 12. Juni 1937; StA Berlin, Rep. 225, Nr. 281.
73 Bericht der Deutschen Revisions- und Treuhand AG, 1937, a.a.O., S. 7.
74 Ebd., S. 6.
75 Bericht der Deutschen Revisions- und Treuhand AG über die bei der OHG M. Kempinski & Co. vorgenommene Prüfung des Abschlusses zum 30. Juni 1937, a.a.O., S. 10.
76 Ebd., S. 4.
77 Hugo Scharnberg, Direktor der Dresdner Bank Hamburg und Aufsichtsrat der Aschinger AG an den Vorstand der Aschinger AG am 25. Januar 1937; StA Berlin, Rep. 225, Nr. 469.
78 Bericht der Deutschen Revisions- und Treuhand AG, Juni 1937, a.a.O., S. 5 (Anhang).
79 Bericht der Deutschen Revisions- und Treuhand AG über die bei der M. Kempinski & Co. Weinhaus und Handelsgesellschaft mbH vorgenommene Prüfung des Jahresabschlusses zum 31. Dezember 1938; StA Berlin, Rep. 225, Nr. 361/2, S. 2f.
80 Vertrauliches Schreiben der Kreditabteilung der ERKA an die Direktion der Aschinger AG vom 12. Juni 1937; StA Berlin, Rep. 225, Nr. 281.
81 Vertrauliches Schreiben der ERKA an die Aschinger AG vom 24. Februar 1937, ebd.
82 Von Spethmann und Aschinger gezeichnetes Schreiben an die ERKA vom 2. März 1937, ebd.
83 Spethmann und Aschinger an Bankdirektor Hugo Scharnberg am 26. Januar 1937; StA Berlin, Rep. 225, Nr. 469.
84 Notiz über eine Besprechung bei der ERKA über M. Kempinski & Co. am 11. Januar 1937; StA Berlin, Rep. 225, Nr. 281.
85 Vertrauliches Schreiben der Kreditabteilung der ERKA an die Geschäftsleitung der M. Kempinski & Co. Weinhaus und Handelsgesellschaft mbH vom 12. Juni 1937, ebd. Es wurde auch festgelegt, daß von den zur Ausschüttung bestimmten Gewinnen der GmbH höchstens 50 Prozent an die Aschinger AG, die restlichen mindestens 50 Prozent an die Banken gehen sollten.
86 Dr. Walter Unger für die OHG M. Kempinski & Co. an die M. Kempinski & Co. GmbH am 17. Juni 1937, ebd.

87 Ebd.

88 Bericht der Deutschen Revisions- und Treuhand AG über die bei der OHG M. Kempinski & Co. vorgenommene Prüfung des Abschlusses zum 30. Juni 1937, a.a.O., S. 10.

89 Vermerk zum Vertragsverhältnis mit Geheimrat Dr. Louis Ravené betr. Schloß Marquardt; StA Berlin, Rep. 296. Zu Änderungen im Vertrag, insbesondere zur Einführung eines einheitlichen Pachtzinses von 7 Prozent vgl. die Vereinbarung vom Mai 1938, ebd.

90 Bericht der Deutschen Revisions- und Treuhand AG über die bei der Kempinski GmbH vorgenommene Prüfung des Abschlusses zum 31. Dezember 1937; StA Berlin, Rep. 225, Nr. 356/3, S. 20 sowie StA Berlin, Rep. 225, Nr. 682.

91 Vgl. Notariatsprotokoll; StA Berlin, Rep. 225, Nr. 682.

92 Bericht der Deutschen Revisions- und Treuhand AG über die bei der OHG M. Kempinski & Co. vorgenommene Prüfung des Abschlusses zum 30. Juni 1937, a.a.O., S. 5.

93 Ebd., S. 5f.

94 Ebd., S. 6.

95 Auszug aus den Kempinski-Verträgen als Anlage zu einem Schreiben der Aschinger AG an Bankdirektor Otto Sperber von der Deutschen Bank vom 5. September 1941; ZStA Potsdam, 80 Ba 2 Deutsche Bank, Nr. 14634, Bl. 123–125.

96 Schreiben der Aschinger AG an Rechtsanwalt Hans Christian Taeger vom 25. September 1946; StA Berlin, Rep. 225, Nr. 624.

97 Auszug aus den Kempinski-Verträgen, a.a.O.

98 Ebd.

99 Anlage zu einem Rechtfertigungsschreiben der Aschinger AG vom 25. September 1946 als Antwort auf eine Rückerstattungsforderung Dr. Frederic W. Ungers; StA Berlin, Rep. 225, Nr. 624. In der Anlage zu einem Brief der Aschinger AG an Direktor Otto Sperber vom 5. September 1941 wurden Angaben gemacht, die den o. g. Zahlen in etwa entsprechen: Die Summen für die Jahre 1937 bis 1940 sind hier aufgerundet, für 1939 ist eine abweichende Pachtzahlung, nämlich 623 000 RM genannt. (ZStA Potsdam, 80 Ba 2, Deutsche Bank, Nr. 14634, Bl. 126.)

100 Schreiben der Aschinger AG an Rechtsanwalt Hans Taeger vom 25. September 1946, a.a.O.

101 Von Fritz Eger angefertigte und von Paul Spethmann gegengezeichnete Aktennotiz vom 22. Februar 1940; StA Berlin, Rep. 225, Nr. 291.

102 Allerdings gehörte auch der »K-Turm mit Traube« zum Warenzeichenbestand der alten Kempinski-Firma; er wurde am 7. April 1936 beim Deutschen Patentamt in Berlin als geschütztes Warenzeichen eingetragen und, soweit bekannt, ab 1937 verwendet. Nach Wiederbeginn der geschäftlichen Tätigkeit von M. Kempinski & Co. unter der Mehrheitsbeteiligung von Dr. Friedrich W. Unger stellte die Gesellschaft am 3. Juli 1950 den Antrag auf Aufrechterhaltung des Warenzeichens »K-

Turm mit Traube«, das als Firmenzeichen fortgeführt und seit Eröffnung des neuen Hotels »Kempinski« auch für dieses verwendet wird. In der Familie Kempinski sprach man dieses Signet betreffend von der »Hitler-Traube«. (Freundliche Auskunft von Herrn Fritz Teppich, Berlin.)

103 M. Kempinski & Co. Weinhaus und Handelsgesellschaft mbH an Reichsführung SS am 12. November 1937. (Unbekannte Archivprovenienz im Besitz der Kempinski AG.)

104 Ebd.

105 Bericht des Vorstandes der Aschinger AG für das Geschäftsjahr 1937; StA Berlin, Rep. 225, Nr. 186, S. 5.

106 Niederschrift über die Aufsichtsratssitzung der Aschinger AG am 24. April 1940; ZStA Potsdam, 80 Ba 2 Deutsche Bank, Nr. 14635, Bl. 4/1.

107 Bilanz per 31. Januar 1938; StA Berlin, Rep. 225, Nr. 281.

108 Bilanz per 28. Februar 1938, ebd.

109 Bericht der Deutschen Revisions- und Treuhand AG über die bei der M. Kempinski & Co. Weinhaus und Handelsgesellschaft mbH vorgenommene Prüfung des Jahresabschlusses zum 31. Dezember 1938, StA Berlin, Rep. 225, Nr. 361/2, S. 1 f.

110 Ebd., S. 5.

111 Ebd., S. 6 f.

112 Ebd., S. 7 f.; vgl. auch den Bericht der Deutschen Revisions- und Treuhand AG über die bei der Kempinski GmbH vorgenommene Prüfung des Abschlusses zum 31. Dezember 1937, a.a.O., S. 26–28. Ausgeglichen werden sollten die gewinnminimierenden Faktoren durch eine neue Vertriebskonzeption, die das Schwergewicht vom Wiederverkäufer auf den Endverbraucher verlagerte.

113 Fritz Saar, Treuhänder der Aschinger AG, an die Deutsche Treuhandverwaltung am 19. Mai 1948; StA Berlin, Rep. 105, Nr. 1539.

114 Briefentwurf Fritz Aschingers an Wilhelm Brückner, den »Persönlichen Adjutanten« Adolf Hitlers, am 26. August 1937; StA Berlin, Rep. 225, Nr. 155.

115 StA Berlin, Rep. 225, Nr. 695. Die von Spethmann und Aschinger unterzeichnete Bekanntmachung lautete: »Die M. Kempinski & Co. Weinhaus und Handels-Gesellschaft m.b.H. übernimmt, wie bereits am 1. Mai d. J. bekanntgegeben ist, die Kempinski-Betriebe der Firma M. Kempinski & Co. Die Übergabe der Betriebe hat für die Firma M. Kempinski & Co. die selbstverständliche Folge, daß sie die Arbeitsverträge mit den Gefolgschaftsmitgliedern der Kempinski-Betriebe nicht länger aufrechterhalten kann. Die M. Kempinski & Co. Weinhaus und Handels-Gesellschaft m.b.H. ist jedoch im Einverständnis mit der Firma M. Kempinski & Co. bereit, in die Arbeitsverträge mit den obengenannten Beschäftigten mit Wirkung vom 23. Juni 1937 einzutreten, jedoch unter dem ausdrücklichen Hinweis und Vorbehalt, daß aus betrieblichen Gründen infolge der Übernahme der Geschäfte Kündigungen unter

Wahrung der nach Gesetz, Betriebsordnung oder Vertrag bisher geltenden Fristen erforderlich sein werden. Die Gefolgschaftmitglieder werden ersucht, ihr Einverständnis mit dem Eintritt der M. Kempinski & Co. Weinhaus und Handels-Gesellschaft m.b.H. in ihre Arbeitsverträge durch Unterschriftsleistung auf dem jedem zugegangenen Formular und Abgabe dieses Formulars an das Personalbüro Friedrichstraße 225 bis zum 22. Juni 1937 zu erklären. Erfolgt die Unterschriftsleistung nicht, so gilt das Übernahmeangebot der M. Kempinski & Co. Weinhaus und Handels-Gesellschaft m.b.H. als abgelehnt.« Das Übernahmeangebot für die im »Haus Vaterland« Beschäftigten vom 23. März 1938 war analog abgefaßt; StA Berlin, Rep. 225, Nr. 682.

116 Manuskript vom 26. Januar 1939, das mit Sicherheit aus der Feder Paul Spethmanns stammt; StA Berlin, Rep. 225, Nr. 695.

117 Bericht der Deutschen Revisions- und Treuhand AG über die bei der M. Kempinski & Co. Weinhaus und Handelsgesellschaft mbH vorgenommene Prüfung des Abschlusses zum 31. Dezember 1937, a.a.O., S. 25ff. (Anhang). Im »Café Trumpf«, seit 1. Dezember 1937 kein Kempinski-Betrieb mehr, waren 122 Angestellte beschäftigt, davon 34 als Kellner.

118 Protokoll der Vertrauensrats-Sitzung vom 19. Oktober 1937; StA Berlin, Rep. 225, Nr. 155.

119 StA Berlin, Rep. 225, Nr. 361/2, S. 25 (Anhang).

120 Leider konnte nicht ermittelt werden, wieviele Personen jüdischer Herkunft oder Religion bei der OHG M. Kempinski & Co. beschäftigt waren. Wenn Namen oder Einzelfälle überliefert sind, so handelt es sich um Zufallsfunde. Die Personalakten scheinen nicht erhalten zu sein. Es kann angenommen werden, daß die Inhaber der OHG die finanzielle Absicherung langjähriger jüdischer Mitarbeiter im Übernahme-Vertrag fixiert haben. Karl-Heinz Metzger und Ulrich Dunker, Der Kurfürstendamm, Berlin 1986, S. 168, weisen darauf hin, daß Kempinski nur »wenige« jüdische Angestellte hatte.

121 Protokoll der Vertrauensrats-Sitzung vom 19. Oktober 1937, a.a.O.

122 Ebd.

123 Ebd.

124 Schriftsatz der Anwälte Dr. Schneider und Dr. Tänzler vom 29. September 1938; StA Berlin, Rep. 225, Nr. 695. Am Rand der oben angeführten Passage ist mit Rotstift dreimal »nein« vermerkt.

125 Schriftsatz der Aschinger-Anwälte Strauch und Hielscher an das Landesarbeitsgericht vom 7. Oktober 1938, ebd.

126 Bericht der Deutschen Revisions- und Treuhand AG über die bei der M. Kempinski & Co. Weinhaus und Handelsgesellschaft mbH vorgenommene Prüfung des Abschlusses zum 31. Dezember 1937, a.a.O., S. 13.

127 Direktion der M. Kempinski & Co. GmbH an ERKA

am 6. September 1939; StA Berlin, Rep. 225, Nr. 281. Für »Haus Vaterland« wurde im September und Oktober 1939 ein Verlust von 265 000 RM errechnet; Aktennotiz Fritz Egers vom 22. Februar 1940; StA Berlin, Rep. 225, Nr. 291.

128 M. Kempinski & Co. GmbH an ERKA am 16. Oktober 1940; StA Berlin, Rep. 225, Nr. 281.

129 M. Kempinski & Co. GmbH an ERKA am 11. Oktober 1939, ebd.

130 Bericht der Deutschen Revisions- und Treuhand AG über die bei der F.W. Borchardt Weinhaus und Handelsgesellschaft mbH vorgenommene Prüfung des Jahresabschlusses zum 31. Dezember 1941; StA Berlin, Rep. 225, Nr. 357, S. 3.

131 Bericht für die Aufsichtsratssitzung der Aschinger AG am 22. Dezember 1942; StA Berlin, Rep. 225, Nr. 584.

132 Ebd.

133 Ebd.

134 Notiz Paul Spethmanns vom 2. Juni 1939 (von Aschinger gegenparaphiert); StA Berlin, Rep. 225, Nr. 291.

135 Undatierter Briefentwurf (wahrscheinlich Dez. 1944); StA Berlin, Rep. 225, Nr. 290. Der Brief, der möglicherweise aus der Feder Spethmanns stammt, ist an die Gauwirtschaftskammer gerichtet, die gebeten wurde, eine Reise Aschingers in die Schweiz zwecks Teilnahme an Verhandlungen über »Haus Vaterland« zu genehmigen.

136 Aschinger AG an die Industrie- und Handelskammer zu Berlin am 1. März 1943; StA Berlin, Rep. 225, Nr. 290.

137 Ebd.

138 Notizen für eine Aufsichtsratssitzung der Aschinger AG am 22. Dezember 1942; StA Berlin, Rep. 225, Nr. 584. Der Geschäftsbericht der Aschinger AG für das Jahr 1941 nennt eine Kaufsumme von 1 340 000 RM; StA Berlin, Rep. 225, Nr. 186.

139 Bericht der Deutschen Revisions- und Treuhand AG über die bei der M. Kempinski & Co. Weinhaus und Handelsgesellschaft mbH vorgenommene Prüfung des Abschlusses zum 31. Dezember 1940; StA Berlin, Rep. 225, Nr. 333, S. 5.

140 Manuskript für die Aufsichtsratssitzung der Aschinger AG am 22. Dezember 1942, ebd. Leider sind über die bei Aschinger untergebrachten Zwangsarbeiter keine Einzelheiten bezüglich der Herkunft, des Arbeitseinsatzes und der Bezahlung bekannt.

141 Vgl. den Bericht über die Zerstörung des Kempinski-Stammhauses in der Leipziger Straße am 22./23. November 1943 und den Einsatz von Zwangsarbeitern bei den Löscharbeiten; StA Berlin, Rep. 225, Nr. 602.

142 Manuskript für die Aufsichtsratssitzung der Aschinger AG am 22. Dezember 1942; StA Berlin, Rep. 225, Nr. 584.

143 Zu den Arbeitsbedingungen vgl.: Barkai, Vom Boykott zur »Entjudung«, S. 173 ff., sowie Benjamin B. Ferencz, Lohn des Grauens. Die verweigerte Entschädigung für jüdische Zwangsarbeiter. Ein Kapitel deutscher Nachkriegsgeschichte, Frankfurt-New York 1981.

144 Julius Bienert an den Treuhänder der Aschinger AG, Fritz Saar, am 6. Mai 1947; StA Berlin, Rep. 105, Nr. 1539.

145 Schreiben des CDU-Landesverbandes Berlin an die Sowjetische Zentralkommandantur vom 11. Juni 1947, ebd. Die Zentralkommandantur betrachtete in diesem Schreiben die Vorwürfe, daß es bei Aschinger zur Mißhandlung jüdischer Zwangsarbeiterinnen gekommen sei, keineswegs als ausgeräumt: »Die umständliche Darstellung der CDU muß immerhin zugeben, daß die Frauen ›ungehörig‹ behandelt worden sind, und will die Schuld nun dem Angestellten Bienert zuschieben, der diese Vorgänge selbst bekannt gegeben hat. Dadurch daß sie Herrn Bienert schlecht macht, versucht sie, eine Stellungnahme zu den Beschuldigungen selbst zu umgehen. Die CDU kann aber damit die Tatsache nicht vertuschen, daß die jüdischen Frauen bei Nichteinhaltung ihres unerfüllbaren Akkords gemaßregelt und der Gestapo gemeldet wurden. Die Belastungen bleiben also in vollem Umfange bestehen.« (Stellungnahme vom 17. Oktober 1947 zur Eingabe des Landesverbandes der CDU an die Zentralkommandantur des Sowjetischen Besatzungssektors Berlin betr. Aschinger AG, ebd.)

146 Bericht der Deutschen Revisions- und Treuhand AG über die bei der F.W. Borchardt Weinhaus und Handelsgesellschaft mbH vorgenommene Prüfung des Abschlusses zum 31. Dezember 1941; StA Berlin, Rep. 225, Nr. 357, S. 2.

147 Ebd., S. 6.

148 M. Kempinski & Co. GmbH an das Stadtverwaltungsgericht Berlin am 16. Juli 1941; StA Berlin, Rep. 225, Nr. 273.

149 Ebd.

150 Bericht des Vorstandes der Aschinger AG für das Geschäftsjahr 1942; StA Berlin, Rep. 225, Nr. 156. Die Erbin des Firmengründers F.W. Borchardt hatte gegen den Verkauf des Namens geklagt, allerdings ohne Erfolg. Die Geschäftsleitung von Aschinger/Borchardt äußerte 1942 ihre Genugtuung darüber, daß man angesichts der bisherigen Rechtsprechung »etwaigen weiteren Schritten dieser Dame mit großer Ruhe entgegentreten« könne. (Notizen für eine Aufsichtsratssitzung der Aschinger AG am 22. Dezember 1942, a.a.O.)

151 Adolf von Wilke, Alt-Berliner Erinnerungen, Berlin 1930, S. 223f.

152 StA Berlin, Rep. 225, Nr. 1063.

153 Ebd.

154 Ebd.

155 Ebd.

156 Die Kempinski bzw. Borchardt GmbH hatte die Verpflegung des Lazaretts übernommen. Im »Hotel Schloß Marquardt« wurde ein eingeschränkter Restaurantbetrieb aufrechterhalten, Zielgruppe waren vor allem die Besucher der Kranken, aber auch die in der Gegend stationierten Wehrmachtsangehörigen. (M. Kempinski & Co GmbH an ERKA am 12. Juli 1940; StA Berlin, Rep. 225, Nr. 281; vgl. auch: Paul Spethmann an Pg. Friedrich Spangemacher, Kreisobmann des Kreises Horst Wessel/Prenzlauer Berg, vom 29. September 1941; StA Berlin, Rep. 225, Nr. 155.) Ravené hatte für die Zeit der Beschlagnahme auf die ihm zustehende Umsatzpacht verzichtet; lediglich die anteiligen Grundsteuern, Feuerversicherungsprämien und Gebühren an das Wasserbauamt waren von der GmbH zu tragen. Das Verhältnis zwischen dem Pächter und der Heeresverwaltung war keineswegs unproblematisch. Der Kempinski GmbH wurden nur sehr niedrige Entschädigungssätze angeboten, die gerade die Selbstkosten abdeckten. Als die Wehrmacht für den Fall, daß Kempinski die Offerte ablehnen würde, mit der Schließung des Lazaretts drohte, ging das Unternehmen auf das wenig einträgliche Geschäft ein: »So wie die Dinge heute liegen, sind wir der Auffassung, daß es für uns nicht zweckmäßig wäre, wenn Marquardt als Lazarett aufgegeben wird, insbesondere deshalb nicht, weil während der Zeit des Bestehens des Lazaretts das Objekt Marquardt von uns in leidlichem Zustande erhalten werden kann, und weil sich in Berücksichtigung der Autosperre ein irgendwie nennenswertes Restaurantgeschäft in Marquardt wohl vorläufig nicht erzielen läßt.« (M. Kempinski & Co. GmbH an die Ravenésche Zentralverwaltung am 3. Januar 1940; StA Berlin, Rep. 225, Nr. 281.) Die Heeresverwaltung zahlte für Kranke und Pflegepersonal pro Kopf und Tag 1,35 RM sowie für Miete der Räume und Mitbenutzung des Gartens einen Monatsbetrag von 7500 RM. Die Einzelheiten der Verpflegung wurden genau festgelegt. Die Heeresverwaltung verpflichtete sich, die Räume in dem Zustand zurückzugeben, in dem sie sich zum Zeitpunkt der Übergabe befanden, übernahm allerdings keine Haftung für eine Abnutzung. 1941 zeigte sich die Wehrkreisverwaltung bereit, vom 1. September an einen Verpflegungssatz von 1,70 RM zu zahlen, worin die Zusatzverpflegung enthalten war. (Schreiben der Wehrkreisverwaltung III an F.W. Borchardt vom 24. Februar 1942; StA Berlin, Rep. 225, Nr. 307.) Die Klagen der Geschäftsleitung über eine zunehmende Verwahrlosung des Schlosses, die auf die Einrichtung des Lazaretts zurückzuführen sei, rissen bis Kriegsende nicht ab; vgl. das Manuskript Spethmanns vom 2. Februar 1942; StA Berlin, Rep. 225, Nr. 307.

157 Aktennotiz Spethmanns vom 15. Februar 1943; StA Berlin, Rep. 225, Nr. 290.

158 Aschinger AG an Bankdirektor Oswald Rösler von der Deutschen Bank am 15. Juni 1944; ZStA Potsdam, 80 Ba 2 Deutsche Bank, Nr. 14637, Bl. 371.

159 Aschinger AG an Oswald Rösler am 19. Oktober 1944, ebd., Bl. 384.

160 Kr.: »Bericht über die Auswirkungen des Tagesangriffes am 3. Februar 1945«; StA Berlin, Rep. 225, Nr. 602.

161 Manfred A. Pahlmann, Haus Vaterland, in: Tiergarten, Teil 1, Bd. 2, Berlin 1989, S. 198–206, insbes. S. 205 f. 1972 erwarb der Berliner Senat die bisher zum Ostsektor der Stadt gehörende Ruine. 1976 wurde das Gebäude abgetragen.

162 Kr.: »Bericht über die Angriffe vom 20., 29. und 30. Januar 1944«; StA Berlin, Rep. 225, Nr. 602.

163 Werner Steinke an den Oberbürgermeister der Reichshauptstadt, Abt. Baupolizei, am 12. Februar 1942; LA Berlin, Rep. 206, Acc. 2714, Nr. 2765; vgl. auch: Daimler-Benz-AG, Berlin-Charlottenburg, an den Oberbürgermeister der Reichshauptstadt, Baupolizei Bezirk Kreuzberg, am 28. April 1942; LA Berlin, ebd.; vgl.: Reichsminister der Luftfahrt und Oberbefehlshaber der Luftwaffe (Generalluftzeugmeister/Planungsamt) an die Firma Daimler-Benz-AG am 23. Juli 1942, ebd.

164 Neue Zeitung vom 19. Oktober 1950; Ullstein-Pressearchiv, Berlin.

165 Kr.: »Bericht über die Auswirkungen des Tagesangriffes am 3. Februar 1945«; StA Berlin, Rep. 225, Nr. 602.

166 Aschinger AG an den Kommandanten des Verwaltungsbezirks Mitte am 13. Juni 1945; StA Berlin, Rep. 225, Nr. 315. Mit dem Schreiben stellte sich die Aschinger AG auch der Roten Armee als Lieferant zur Verfügung.

167 Neue Zeitung vom 19. Oktober 1950; Ullstein-Pressearchiv, Berlin.

168 Kr.: »Bericht über die auf den Grundstücken und Geschäften der Gesellschaft eingetretenen Schäden am 22./23. November 1943«; StA Berlin, Rep. 225, Nr. 602.

169 Kr.: »Bericht über die Auswirkungen der Angriffe am 22./23. November 1943 in den Weinstuben Leipziger Straße«, ebd.

170 Bericht der Deutschen Revisions- und Treuhand AG über die bei der OHG M. Kempinski & Co. vorgenommene Prüfung des Jahresabschlusses zum 30. Juni 1938; ZStA Potsdam, 80 Re 1, Nr. 1638, S. 113 f.

171 Ebd., S. 114.

172 Ebd.; vgl. auch: Amtsgericht Charlottenburg, Handelsregisterakten HRB 52747, Bl. 95 u. 96 ff.

173 Amtsgericht Charlottenburg, Handelsregisterakten HRA 87450, Bl. 17–19.

174 Bericht der Deutschen Revisions- und Treuhand AG, 1938, a.a.O.

175 Ebd., S. 115 f.

176 Ebd., S. 116.

177 Bericht der Deutschen Revisions- und Treuhand AG über die bei der OHG M. Kempinski & Co. vorgenommene Prüfung des Jahresabschlusses zum 30. Juni 1939; ZStA Potsdam, 80 Re 1, Nr. 1638, S. 197. Die Verkäufe in Nierstein und Laubenheim müssen nach dem 3. Dezember 1938 abgewickelt worden sein, da in diesen Fällen schon eine Genehmigung aufgrund der Verordnung über den Einsatz des jüdischen Vermögens nötig war. Eine »Arisierungsabgabe« wurde verlangt, wenn der reale Kaufpreis unter dem festgesetzten Einheitswert lag; mit dieser Maßnahme wollte der Fiskus sogenannte Arisierungsgewinne in die eigenen Kassen leiten.

178 Ebd.

179 Ebd., S. 198 f.

180 Vertrauliches Schreiben der Deutschen Bank, Sekretariat, an M. Kempinski & Co. am 14. März 1940; StA Berlin, Rep. 225, Nr. 291.

181 Werner Steinke an den Gauobmann der Deutschen Arbeitsfront, Gauverwaltung Mark Brandenburg, Abt. Rechtsberatungsstelle, am 3. Juni 1940; StA Berlin, Rep. 225, Nr. 695.

182 Bericht der Deutschen Revisions- und Treuhand AG, 1939, a.a.O., S. 199.

183 Ebd., S. 200–202.

184 Interview mit Elisabeth Kohsen, 9. Juli 1990.

185 Von Spethmann gezeichnete Notiz über eine Besprechung mit ERKA-Vertretern wegen der Kempinski-Kredite am 13. Februar 1939; StA Berlin, Rep. 225, Nr. 281.

186 Von Spethmann gezeichnete Notiz über eine Besprechung mit der ERKA am 24. Oktober 1939, ebd.

187 Von Spethmann gezeichnete Notiz über eine Besprechung mit ERKA-Vertretern wegen der Kempinski-Bankkredite am 24. November 1939, ebd.

188 Bericht der Deutschen Revisions- und Treuhand AG über die bei der OHG M. Kempinski & Co. vorgenommene Prüfung des Jahresabschlusses zum 30. Juni 1940; ZStA Potsdam, 80 Re 1, Nr. 1638, S. 286 f.

189 Ebd.

190 Antragsentwurf der Aschinger AG vom August 1941 für Bankdirektor Otto Sperber von der Deutschen Bank zwecks Vorbereitung der Aufsichtsratssitzung am 8. September 1941; ZStA Potsdam, 80 Ba 2, Nr. 14634, Bl. 122.

191 Ebd. Unger wies in einem Schreiben an Rechtsanwalt Dr. Koch vom 25. September 1941 darauf hin, daß er selbst die Beteiligung Paul Spethmanns an der »Umwandlung des o.H.G.« vorgeschlagen habe; ZStA Potsdam, 80 Ba 2, Nr. 14634, Bl. 130 f.

192 Von Spethmann paraphierte Aktennotiz vom 8. September 1941, ebd., S. 127.

193 Niederschrift über die Aufsichtsratssitzung der Aschinger AG vom 8. September 1941; ZStA Potsdam, 80 Ba 2, Nr. 14635, Bl. 11–13.

194 Bericht der Deutschen Revisions- und Treuhand AG über die bei der OHG M. Kempinski & Co. vorgenommene Prüfung des Jahresabschlusses zum 30. Juni 1939; ZStA Potsdam, 80 Re 1, Nr. 1638, S. 196.

195 Bericht der Deutschen Revisions- und Treuhand AG über die bei der OHG M. Kempinski & Co. vorgenommene Prüfung des Jahresabschlusses zum 30. Juni 1940; ZStA Potsdam, 80 Re 1, Nr. 1638, S. 285. Die Bestallungsurkunde definiert die Aufgaben des Abwesenheitspflegers: »... sein Wirkungskreis umfaßt die Vertretung der oHG – hinsichtlich ihres im Reich befindlichen Vermögens – und der offenen und stillen

Gesellschafter: Kommerzienrat Richard Israel Unger, Hans Israel Kempinski, Frau Frieda Sara Unger, geb. Kempinski, Frau Elisabeth Sara Warschauer, geb. Unger; Frau Frieda Sara Unger in ihrer Eigenschaft als grundbuchlich eingetragene Eigentümerin der Grundstücke Berlin, Leipziger Straße 25/Krausenstraße 72 und Kurfürstendamm 27/Fasanenstraße 21«.

196 Amtsgericht Charlottenburg, Handelsregisterakten, 91 HRA 3448, Nz., Bd. I, Bl. 856.

197 Bericht von Tom Kempinski, London, vom 24. März 1993; Gespräch mit Fritz Teppich, Berlin, am 16. Mai 1993.

198 Schreiben Dr. Walter Ungers an Rechtsanwalt Dr. Hans Koch vom 25. September 1941; ZStA Potsdam, 80 Ba 2, Nr. 14634, Bl. 130 f.

199 Aktennotiz Fritz Aschingers vom 24. September 1941; ZStA Potsdam, 80 Ba 2, Nr. 14634, Bl. 137.

200 Die Vertreter der Aschinger AG bzw. der Kempinski GmbH scheuten offenbar die Verwendung des Zwangskognomens »Israel«. In allen Notizen und Briefen hieß es weiterhin »Dr. Walter Unger«, in den Briefköpfen wurde das diskriminierende »Israel« oft zu einem »I« abgekürzt, als ob es sich um einen beliebigen zweiten Vornamen handelte.

201 Dr. F.W. Unger-Kempinski bezeichnete sich als Vertreter der Gesellschafter Richard und Frieda Unger (Generalvollmacht), Elisabeth Warschauer (Sondervollmacht) und Hans Kempinski (»für den Nachlaß«). Er drohte mit einer Einschaltung des Foreign Office der USA; vgl. auch den Text des am 8. Juni 1950 vor dem Berliner Wiedergutmachungsamt geschlossenen Einigungsvertrages zwischen Steinke und Dr. F.W. Unger, in dem letzterer darauf verwies, daß er »in mehreren Briefen, die nachweislich in den Besitz der Firma M. Kempinski & Co. gelangt sind, jedweder Rechts- und Eigentumsveränderung meiner Firma widersprochen« habe. (Amtsgericht Charlottenburg, Handelsregisterakten, 91 HRA 3448 Nz., Bd. I, Bl. 97.)

202 Bericht von Tom Kempinski, London, vom 24. März 1993.

203 Die Memoiren von Julius Kohsen sind von seiner Enkelin Monika Schubert, der Tochter Elisabeth Kohsens, ediert und übersetzt worden. Herr Fritz Teppich, Berlin, hat mit dem Einverständnis Frau Schuberts der Verfasserin freundlicherweise Auszüge aus den Erinnerungen zugänglich gemacht.

204 Von Steinke und Dr. Walter Unger abgezeichneter Vermerk über eine Besprechung zwischen Unger, Steinke, Aschinger und Spethmann am 24. September 1941; ZStA Potsdam, 80 Ba 2, Nr. 14634, Bl. 132 f. Obwohl Steinke von der Unhaltbarkeit der gegnerischen Argumentation überzeugt sein mußte, zeigte er sich in bezug auf das Problem der Höchstmiete äußerst konziliant und stellte generell ein unkompliziertes Verhältnis zwischen den beteiligten Firmen nach der »Arisierung« der OHG in Aussicht: »Zum Schluß der Besprechung erklärte Herr Steinke u.a. Herrn Aschinger zu dessen

205 Ebd.

206 M. Kempinski & Co. Weinhaus und Handelsgesellschaft mbH an M. Kempinski & Co. OHG am 26. September 1941; ZStA Potsdam, 80 Ba 2, Nr. 14634, Bl. 136.

207 Niederschrift über die Aufsichtsratssitzung der Aschinger AG am 27. November 1941; ZStA Potsdam, 80 Ba 2, Nr. 14635, Bl. 14/10. Während der Aufsichtsratssitzung am 24. April 1940 war die Frage aufgeworfen worden, ob für Übereinkünfte mit der OHG nicht der Treuhänder für das feindliche Vermögen zuständig sei, da sich zwei der drei ausgewanderten Firmeninhaber in England aufhielten. (Ebd., Bl. 4/2.)

208 Der Brief ist nach März 1942 niedergeschrieben worden; Gemeentearchief Amsterdam, P.A. 816/10.

209 Gütliche Einigung gemäß Art. 56 Abs. 3 REAO vor dem Wiedergutmachungsamt zwischen Herrn Dr. Frederic Wolfgang Unger und Herrn Werner Steinke; Amtsgericht Charlottenburg, Handelsregisterakten, 91 HRA 3448 Nz., Bd. I, Bl. 97.

210 Schreiben des Rechtsanwalts Klaus Krüger, Berlin, 4. September 1990. Das Schreiben wurde der Verfasserin von Herrn Fritz Teppich zur Verfügung gestellt.

211 Grundbuch des Amtsgerichts Charlottenburg, Bd. 381, Bl. 12239. Der Oberfinanzpräsident Berlin-Brandenburg, Vermögensverwertungsstelle, genehmigte die »Arisierungsverträge« am 3. Mai 1944 und die Devisenstelle des Oberfinanzpräsidenten am 15. Mai 1944; Bundesarchiv Koblenz, R 87/1685.

212 Schreiben des Juristischen Büros der M. Kempinski & Co. GmbH an die N.V. Wijnhandel M. Kempinski & Co. vom 21. März 1939; Gemeentearchief Amsterdam, P.A. 816/19.

213 Gemeentearchief Amsterdam, P.A. 816/3.

214 Elisabeth Kohsen äußerte im Interview am 9. Juli 1990 die Meinung, daß das Stammhaus die Amsterdamer Filiale sehr schlecht behandelt habe.

215 Undatiertes (nach März 1942) Schreiben Dr. Walter Ungers an J.P. Danby; Gemeentearchief P.A. 816/10.

216 Dr. Walter Unger an Werner Steinke am 9. Juni 1942, ebd.

217 Vertrauliche Notiz über die Neuordnung der Verhältnisse der N.V. Wijnhandel M. Kempinski & Co., Amsterdam, vom 31. Mai 1943; Gemeentearchief Amsterdam, P.A. 816/3.

218 Ebd.

219 D. Pach an F.W. Unger am 8. Januar 1946; Gemeentearchief Amsterdam, P.A. 816/4.

220 Interview mit Elisabeth Kohsen, 9. Juli 1990.

Hinweis auf einen Prozeß, daß er (Steinke) es sich stets angelegen sein lassen werde, Herrn Aschinger niemals die Möglichkeit zu einem streitigen Vorgehen zu geben. Überhaupt werde die Rechtsnachfolgerin der o.H.G alles daran setzen, die angenehmen Beziehungen zur G.m.b.H. und damit zur Aschinger's A.-G. zu pflegen und weiterzuentwickeln.«

221 Vorläufige Erläuterungen der Deutschen Revisions- und Treuhand AG zu den Einzelpositionen der Bilanz der OHG zum 30. Juni 1937; StA Berlin, Rep. 225, Nr. 601, S. 20; vgl. auch die Auskunft von Elisabeth Kohsen.

222 Hans Levy, Leben à la Kempinski, Teil 6, in: Die Wahrheit, Nr. 41 vom 10./11. Oktober 1987.

223 Interview mit Elisabeth Kohsen, 9. Juli 1990.

224 Bericht von Tom Kempinski, London, vom 24. März 1993; Gespräch mit Fritz Teppich, Berlin, am 16. Mai 1993.

225 Ebd.

226 Nach Angaben der von der Oberfinanzdirektion Berlin-Brandenburg über Elisabeth Kohsen angelegten Akte emigrierte sie am 7. August 1939; vgl.: LA Berlin, Rep. 92.

227 LA Berlin, Rep. 92, Akte Elisabeth Warschauer.

228 Interview Elisabeth Kohsen, 9. Juli 1990.

229 StA Berlin, Rep. 225, Nr. 695.

230 LA Berlin, Rep. 92, Akte Dr. Walter Unger, Bl. 24.

231 Angaben in der Vermögenserklärung vom 10. Januar 1943; LA Berlin, Rep. 92, Akte Dr. Walter Unger, Bl. 2.

232 Vgl. die Notiz Spethmanns vom 11. Dezember 1941: »Er [Marktscheffel; E.P.] habe sehr deutlich eine Erpressung versucht, so daß Herr Dr. Unger in großer Sorge sei.« (StA Berlin, Rep. 225, Nr. 695.)

233 Brief Marktscheffels an Dr. Unger vom 27. September 1942; StA Berlin, Rep. 225, Nr. 695.

234 LA Berlin, Rep. 92, Akte Dr. Walter Unger.

235 Oberfinanzpräsident Berlin-Brandenburg, Vermögensverwertungsstelle, an die Reichsvereinigung der Juden in Deutschland am 9. Juni 1944; LA Berlin, Rep. 92, Akte Dr. Walter Unger, Bl. 59. Der Oberfinanzpräsident zwang die Reichsvereinigung zum Verzicht auf alle Ansprüche, die sich aus dem »Heimeinkaufsvertrag« herleiten ließen.

236 LA Berlin, Rep. 92, Akte Dr. Walter Unger, Bl. 2.

237 Amtsgericht Charlottenburg, Handelsregisterakten, 91 HRA 3448 Nz., Bd. I, Bl. 87. Das hier in beglaubigter Abschrift überlieferte Schreiben des Deutschen Rückwanderungsbüros vom 23. Juni 1945 lautet: »Herr Dr. Walter Unger ist im Oktober v. J. von hier nach Auschwitz abtransportiert worden. Soweit mir bekannt, ist er dort ums Leben gekommen.«

238 LA Berlin, Rep. 92, Akte Dr. Walter Unger, Bl. 48.

239 Ebd., Bl. 51.

IV. Kempinski als Hotelbetrieb

Pläne einer Restitution
des alten Kempinski-Unternehmens

Als der Zweite Weltkrieg beendet und die Herrschaft des Nationalsozialismus in Deutschland durch den Einmarsch der Alliierten gebrochen war, existierten in Berlin zwei Kempinski-Nachfolgefirmen: die OHG M. Kempinski & Co., die kaum noch eine geschäftliche Aktivität entwickelte und deren Inhaber Werner Steinke in die Schweiz gegangen war, und die F.W. Borchardt GmbH, die sich im Besitz der Aschinger AG befand. Die Entwicklung beider Firmen soll zunächst getrennt verfolgt werden, bis zu dem Zeitpunkt zu Beginn der 50er Jahre, als Aschinger und Kempinski ihr Arrangement über die zukünftige Zusammenarbeit in die Wege leiteten.

Aschinger versuchte zunächst, so weiterzumachen wie zuvor. Als Frederic W. Unger am 5. August 1946 durch Rechtsanwalt Hans Christian Taeger, Custodian (Treuhänder) der britischen Militärverwaltung, die Restitution seiner Rechte an der alten Kempinski-Firma forderte[1], wurde er beschieden, daß die Übernahme 1937 aufgrund eines »freiwilligen Übereinkommens« und nach »freundschaftlichen Verhandlungen« zwischen der Geschäftsleitung der Aschinger A.-G. und den Inhabern der o.H.G. zustande gekommen« sei. Die »Arisierungsverträge« seien rechtens und auch weiterhin gültig:

»Das Verhältnis der Aschinger A.-G. zur G.m.b.H. hat sich bis heute überhaupt nicht verändert und entspricht völlig dem Stande des Übernahmevertrages vom 1.7.1937. Zur Zeit des Vertragsabschlusses und während der ganzen bisherigen Vertragszeit haben wir in fairer Weise die Interessen der o.H.G. zu wahren versucht. Für eine Aufhebung der Verträge fehlt daher jede rechtliche Begründung. Es liegt aber im Interesse eines schnellen Wiederaufbaus der zerstörten Häuser, von denen das Haus am Kurfürstendamm bei schneller Inangriffnahme noch gerettet werden könnte, daß möglichst schnell eine Klärung erfolgt. Unser Standpunkt ist der, daß die im Jahre 1937 geschlossenen Verträge weiter bestehen, und wir wollen uns gern bemühen, die Betriebe, insbesondere das Haus Kurfürstendamm 27, neu aufzubauen, was aber wohl nur durch Zusammenwirkung der o.H.G. mit der Aschinger A.-G. möglich sein dürfte.«[2]

Die Grundstücke Kurfürstendamm und Leipziger Straße, ursprünglich Eigentum von Frieda Unger, waren von dem de facto-Inhaber der OHG, Werner Steinke, übernommen worden. Die F.W. Borchardt GmbH sah sich als legitime Rechtsnachfolgerin der M. Kempinski & Co. Weinhaus und Handelsgesellschaft mbH.[3] Am 2. Januar 1948 gingen die Borchardt GmbH sowie alle sich aus dem ursprünglichen Pachtvertrag ergebenden Verpflichtungen direkt auf die Aschinger AG über.[4]

Überaus erstaunlich ist die Antwort, die die Aschinger AG auf einem Fragebogen des Magistrats von Groß-Berlin auf die Frage nach den jüdischen Vorbesitzern der Firma F.W. Borchardt gab. Auf die Frage »Wann wurde die Gewerbeerlaubnis erteilt?« antwortete Aschinger »Vor 1900«; die Frage »War das Geschäft, falls die Gewerbeerlaubnis im Jahre 1933 erteilt

Aschinger-Bierquelle nach dem Krieg. Flachbau am Bahnhof Zoo, 1950

wurde (oder später erteilt wurde) vor der Übernahme jüdisch?« beantwortete Aschinger kühn mit »Nein«. Borchardt war vor der Übernahme durch die Aschinger AG 1941 natürlich nicht jüdisch gewesen. Aber hinter Borchardt wurde ja – wie dargelegt – die jüdische Firma Kempinski verborgen. Mit Hilfe von Spitzfindigkeiten versuchte Aschinger, die Recherchen der Behörden zu blockieren.[5]

Die Betriebe der Aschinger AG waren von den Kriegszerstörungen in hohem Maß betroffen. Die Großobjekte »Rheingold« und »Der Fürstenhof« wurden vollständig zerstört. Von den 23 Bierquellen und Restaurants, den 15 Konditoreien und zwanzig Bäckereiverkaufsstellen existierten nach 1945 noch vier Bierquellen, eine Konditorei und elf Bäckereien. Im

Laufe der Jahre 1945 und 1946 konnten allerdings zehn Bierquellen und Restaurants neueröffnet werden. Die Verwaltungszentrale des Konzerns in der Saarbrücker Straße war weitgehend unbeschädigt geblieben.[6] Schon im Juni 1945 bemühte sich die Aschinger AG – wenn auch vergeblich – um eine Freigabe des von der Roten Armee besetzten Zentralweinlagers in der Friedrichstraße 225.[7] Die von der Borchardt GmbH seit April 1944 in der Friedrichstraße geführte Gaststätte sollte als Aschinger-Betrieb in erweiterter Form unter dem Namen »Fürstenhofstube« wiedereröffnet werden.[8] Mit der Ruine des »Haus Vaterland« hatte die Aschinger AG offenbar Großes vor: Das »Café Vaterland« sollte tagsüber als riesige Volksgaststätte Mahlzeiten zu Billigpreisen anbieten; in den Abendstunden sollte sich das Etablissement dann in ein »vornehmes Bierrestaurant« und ein Konzert-Café verwandeln.

Für die Realisierung dieses Konzepts versuchte der Treuhänder der Aschinger AG, Fritz Saar, Kontakte zur Stadtverwaltung zu knüpfen: Man benötigte günstige Preisstaffelungen, regelmäßige Lebensmittellieferungen und eine zuverlässige Versorgung mit Brennmaterial.[9] Der Groß-Berliner Magistrat zeigte schon bald, daß er Einwände gegen die Pläne des Unternehmens hatte. Es wurde bezweifelt, daß ein Bedarf für »Café Vaterland« bestehe. Der Aschinger AG unterstellte man, die Bevölkerung nicht ausreichend mit Speisen und Getränken versorgen zu können. Die Behörden verweigerten die Konzessionen und warfen Aschinger den Handel mit Schwarzmarktwaren vor.[10]

Am 8. Mai 1947 erfolgte die Beschlagnahme der Aschinger-Betriebe gemäß Befehl Nr. 124 Ziffer 16 der sowjetischen Militäradministration. In dem anschließenden Verfahren spielte vor allem die NSDAP-Mitgliedschaft der Konzernleitung eine Rolle. Fritz Aschinger wurde vorgeworfen, auf mehreren Fragebögen seine Zugehörigkeit zur NSDAP verschwiegen zu haben.[11] Laut Kartei der amerikanischen Militärverwaltung war der Unternehmer seit dem 1. Mai 1937 unter der Nr. 5379776 als Mitglied der Naziparty eingetragen.[12] Paul Spethmann war zweifellos NSDAP-Mitglied[13] und eben aus diesem Grund seit dem 1. Mai 1945 als Vorstandsmitglied der Aschinger AG suspendiert. Er bemühte sich beim Berliner Oberbürgermeister um eine politische Unbedenklichkeitsbescheinigung, die er schließlich auch erhielt. Bald fungierte Spethmann als Geschäftsführer des britisch-amerikanischen Custodian in den West-Sektoren.[14] Fritz Saar, der Treuhänder der Aschinger AG, kommentierte die Vorgänge um Spethmann: »Bezeichnend ist, daß auch auf Veranlassung des Herrn Fritz Aschinger Herr Spethmann jetzt wieder der Geschäftsführer

des britisch-amerikanischen Custodian ist, soweit die Betriebe in den westlichen Sektoren Berlins in Frage kommen. Daß Herr Spethmann Nazi war, ist unbestritten, er ist auch heute, obwohl mit viel Mühe entnazifiziert, auf jeden Fall als Feind des neuen demokratischen Deutschland anzusprechen.«[15]

Weitere, die Firma belastende Sachverhalte ergaben sich aus der Mißhandlung ausländischer Zwangsarbeiter und der aktiven Pflege der NS-Ideologie in den Aschinger-Betrieben. Auf seiten der sowjetischen Militäradministration war zudem der Plan maßgebend, Konzerne, Trusts und Monopole zu zerschlagen.[16] Besonders schwer wog der Vorwurf, die Aschinger AG sei in großem Stil an Kriegsgewinnen beteiligt gewesen. Damit waren sowohl der Bau einer Konservenfabrik im besetzten Holland, der Diebstahl von Weinen, Spirituosen und Delikatessen aus Frankreich als auch Vorteile gemeint, die sich 1937 aus der Übernahme der Kempinski-Betriebe ergaben:

»Wären 1933 die Nazis nicht ans Ruder gekommen, wäre Herr Fritz Aschinger niemals in die Lage versetzt, die Kempinskibetriebe zu erwerben. Diese Betriebe wurden natürlich durch die Naziherrschaft notleidend. Erst als sie in die Hand der Aschinger A.-G. kamen, haben sie, hauptsächlich während des Krieges, dazu beigetragen, die Umsätze der Aschinger A.-G. ganz erheblich zu steigern.«[17]

Auf der Grundlage des Gesetzes vom 8. Februar 1949 zur Einziehung der Vermögenswerte von Kriegsverbrechern und Naziaktivisten enteignete der Groß-Berliner Magistrat die Vermögenswerte der Aschinger AG.[18] In den Enteignungsakt eingeschlossen war das unter der Treuhandverwaltung Aschinger AG stehende Zweckvermögen, das Vermögen der Geka AG, Berlin, der Märkischen Lebensmittelgesellschaft mbH, der Carl und August Aschinger-Gedächtnisstiftung, der Winterzoon-Konserven N. V., der Kleingärtnerversorgungs-

GmbH, der Warenaustausch-GmbH, der Groß-Berliner Gaststättenbetriebs GmbH und der Kempinski bzw. Borchardt GmbH.[19]

Noch im Februar 1949 übernahm die staatliche Handelsorganisation (HO) die Verwaltung der Aschinger-Betriebe. Ein Einspruch Dr. Frederic W. Ungers beim Magistrat von Groß-Berlin gegen die Mitenteignung der »arisierten« Kempinski-Betriebe wurde am 7. März 1949 zurückgewiesen.[20] Die Vermögensverluste, die die Aschinger AG infolge von Kriegsschäden und Enteignung erlitt, bezifferten sich auf insgesamt 58 Millionen RM.[21]

Nach Abschluß des Verfahrens nahm sich Fritz Aschinger – zusammen mit seiner Schwester – das Leben. Bis zum Ende der Testamentsvollstreckung über das Erbe Fritz Aschingers im Jahre 1959 blieb Paul Spethmann kommissarischer Direktor der Aschinger AG[22], der bald ein Neuanfang im Westen gelang.

Dieser Neuanfang war äußerst schwierig: Fremdenverkehr und Gaststättengewerbe, die nach dem Krieg ohnehin danieder lagen, erlitten durch die Blockade Berlins einen weiteren Schlag. Aschinger stieg mit einer Bäckerei und einer Konditorei wieder ins Geschäft ein. Da das Unternehmen auch weiterhin daran festhielt, daß die Pachtverträge mit der OHG. M. Kempinski & Co. inklusive der Regelung der Namensrechte fortbestanden, wurden in Steglitz eine Weinstube und ein Feinkostgeschäft »Betrieb Kempinski« eröffnet.

Die Inbetriebnahme von Bierquellen in der Joachimstaler Straße, in Neukölln und anderen Stadtteilen schloß sich an, und bald konnte die Firma wieder an die Einrichtung einer eigenen Schlachterei, Wurstfabrik und Spirituosenherstellung denken.[23]

Die Firmenleitung begann, sich nach einem Großprojekt umzusehen, das das Engagement wert war.

In diesen Jahren bemühten sich Richard und Friedrich Wolfgang Unger zusammen mit Werner Steinke um die Restitution des alten Kempinski-Unternehmens. Dr. Walter Unger war in Auschwitz ermordet worden, Hans Kempinski starb im Exil. Alle überlebenden Gesellschafter der Firma M. Kempinski & Co. waren emigriert. Naturgemäß war bei den früheren Inhabern nach 1945 zunächst ein starkes Mißtrauen gegen den Mann vorhanden, der mit dem Vertrag vom 14./28. November 1941 die OHG übernommen hatte, ohne daß sie auf diese Entwicklung den geringsten Einfluß hatten ausüben können.

Das Interesse der Familie Unger – Friedrich Wolfgang Unger kehrte zeitweise wieder nach Europa zurück – war zunächst auf Amsterdam gerichtet, da hier noch ein funktionierender gastronomischer Betrieb existierte. Da sich die Amsterdamer Filiale in deutscher Hand befand, drohte eine Konfiszierung: Um das zu verhindern, wandte sich Werner Steinke mit der Bitte an Dr. Frederic W. Unger, eine Erklärung abzugeben, wonach er – Unger – der alleinige Besitzer der Geschäftsanteile sei; außerdem sollte Unger Steinke eine Generalvollmacht erteilen. Aus dem Brief, den Unger aus diesem Anlaß am 18. Dezember 1945 an Edwin Meyer, den Bevollmächtigten der Familie Danby, richtete, lassen sich starke Vorbehalte gegenüber dem Geschäftsgebaren Steinkes ablesen. Unger glaubte, Steinke habe die nach 1941 vorgenommene Kapitalerhöhung bei der N.V. Wijnhandel M. Kempinski & Co., die sich auf 84000 holländische Gulden belief, nicht aus eigener Tasche bezahlt, sondern das Geld von einem hohen Nazifunktionär oder einer deutschen Bank, möglicherweise der Reichskreditgesellschaft AG, als Darlehen erhalten. Unger lehnte es ab, auf Steinkes Wünsche einzugehen, weil er sich nicht zum Werkzeug von Naziinteressen machen lassen wollte.[24]

Währenddessen hatte die Gesellschafterversammlung der N.V. ihren suspendierten Managern Steinke und Johann Albert Entlastung erteil. Steinke wurde ausdrücklich bescheinigt, daß er nationalsozialistischem Gedankengut ferngestanden und daß er die Interessen der Gesellschaft stets angemessen vertreten habe.[25]

Im Laufe des Jahres 1946 muß sich bei der Familie Unger ein Meinungsumschwung vollzogen haben. Steinke hatte inzwischen Bücher, Bilanzen und andere Dokumente vorgelegt, die sorgsam geprüft wurden. Er informierte die früheren Gesellschafter detailliert über seine Tätigkeit für M. Kempinski & Co. seit dem 1. Juli 1937. Die Familie Unger ließ sich vom korrekten Verhalten Steinkes überzeugen und zeigte Dankbarkeit für dessen Engagement. Am 12. September 1946 überreichte Frederic W. Unger seinem ehemaligen Angestellten ein geradezu enthusiastisches Entlastungsdokument:

»Ich stehe nicht an, Ihnen zu erklären, daß ich nach Ihren ausführlichen Berichten über die Geschehnisse des letzten Jahrzehnts und nach Vorlage von Unterlagen zu einer ganz anderen Beurteilung gelangt bin. Ich habe das Bedürfnis, Ihnen, sowohl im eigenen Namen wie im Namen meiner Familie, meinen aufrichtigsten Dank für Ihr Wirken auszusprechen. Die vorgelegten Dokumente haben erwiesen, daß Sie unter Aufopferung ihrer Person und Gesundheit nicht nur als rechtlicher Stellvertreter, sondern als Freund unserer Familie gehandelt haben. Ich habe mich auch sehr über die Erkenntnis gefreut, daß Sie meinem Cousin, Dr. Walter Unger, in schwerer Zeit als wahrer Freund jederzeit zur Seite gestanden haben.«[26]

Steinkes Arbeit habe eine gute Grundlage geschaffen für die nun in Angriff zu nehmende »Restitution aller Kempinski'schen Rechte«. Unger bekundete die Absicht, diese Aufgabe in Zusammenarbeit mit Steinke zu bewerkstelligen.[27] Eine am 12. September 1946 in Amsterdam ausgestellte Notariatsurkunde bekräftigte das Vertrauen, das die Familie Unger nun in Steinke setzte. B. T. W. Parson, Direktor der N. V. Wijnhandel M. Kempinski & Co., wurde am 21. September 1946 ausdrücklich über den neuen Sachverhalt in Kenntnis gesetzt und gebeten, bei niederländischen Geschäftspartnern daraufhinzuwirken, daß eventuelle Vorbehalte Steinke gegenüber zerstreut würden: »Meine Familie und ich sind Herrn Steinke dankbar für das, was er während der Naziherrschaft in Europa für uns getan hat.«[28]

Am 22. September 1946 erteilte Unger auch dem niederländischen Direktor Entlastung – im eigenen Namen und im Namen der Familie – und sprach seine Hoffnung aus, daß es zu einer »weiteren guten und erfolgreichen Zusammenarbeit« kommen werde.[29]

Am 21. September 1946 bestätigte Dr. Unger im Namen und in Vollmacht Richard Ungers, Frieda Ungers, Elisabeth Kohsens sowie im eigenen Namen Werner Steinke in seinen Rechtsstellungen als Prokurist der Firma M. Kempinski & Co. OHG, als Generalbevollmächtigter der OHG und als Generalbevollmächtigter Frieda Ungers.[30] Eine ausnehmend wohlwollende Erklärung zugunsten Steinkes wie Parsons erfolgte am 4. Oktober 1946.[31] Auch Richard Unger sprach Steinke nach Einsichtnahme in die vorgelegten Briefe und Akten in fast familiärer Weise für dessen »aufopfernde & erfolgreiche Tätigkeit im Interesse des Kempinski Komplexes, der Familie & aller Interessenten« seinen Dank aus. Aus Richard Ungers Brief vom 14. Oktober 1946 geht hervor, daß die Familie mit der Möglichkeit rechnete, M. Kempinski & Co. wieder auf das Niveau der Jahre vor 1933 bringen zu können und daß B.T.W. Parson und vor allem Werner Steinke an der Realisierung dieser Pläne mitwirken sollten: »Mit Gottes Hilfe wird es gelingen, auch in Zukunft die weitgesteckten Ziele zu fördern & schließlich Alles zu einem erfreulichen Gedeihen zu bringen. ... Möge der Himmel geben, daß meine Ahnung & Prophezeihung wahr wird, nach der ich ein Zusammen-Arbeiten mit Ihnen auch über U.S.A. erhoffte.«[32]

Auch in einem Schreiben an Steinke und Parson vom 2. November 1946 berichtete Richard Unger, daß sein Sohn an allerdings langfristigen Plänen für einen Wiederaufbau des Kempinski-Unternehmens arbeite.[33]

Elisabeth Kohsen, die Tochter Richard Ungers, äußerte in einem Interview am 9. Juli 1990, daß sie Steinke in Schutz nehmen müsse: »Als mein Bruder 1947 nach Berlin zurückgekehrt ist, hat Steinke alles zurückgegeben.«

Werner Steinke war seit 1941 die Schlüsselfigur der OHG M. Kempinski & Co. Er war Betriebsführer, Abwesenheitspfleger für die emigrierten jüdischen Inhaber der OHG und schließlich de facto-Inhaber der Rest-OHG, wenn auch die Eintragung in das Handelsregister letztendlich unterblieb; er war zudem Eigentümer der Grundstücke in der Leipziger Straße 25 und am Kurfürstendamm 27.

Werner Steinke war am 4. August 1944 aus ungeklärten Gründen in die Schweiz gegangen. Hier drängt sich die Frage auf: Warum konnte der Unternehmer zu diesem Zeitpunkt ohne Schwierigkeiten ins neutrale Ausland reisen, während selbst Fritz Aschinger nur nach intensiven Bemühungen eine Bewilligung für seine Geschäftsreisen nach Holland und in die Schweiz erreichte. Der Rechtsberater der Kempinski OHG war Helmuth James Graf von Moltke, und das Attentat auf Hitler am 20. Juli 1944, in das auch Moltke verwickelt war, sowie die anschließenden Verhaftungen und Hinrichtungen hatten kurz vor der Abreise Steinkes stattgefunden. Es kann vermutet werden, daß alle Personen, die Kontakt zu den Männern des 20. Juli hatten, eingehend überprüft und überwacht wurden:

»Steinke blieb unbehelligt, was aufmerken läßt. Er durfte, eine ungewöhnliche Vergünstigung, in die Schweiz bald nach dem 20. Juli ausreisen. Dazu war detaillierte Sichtung und Überprüfung durch die Sicherheitsbehörden unverzichtbar. Kaum in der Schweiz angekom-

men, vermochte Steinke gleich in zwei liberale Exilorganisationen aufgenommen zu werden. Wie genau die deutschen Auslands-Sicherheitsdienste, besonders in neutralen Staaten, über Exilorganisationen unterrichtet waren, kann belegt werden. Dessen ungeachtet wurde Steinke in Deutschland nicht einmal seiner Leitungsfunktion, beziehungsweise seiner Eigentumsrechte in der noch als jüdisch geltenden ›M. Kempinski & Co. oHG‹ enthoben, die direkter Überwachung der zuständigen Stellen unterstanden.«[34] So Tom Kempinski, der heute in London lebende Enkel Hans Kempinskis.

Anders als die Ungers hielt die Familie Kempinski Steinke seit langem und auch weiterhin für schwer belastet. Hans Kempinski hatte aus seinem Exil mehrfach Briefe, in denen er vor Steinke warnte, nach Europa geschickt.[35]

In der Schweiz angekommen, engagierte sich Steinke in der »Arbeitsgemeinschaft Demokratisches Deutschland« sowie als Mitglied der »Liberaldemokratischen Vereinigung der Deutschen in der Schweiz«; beide Organisationen stellten Steinke nach dem Krieg Entlastungsdokumente aus. Die Arbeitsgemeinschaft bescheinigte ihm unter dem 24. Oktober 1946 eine ablehnende Haltung gegenüber der nationalsozialistischen Ideologie und Bewegung, die in erster Linie durch seine »freundschaftlichen und geschäftlichen Beziehungen zu prominenten jüdischen Familien in Berlin« bedingt gewesen sei.[36] Die »Evangelische Freiplatzaktion für Flüchtlinge« stellte Steinke am 14. November ein Vertrauensvotum aus: Er sei in politischer und charakterlicher Hinsicht eine absolut integre Persönlichkeit.[37] Für Dr. Freya Gräfin von Moltke, die in der Schweiz lebende Ehefrau des hingerichteten Widerstandskämpfers Helmuth James Graf von Moltke, bestand »über die politische Haltung« Steinkes nicht der geringste Zweifel: »Er ist von jeher ein Gegner des Nationalsozialismus gewesen und hat sich deswegen immer in einer schwierigen Situation befunden.«[38]

Wenn Steinke eine kritische Einstellung gegenüber dem nationalsozialistischen Regime gezeigt hätte, wenn er als Flüchtling in der Schweiz lebte, warum haben dann die Behörden in Deutschland nicht ihre Hände auf die in Deutschland zurückgelassenen Besitztümer gelegt? Kann hierfür das Chaos der letzten Kriegsmonate als Erklärung dienen, oder gibt es andere Gründe?[39] Die Vita des Kaufmanns Werner Steinke läßt jedenfalls – soweit wir sie kennen – zahlreiche Fragen offen und konfrontiert den Betrachter mit einigen Ungereimtheiten.

In der Nachkriegszeit war also das Vertrauensverhältnis zwischen der Familie Unger und Werner Steinke wiederhergestellt worden. Richard Unger sah seine Hoffnung, daß Kempinski wieder ein glanzvoller Mittelpunkt der Berliner Gastronomie werden würde, zu Lebzeiten nicht mehr erfüllt. Seine Frau Frieda, die Tochter des Firmengründers Berthold Kempinski, dankte Steinke und Parson 1947 für die Kondolenzschreiben:

»Als mein Sohn im vorigen Jahr aus Europa zurückkam, war er [Richard Unger; E.P.] sehr glücklich, daß Sie beide und Fred die alte freundschaftliche Zusammenarbeit für den Wiederaufbau seines Lebenswerkes, Kempinski, so tatkräftig aufgenommen hatten. In den letzten Tagen vor seinem Tode sagte mein Mann mir, daß er beruhigt sterben kann, denn die drei Jungens werden es schaffen.«[40]

Im Mai 1950 schaltete sich Dr. Frederic W. Unger direkt in die Verwaltung der Amsterdamer Kempinski-Firma ein, die – zumindest im Restaurantbereich – nicht sehr rentabel arbeitete. Er wollte wieder Vorsitzender des Aufsichtsrats werden und suchte nach einem niederländischen Partner für das Geschäft, wobei er offensichtlich an den Geschäftsmann Louis Carp dachte. Unger schlug eine Reorganisation und Neufinanzierung der N.V. vor, deren Kernstück eine Trennung von N.V. Restaurant und N.V. Wijnhandel darstellte. Das Restau-

rant sollte umgestaltet, modernisiert und durch eine Bar erweitert werden.[41] Die Pläne scheinen nicht erfolgreich gewesen zu sein, denn noch im gleichen Jahr wurde das Restaurant in der »Leidschestraat« geschlossen. »Delicateria« und Weinhandel arbeiteten vorerst weiter als Tochterfirmen der M. Kempinski & Co. OHG, Berlin. Anfang 1952 wurde das Restaurant wieder in Betrieb genommen, bald aber an das indische Restaurant »Bali« verkauft, das sich seit dem 27. Juni 1952 und noch heute dort befindet.[42]

Etwas später als die Bemühungen um die Amsterdamer Filiale setzten die Versuche ein, das Berliner Stammhaus, die OHG M. Kempinski & Co., wiederaufzubauen, was aufgrund der komplizierten rechtlichen Situation ungleich schwieriger zu bewerkstelligen war.

Die im Sommer 1946 an die Adresse der Aschinger AG gerichteten Rückerstattungsforderungen blieben vorerst erfolglos.

Am 20./21. Januar 1947 stellten Richard Unger und Dr. Frederic W. Unger beim Amtsgericht Berlin-Mitte den Antrag, die Eintragungen im Handelsregister folgendermaßen zu ändern: Der Gesellschafter Hans Kempinski, der am 3. Dezember 1940 in New York City gestorben war, sei laut Gesellschaftsvertrag zum 30. Juni 1941 aus der Gesellschaft ausgeschieden. Ein »Certificate of Death« könne beigebracht werden. Ebenfalls aus der Gesellschaft ausgeschieden sei Dr. Walter Unger, der 1944 im KZ Auschwitz ermordet worden war. Die Kopie der Todeserklärung wurde beigelegt. Richard Unger wohnte zu dieser Zeit in Yonkers im Staat New York. Sein Sohn hielt sich in dieser Zeit oft in Amsterdam auf.

Dr. Friedrich Wolfgang Unger-Kempinski führte nach seiner Naturalisierung als US-Bürger den Namen Frederic Wolfgang Unger. Eine diesbezügliche Erklärung des »Consulate General of the Netherlands« reichten die Antragsteller ein. Die Eintragung des Einzelprokuristen Werner Steinke sollte bestätigt werden.[43]

Der Antrag samt Anlagen wurde vom Generalbevollmächtigten der Firma M. Kempinski & Co., Dr. Karl von Lewinski, am 21. Februar 1947 beim Amtsgericht mit der Bitte eingereicht, dem Begehren der Antragsteller zu entsprechen.[44] Das Verfahren erfuhr nun allerdings eine Verzögerung, als der den Antrag bearbeitende Rechtspfleger folgende Gründe für eine Beanstandung vortrug:

»a) Das Ausscheiden der Gesellschafter Hans Kempinski und Dr. Walter Unger muß auch von dessen Erben zur Eintragung angemeldet werden. Die Erbfolge ist durch Erbschein und die Ausfertigung eines öffentlichen Testaments nebst Eröffnungsverhandlung nachzuweisen.

b) Die einfache Fotokopie der Erklärung betr. Naturalisierung Dr. Friedrich Wolfgang Unger-Kempinski genügt nicht. Es fehlt die Beglaubigung gemäß der Verordnung vom 21.10.1942 – RGbl. Teil I Seite 609 –. Außerdem bedarf es der Einreichung einer beglaubigten Übersetzung in deutscher Sprache.«[45]

Ein Schreiben entsprechenden Inhalts ging am 14. März 1947 an die Firma M. Kempinski & Co.

Die Antwort des Generalbevollmächtigten traf am 15. April 1947 beim Amtsgericht ein. Er beantragte nunmehr, den von den überlebenden Gesellschaftern der OHG gewünschten Löschungsantrag gemäß §143 Abs. 3 HGB vornehmen zu lassen, »da der Mitwirkung der Erben besondere Hindernisse« entgegenständen; die Erben lebten im Ausland und seien »durch die Gesetze der Länder ihres Wohnsitzes daran verhindert, Erklärungen für die Regelung geschäftlicher Angelegenheiten in Deutschland abzugeben«. Der Anwalt fügte hinzu: »Von ihrer [der Erben; E.P.] Mitwirkung dürfte umso eher abgesehen werden können, weil nach dem Gesellschaftsvertrage die Gesellschaft zwischen den überlebenden Gesellschaftern fortbesteht, ohne daß die Erben der verstorbenen Gesell-

schafter in irgend einer Weise an dem Gesellschaftsvermögen beteiligt bleiben.«[46]

Auf den Brief des Rechtsanwalts hin entschied der zuständige Richter am 17. April 1947, daß »in diesem Fall ›besondere Hindernisse‹ im Sinne des §143 Abs. 3 HGB [vorlägen], so dass von einer Beanstandung insofern abzusehen ist«.[47]

Die beglaubigte Kopie von Dr. Ungers Naturalisationsurkunde sowie die Übersetzung, die der Rechtspfleger reklamiert hatte, wurden zwar beigebracht, nicht aber die anderen von ihm angeforderten Dokumente. Vor allem hatte man den Erben von Hans Kempinski und Dr. Walter Unger – mit offensichtlich fadenscheiniger Begründung – keine Gelegenheit gegeben, das Ausscheiden dieser Gesellschafter zu beantragen und die Erbscheine vorzulegen. Erben von Hans Kempinski waren seine Witwe Luise, sein Sohn Gerhard, die Schwiegertochter Mela sowie der heute in London lebende Enkelsohn Tom. Erben von Dr. Unger waren seine Ehefrau Hilde und seine Tochter Ruth. Warum einer »Mitwirkung der Erben besondere Hindernisse« entgegengestanden hätten, ist zumindest im Fall der Familie Kempinski nicht nachzuvollziehen. Wenn Richard und Dr. Frederic W. Unger als US-Bürger »Erklärungen für die Regelung geschäftlicher Angelegenheiten in Deutschland« abzugeben vermochten, warum sollte das nicht für die ebenfalls in den USA und später in London lebende Luise Kempinski gelten? Die Ungers standen zudem in Kontakt mit der Witwe Hans Kempinskis. Richard Unger hatte in einem Schreiben vom 14. Oktober 1946 an Werner Steinke darauf hingewiesen, daß Luise Kempinski, die offensichtlich Forderungen an die OHG gestellt hatte, in ihre Schranken verwiesen worden war.[48]

Die in Großbritannien lebenden Erben von Hans Kempinski, Gerhard, Mela und Tom Kempinski, hatten einen Sachwalter ihrer Interessen in ihrem Verwandten Fritz Teppich, der nach Berlin zurückgekehrt war und eine Vertretungsvollmacht, zu der auch als Anlage eine Fotokopie der Todeserklärung von Hans Kempinski gehörte, Ende 1946 im Büro der M. Kempinski & Co. OHG in Charlottenburg hinterlegt hatte: »Außerdem waren die Militärbehörden der USA und Großbritanniens mit ihren Konsularabteilungen befugt und bereit, Interessen ihrer Staatsbürger wahrzunehmen. Der Zweitantrag ging beim Gericht am 15.4.47 ein und wurde bereits am 17.4.47 positiv entschieden, was beweist, daß gar keine Bemühungen unternommen worden waren, die Erben in London oder die Besatzungsstellen in Berlin zu kontaktieren und Antwort abzuwarten.«[49] Den Verbleib der Erben von Dr. Walter Unger, seiner Ehefrau und seiner Tochter, hätte man wahrscheinlich mit Hilfe der Einwanderungsbehörden klären können.

Der Interpretation, wonach die Erben nach dem Tode eines Gesellschafters laut Gesellschaftsvertrag von der Partizipation am Gesellschaftsvermögen ausgeschlossen sind, steht das Testament Hans Kempinskis vom 24. Juni 1940 entgegen, in dem es heißt:

»Ich vermache mein gesamtes Vermögen, sowie alle meine Ansprüche an die Firma M. Kempinski & Co., Berlin, an die Firma N.V. M. Kempinski & Co., Amsterdam, sowie sämtliche Forderungen, ganz egal welcher Art, meiner Frau Luise Kempinski geb. Langer. Meine Frau hat die Verpflichtung, unseren Sohn Gerhard Kempinski standesgemäß zu ernähren, falls er selbst nicht genügend verdienen sollte. Sollten wir beide verstorben sein, ist unser Sohn Gerhard der Alleinerbe. – Wenn mein Sohn stirbt, ist mein Enkelkind, oder meine Enkelkinder, Alleinerben, mit der Verpflichtung, seine (oder ihre) Mutter standesgemäß zu ernähren.«[50]

Die juristische Beurteilung des Vorgangs stellt sich folgendermaßen dar: »Im übrigen ist eine Klausel, wonach der Gesellschafter im Todesfall aus der Gesellschaft ausscheidet und diese im übrigen fortbesteht, durchaus üblich. Damit wollen die Gesellschafter vermeiden, daß Erben Gesellschafter werden, die keine ausreichenden persönlichen oder beruflichen Qualifikationen für die tätige Mitarbeit haben. Dieses Ausscheiden eines Gesellschafters bei Tod ist deshalb in §138 HGB geregelt. Üblicherweise wird in den Gesellschaftsverträgen auch geregelt, daß und wie der ausscheidende Gesellschafter bzw. seine Erben abzufinden ist. Dieser Abfindungsanspruch stand den Erben gegen die oHG und die fortführenden Gesellschafter zu, ist inzwischen aber verjährt.«[51]

Zusammenfassend kann gesagt werden: Die Ansprüche der Erben von Hans Kempinski und Dr. Walter Unger hätten zumindest durch Abfindungszahlungen befriedigt werden müssen. Es ist davon auszugehen, daß die Ansprüche der Erben der verstorbenen Gesellschafter M. Kempinski & Co. aufgrund des Verhaltens ihrer Verwandten und der falschen Entscheidung des Richters beim Amtsgericht Charlottenburg nicht berücksichtigt worden sind.[52]

Auch Elisabeth Kohsen, der Tochter Richard Ungers und Schwester Dr. Frederic W. Ungers, ist ihr Erbteil vorenthalten worden.

Am 22. April 1947 erfolgte die Löschung der Namen von Hans Kempinski und Dr. Walter Unger aus dem Handelsregister. Geschäftsinhaber waren nunmehr Richard Unger und Dr. Frederic W. Unger; gemäß dem Wunsch der Antragsteller wurde die amerikanisierte Form des Namens von Dr. Friedrich Wolfgang Unger-Kempinski eingetragen. Werner Steinke blieb Einzelprokurist.[53] Unter dem 24. Januar 1949 meldete Dr. Unger eine Zweigniederlassung der M. Kempinski & Co. in Frankfurt am Main zur Eintragung in das Handelsregister an, welche am 4. Januar 1950 veranlaßt wurde.[54]

Am 5. Oktober 1947 starb Kommerzienrat Richard Unger im Alter von 91 Jahren. Rechtsanwalt und Notar Dr. Wilhelm L. Aretz leitete den Antrag Dr. Frederic W. Ungers auf Löschung des Eintrags des verstorbenen Gesellschafters im Handelsregister an das Amtsgericht Charlottenburg weiter.[55] Der Vorgang wurde analog zur Entscheidung über das Ausscheiden Hans Kempinskis und Dr. Walter Ungers abgewickelt. Dr. Unger war nun Alleininhaber der Firma. Am 26. Mai 1950 löste sich die seit 1900 bestehende OHG M. Kempinski & Co. auf.[56]

Es folgte – wahrscheinlich planmäßig – eine »gütliche Einigung« gemäß Art. 56 Abs. 3 der Rückerstattungsanordnung (REAO) vor dem Wiedergutmachungsamt, an der Dr. Frederic W. Unger als Berechtigter und Werner Steinke als Verpflichteter beteiligt waren. In dem unter dem 8. Juni 1950 angefertigten, vom Notar Dr. Aretz mitunterzeichneten Vertrag wurde zunächst noch einmal konstatiert, daß Frederic W. Unger nunmehr Alleininhaber von M. Kempinski & Co. sei und somit ihm allein das Recht zustehe, die Firma betreffende Vereinbarungen vor dem Wiedergutmachungsamt abzuschließen: »Alle Rechte an der Firma M. Kempinski & Co. haben sich auf Grund des Gesellschaftsvertrages vom 31.7.1931 auf Herrn Frederic W. Unger vereinigt, da die übrigen Gesellschafter durch Tod aus der Firma ausgeschieden sind. Herr Frederic W. Unger ist dadurch zum alleinigen Berechtigten im Sinne der REAO vom 26.7.1949 geworden.«[57]

Im folgenden Abschnitt wurde kurz die Problematik der »Arisierung« der OHG rekapituliert: »Unter dem Druck der damaligen politischen Verhältnisse« habe Werner Steinke am 28. November 1941 die OHG M. Kempinski & Co. übernommen. Die Umschreibung im Handelsregister konnte nicht vollzogen werden, weil der Oberfinanzpräsident Berlin-Brandenburg, Vermögensverwertungsstelle, sein Placet verweigerte[58] und »später die Registereintragung über den Wirren der Kriegsjahre in Vergessenheit geriet«.[59] Dr. Frederic W. Unger, der schon zu Anfang der 40er Jahre gegen die geplanten

Eigentumsveränderungen protestiert hatte, kam es nun darauf an, feststellen zu lassen, daß der Vertrag vom 28. November 1941 »niemals rechtswirksam geworden und von Anfang an nichtig« gewesen sei. Gemäß der Einschätzung Ungers, daß sich Werner Steinke um das Unternehmen verdient gemacht habe, es von Schulden befreit und vorteilhafte finanzielle Transaktionen vorgenommen habe, sollte sich die Zukunft der Firma auf ein Arrangement zwischen Steinke und Unger gründen: »Herr Dr. Frederic W. Unger beansprucht, daß er an dem Unternehmen beteiligt wird. Herr Werner Steinke erklärt sich damit einverstanden und nimmt Herrn Dr. Frederic W. Unger in die Firma M. Kempinski & Co. als Gesellschafter auf. Damit wird die Firma M. Kempinski & Co. unter Beibehaltung dieser Firmenbezeichnung wieder zu einer offenen Handelsgesellschaft.«[60] Unger war mit 51 Prozent, Steinke mit 49 Prozent am Gesellschaftsvermögen beteiligt. Das Eigentum an dem Grundstück Kurfürstendamm 27, Ecke Fasanenstraße 20–21 wurde nach dem gleichen Modus geteilt. Am 8. Juni 1950, nachdem die »gütliche Einigung« unter Dach und Fach war, gründeten Unger und Steinke die neue OHG M. Kempinski & Co. Beide fungierten als persönlich haftende Gesellschafter der Firma.[61]

Am 15. Juni 1950 rief die OHG, vertreten durch Steinke und Unger, eine Tochterfirma ins Leben, die M. Kempinski & Co. GmbH. Alleinige Gesellschafterin der neuen GmbH war die offene Handelsgesellschaft. Nach §2 des Notariatsvertrages war der Gegenstand des Unternehmens der Handel mit Weinen aller Art, Spirituosen und Erfrischungsgetränken, die Fabrikation und der Vertrieb von Lebens- und Genußmitteln aller Art, der Erwerb und Betrieb von Hotels und Gaststätten sowie entsprechender Hilfsbetriebe, die Beteiligung an anderen Unternehmen aller Art, Import und Export.[62] Das Stammkapital betrug laut §3 der Satzung

20 000 DM, wovon die OHG eine Stammeinlage über 13 400 DM und Hedwig Rode Anteile im Wert von 6600 DM hielten. Frau Rode hat vermutlich den Anteil von 6600 DM für die OHG treuhänderisch übernommen, weil damals die Gründung einer »Einmann-GmbH« nicht zulässig war. Geschäftsführer der Gesellschaft war Werner Steinke.[63]

Am 18. August beschlossen die Gesellschafter der OHG, die im Verhältnis von 51 zu 49 auch Eigentümer des Kurfürstendamm-Grundstücks waren, dieses Grundstück auf die M. Kempinski & Co. zu übertragen und es in die GmbH einzubringen. An der »weltbekannten Kempinski-Ecke« wollte die GmbH ein Hotel errichten. Anders als in der Weimarer Republik, als Mietverträge die Realisierung der Restaurant-Konzeption erschwerten, konnte jetzt von einer einheitlichen Nutzung des gesamten Grundstücks für den Hotelneubau ausgegangen werden. Der Bausachverständige Dr. Ing. Erich Rissmann schätzte das Grundstück auf 1 250 000 DM. Der Grundstückswert von 1 215 000 DM, auf den sich die Vertragsparteien schließlich einigten, lag etwas niedriger; von dieser Summe war noch eine Hypothek in Höhe von 135 000 DM abzuziehen, die von der GmbH übernommen wurde.

Eine Gesellschafterversammlung am 20. August 1950, bestehend aus Steinke und Unger, sanktionierte die Erhöhung des Stammkapitals der M. Kempinski & Co. GmbH durch eine Sacheinlage im Wert von 1 080 000 DM auf 1 100 000 DM. Die neue Stammeinlage sollte von der OHG übernommen werden.[64] Die Ausstattung der GmbH mit dem exponierten Kurfürstendamm-Grundstück konkretisierte die lange geplante Restitution des Unternehmens Kempinski: »Die M. Kempinski G.m.b.H. ist dazu bestimmt, die Tradition des Hauses Kempinski fortzusetzen; ihr fällt die Aufgabe des Wiederaufbaus der vom Kriege schwer betroffenen Kempinski-Betriebe zu.«[65]

Am 25. Juli 1950 wurde schließlich auch eine »gütliche Einigung« zwischen der OHG M. Kempinski & Co. und der Aschinger AG in die Wege geleitet. Hatte Aschinger noch 1946 die von Dr. Frederic W. Unger reklamierte Rückstattung kategorisch zurückgewiesen, so bewegten die inzwischen geschaffenen gesetzlichen Grundlagen – die Rückerstattungsanordnung vom 26. Juli 1949 – und die wirtschaftlichen Schwierigkeiten, in die die Aschinger AG seit Enteignung der im Ost-Sektor gelegenen Betriebe geraten war, das Unternehmen zum Einlenken. Zunächst schlossen also die Erben Fritz Aschingers einen Vergleich mit den »Rechtsnachfolgern der Kempinski-Gruppe über deren Restitutionsansprüche«. Diesem Vertrag traten die Aschinger AG und ihre Tochtergesellschaft F.W. Borchardt GmbH bei.[66] Kempinski sollte 15 Prozent, unter gewissen Umständen 20 Prozent des Aktienkapitals der Aschinger AG erhalten, wobei zu berücksichtigen ist, daß dieses Aktienkapital gegenüber dem Stand von vor 1945 stark zusammengeschrumpft war. Zwischen der M. Kempinski & Co. GmbH und der Aschinger AG wurde für die Dauer von zehn Jahren eine wirtschaftliche Zusammenarbeit vereinbart[67], die sich gemäß der Definition des geschäftlichen Zwecks der GmbH auf das Management des projektierten Kempinski-Hotels am Kurfürstendamm bezog.

Paul Spethmann, Vorstand der Aschinger AG, trat in die Geschäftsleitung der M. Kempinski & Co. GmbH ein, wo er »insbesondere die Verwaltung und Belieferung des Hotels Kempinski übernehmen wird«.[68] Wir erinnern uns: Paul Spethmann hatte als Finanzchef der Aschinger AG 1937 die »Arisierung« der alten Firma M. Kempinski & Co. realisiert. Werner Steinke, Geschäftsführer der GmbH, erhielt einen Vorstandsposten bei der Aschinger AG. Dr. Frederic W. Unger, der bei der Kempinski GmbH die Stellung des Aufsichtsratsvorsitzenden bekleidete, trat in den Aufsichtsrat der

Aschinger AG ein. Wieder einmal hatte die Aschinger AG Gespür für zukunftsträchtige geschäftliche Investitionen bewiesen. Die »Arisierung« des jüdischen Familienbetriebes, die ja mit der Fiktion einer normalen unternehmerischen Transaktion ummantelt war, mündete ein in den geschäftlichen Alltag der Nachkriegszeit, von dem sich beide Partner Vorteile versprachen: »Beiden Firmen werden unter Aufrechterhaltung ihrer eigenen Rechtspersönlichkeit und unter Wahrung ihres eigenen Charakters und ihrer Tradition alle Vorteile einer personengleichen Direktion, einer einheitlichen Organisation und einer Einkaufs- und Fabrikationszentrale zuteil werden. Für die M. Kempinski & Co. G.m.b.H. kommt hinzu, daß sie sofort – ohne eigenen Kostenaufwand – über einen bestehenden Verwaltungsapparat verfügen kann.«[69] Diese Äußerungen ähneln auffallend den anläßlich der Übernahme 1937 von der Aschinger AG vorgetragenen Rationalisierungsargumenten.

Die Errichtung eines »modernen, internationalen Hotels« am Kurfürstendamm mit ungefähr 250 Betten, mit Restaurant und Feinkostgeschäft und dem technischen Standard der US-amerikanischen Hotellerie lag im Trend der Zeit. Vor dem Krieg befand sich das Hotelzentrum Berlins in der Stadtmitte zwischen Bahnhof Friedrichstraße und Anhalter Bahnhof; hier konzentrierten sich 71,5 Prozent der Hotelbetten, hier lagen die großen Paläste, wie »Adlon«, »Kaiserhof«, »Centralhotel«, »Bristol«, »Esplanade« und »Excelsior«. Im Krieg war die Innenstadt Berlins – und mit ihr die Großhotels – zerstört worden. Im Zuge der Blockade und der Teilung der Stadt mußte die Infrastruktur – und auch das Beherbergungsgewerbe – völlig neu aufgebaut werden. Die Gegend um den Bahnhof Zoo entwickelte sich in der Nachkriegszeit zum neuen Hotelzentrum. Zunächst waren hier nur kleinere Hotels und Pensionen entstanden; die meisten Betriebe verfügten nur über sechs

bis zehn Betten. Lediglich fünf größere Objekte – gegenüber 32 vor 1945 – mit mehr als 100 Betten existierten nun in West-Berlin. War die Lage im Hotelgewerbe zunächst durch unzureichende Auslastung bei oftmals unsolider Finanzierung gekennzeichnet, so trat um 1950 im Zuge der verstärkten Berlin-Förderung und der Ankurbelung des Fremdenverkehrs ein Aufschwung ein.[70]

Der Berliner Magistrat und die amerikanische Militärregierung unterstützten den Bau des Kempinski-Großhotels am Kurfürstendamm. Am 19. Juli 1950 beschloß der Magistrat von West-Berlin, daß der M. Kempinski & Co. GmbH ein Investitionskredit in Höhe von 2 000 000 DM aus Mitteln des European Recovery Program (ERP, Marshallplan) zur Verfügung gestellt werden sollte.[71] Als Sicherheit wurde das Grundstück geboten, das nach der Enttrümmerung einen Verkehrswert von 1 500 000 DM hatte.[72] Der Hotelneubau sollte fünf Millionen DM kosten[73], die Marshallplan-Gelder deckten also noch nicht einmal die Hälfte der benötigten Mittel. Die GmbH rechnete weiterhin mit Geldern aus »schwebenden Rückerstattungsverfahren«. Die von der Aschinger AG zugestandene Kapitalabtretung wurde mit großer Wahrscheinlichkeit in den Bau des Hotels investiert. Dr. Frederic W. Unger bot sich – so hieß es damals – die Gelegenheit, bei ausländischen Gläubigern blockierter DM-Guthaben Kredite aufzunehmen. Es wurde generell mit einer hohen ausländischen Beteiligung gerechnet; dem sollte die spätere Umwandlung der GmbH in eine Aktiengesellschaft Rechnung tragen.[74] Den Aufbau-Enthusiasmus jener Tage und die Hoffnung auf den Einsatz amerikanischer Wirtschaftskraft zugunsten Berlins bringen folgende Zeilen sehr anschaulich zum Ausdruck:

»Niemand beweist sein Vertrauen in die Zukunft Berlins eindrucksvoller als die Ausländer, die nach dem Kriege hier Geld investierten, um

Grundsteinlegung für den Neubau des Hotels »Kempinski« auf dem Grundstück
Kurfürstendamm, Ecke Fasanenstraße am 24. 2. 1951
links, v.l.n.r.: Dr. Frederic W. Unger, Bürgermeister Dr. Walther Schreiber, Howard P. Jones (E.C.A.)
rechts: Dr. Frederic W. Unger am Rednerpult unter dem Zeichen »K-Turm mit Traube«

ihre alten Firmen wieder aufzubauen oder neue zu gründen. Wenn es viele Deutsche im Westen leider schon nicht mehr sind – diese Ausländer sind überzeugt, daß Berlin wieder Metropole wird. Überzeugend wird diese Auffassung am Kurfürstendamm an der traditionellen Kempinski-Ecke sichtbar. Dort baut Mr. Unger, letzter Kempinski-Erbe, mit Marshallplan-Geldern und erheblichen eigenen Mitteln ein großes Hotel. Ausgerechnet die Insel hinter dem Eisernen Vorhang bekommt damit das modernste Hotel Europas, und ein Amerikaner ist sein Planer und Bauherr!«[75] Die Errichtung des Kempinski-Hotels wurde in kürzester Zeit nach

Plänen des Architekten Paul Schwebes realisiert. Am 24. Februar 1951 legte Dr. Unger den Grundstein. Im Oktober 1951 konnte schon das Richtfest gefeiert werden. Am 29. Juli 1952 wurde das Hotel eröffnet.[76] Einer der Festredner war Direktor Paul Spethmann, der Leiter aller Betriebe im neuen Hotel-Komplex.[77] Knapp zwei Monate zuvor hatte Aschinger im Hinblick auf die Einweihung des Hotels »Kempinski« das Weinrestaurant und Delikatessengeschäft in Steglitz geschlossen. Der Betrieb des Hotels wurde in einem neun Jahre lang gültigen Arbeitsgemeinschaftsvertrag der Aschinger AG übertragen.[78]

Der Verkauf des Kempinski-Ecks am Kurfürstendamm an die Hotelbetriebs AG und das Ende der OHG M. Kempinski & Co.

Nachdem die Aschinger AG 1935 ihr wenig erfolgreiches Verhältnis zur Tochtergesellschaft Hotelbetriebs AG gelöst hatte, verliefen die Wege beider Gesellschaften 18 Jahre lang getrennt. Bevor die Wiederaufnahme der Verbindung dargestellt wird, soll kurz auf die Entwicklung der Hotelbetriebs AG in den Nachkriegsjahren eingegangen werden.

Ebenso wie die Aschinger AG ist auch die Hotelbetriebs AG vom Groß-Berliner Magistrat enteignet worden. Allerdings erfolgte die Enteignung in diesem Fall auf der Grundlage der Verordnung vom 10. Mai 1949 zur Überführung von Konzernen und sonstigen wirtschaftlichen Unternehmen in Volkseigentum. Im Unterschied zu den Bestimmungen des Gesetzes zur Einziehung von Vermögenswerten der Kriegsverbrecher und Naziaktivisten vom 8. Februar 1949 war hier grundsätzlich eine Entschädigung vorgesehen, die die Hotelbetriebs AG auch beantragte.[79]

Ebenso wie bei Aschinger waren die Hauptobjekte des Hotelunternehmens im Krieg zerstört worden. Die Vermögensverluste durch Bombardement und Enteignung beliefen sich auf etwa 52 Millionen RM; die Grundstücke der Gesellschaft waren weitgehend unbelastet. Die Enteignungen betrafen das völlig zerstörte Hotel und Restaurant »Kaiserhof«, das Trümmergrundstück des »Centralhotel« mit dem Varieté »Wintergarten«, das »Restaurant Heidelberger«, »Café Wintergarten« und »Café Bauer«, das zerstörte »Café Kranzler«, die Weinkellerei in der Invalidenstraße, die Geschäftshäuser Unter den Linden, Ecke Wilhelmstraße und Friedrichstraße 173. Noch vor der Enteignung hatte die

Hotelbetriebs AG das Trümmergrundstück des Hotels und Restaurants »Bristol« für 5,82 Millionen RM an die sowjetische Besatzungsmacht veräußern können. Mit Hilfe des Verkaufserlöses sollten vorhandene neue Betriebe im Westen ausgebaut und modernisiert werden. Bald standen auch schon wieder Bankkredite zur Verfügung, »die es ermöglichten, über die bevorstehende schwierigste Zeit hinwegzukommen«.[80]

Den Krieg überdauert hatten das Feinkostgeschäft Rollenhagen, das zeitweise im Behelfsladen Kurfürstendamm 35 untergebracht war, das »Hotel Nestler« in Berlin-Zehlendorf, das allerdings im Juni 1945 von den Amerikanern beschlagnahmt wurde, die im Stadtteil Wedding gelegene Betriebswäscherei, der Ratsweinkeller in Schöneberg, der das Ausweichrestaurant des »Hotel Bristol« beherbergte, sowie das »Café Bristol«, das von Juli 1945 bis April 1948 die Engländer beschlagnahmt hatten.[81] 1945 pachtete die Hotelbetriebs AG von der Löwenbräu/ Böhmische Brauhaus AG in Neukölln die »Neue Welt« in der Hasenheide. Hier wurde nach Renovierung und Einbau eines Varietés und Kinos im Dezember 1946 das »Theater im Wintergarten« eröffnet; allerdings beschlagnahmte die amerikanische Besatzungsmacht bald auch dieses Etablissement.[82] Im gemieteten ehemaligen Sanatorium Meyer brachte die Gesellschaft das »Hotel Bristol im Grunewald« unter. Ende 1947 erwarb die Hotelbetriebs AG eine neunzigprozentige Beteiligung an der Ritters Park Hotel GmbH in Bad Homburg, die dort das »Ritters Park Hotel« betrieb; die Hälfte der Anteile ging allerdings im Geschäftsjahr 1950/51 im Austausch gegen Anteile am Kranzler-Betrieb in Frankfurt an die Steigenberger KG.[83]

Die allgemeine ökonomisch-politische Lage gegen Ende der 40er Jahre, die Währungsreform und die Berlin-Blockade wirkten sich hemmend auf die Aktivitäten der Gesellschaft aus; hinzu kam der Nachteil der Randlagen von »Neuer Welt« und »Hotel Bristol«. 1949 konnten immerhin das »Café Kranzler« in Bonn und die Weingroßhandlung Bristol in der Berliner Bülowstraße eröffnet werden. Seit 1951 befand sich der Delikatessenladen Rollenhagen mit der »Rollenhagenstube« am Kurfürstendamm 229, und im Juli 1951 nahm das »Café Kranzler« auf dem Ruinengrundstück Kurfürstendamm 18–20 seinen Betrieb auf.

Die in Berlin und Westdeutschland neueingerichteten Objekte dokumentierten den wirtschaftlichen Überlebenswillen der Gesellschaft, blieben aber weit entfernt von der ökonomischen Bedeutung und dem Niveau der Großhotels der Vorkriegsära. Das Engagement der Hotelbetriebs AG richtete sich langfristig auch wieder auf größere Betriebe: »Die Bemühungen um eine neue Konsolidierung, die nach Ansicht der Gesellschaft nur durch Betriebe erreicht werden kann, die in Bau und Einrichtungsweise den erhöhten Ansprüchen genügen, aber erheblichen Geldeinsatz erfordern, sind inzwischen fortgeführt worden.«[84] Der projektierte Bau eines Großhotels wurde allerdings »vorerst« ad acta gelegt.[85]

Seit Ende des Jahres 1952 bahnte sich eine Interessennahme der Hotelbetriebs AG am Kempinski-Hotel an. Erste Verhandlungen wurden vermutlich schon kurz nach der Eröffnung des Hotels »Kempinski« in die Wege geleitet. Am 19. Dezember 1952 berief eine Aufsichtsratsversammlung der Hotelbetriebs AG Paul Spethmann, Vorstand der Aschinger AG und Leiter des Hotels »Kempinski« am Kurfürstendamm, zum Vorstandsvorsitzenden der Hotelbetriebs AG. Vor allem die Großaktionäre der Hotelbetriebs AG, die Nachfolge-Institute der Dresdner Bank und der Com-

merzbank, drängten darauf, daß »zunächst eine Personalunion in der Verwaltung [beider Gesellschaften; E.P.] wieder erreicht« werde. Eine Rolle spielte bei dieser Personalentscheidung auch die Unzufriedenheit mit der bisherigen Führung der Hotelbetriebs AG; man forderte einen »starken Mann«.[86] Geplant waren auch »gewisse kapitalmäßige Transaktionen«, die aber eine Erhöhung des Aktienkapitals wahrscheinlich nicht vorsahen. Für die »Berliner Morgenpost« galt es als ausgemacht, daß die Berufung Spethmanns eine vorbereitende Maßnahme für die Übernahme des Kempinski-Hotels darstellte. Der Zeitungsartikel unter der Überschrift »›Hotelbetrieb‹ lebt auf« erinnerte auch an die »innige Ehe«, die von 1926 bis 1935 zwischen dem größten deutschen Hotelkonzern und der Aschinger AG bestanden hatte.[87] Am 1. Januar 1953 trat Spethmann, bisher in der Geschäftsleitung der M. Kempinski & Co. GmbH, in den Vorstand der Hotelbetriebs AG ein; von diesem Zeitpunkt an war er gleichzeitig in der Leitung beider Unternehmen tätig.

Am 16. Januar 1953 fanden die Verhandlungen mit der M. Kempinski & Co., an denen wiederum die Banken-Großaktionäre der Hotelbetriebs AG – federführend die Dresdner Bank – beteiligt waren, ihren Abschluß.[88] Die M. Kempinski & Co., repräsentiert durch Dr. Frederic W. Unger und Werner Steinke, trat ihre drei Geschäftsanteile an der M. Kempinski & Co. GmbH
über   1 080 000 DM
über   13 400 DM
über   6 600 DM
ab, und zwar wurde mit Wirkung vom 1. Januar 1953 von dem Geschäftsanteil über 1 080 000 DM die Summe von 561 000 DM gegen Zahlung von 380 000 DM an die Hotelbetriebs AG abgegeben. Von diesem umfangreichsten Geschäftsanteil wurde ein weiterer Anteil von 519 000 DM sowie die Geschäftsanteile über

Das Hotel »Kempinski«, Kurfürstendamm, Ecke Fasanenstraße, 1952

13400 DM und über 6600 DM an die König-stadt AG für Grundstücke und Industrie ver-kauft, ebenfalls mit Wirkung vom 1. Januar 1953 und gegen Zahlung von 180000 DM. Beide Gesellschaften erwarben also die M. Kempinski & Co. GmbH für insgesamt 560000 DM.[89] Noch am gleichen Tag verkaufte die Königstadt AG von ihrem 519000 DM-Anteil 253000 DM gegen Zahlung von 170000 DM an die Hotelbetriebs AG.[90] Weiterhin machte die Königstadt AG ihrem Geschäftspartner das Angebot, die übrigen Geschäftsanteile an der

M. Kempinski & Co. GmbH
über   266000 DM
über   13400 DM
über   6000 DM
gegen Zahlung von 286000 DM zu erwerben. Für diesen Betrag wollte die Königstadt AG bei der Bank für Handel und Industrie, Berlin-Charlottenburg, Hotelbetriebs-Aktien im Nenn-wert von 2500000 RM ankaufen. Die Hotelbe-triebs AG nahm das Angebot am 29. Mai 1953 an[91] und befand sich damit im Besitz aller Geschäfts-anteile an der M. Kempinski & Co. GmbH.

Die Banken ermöglichten die Finanzierung dieser Transaktion zunächst durch die Bereitstellung von Krediten, die dann einige Monate später über die Erhöhung des Grundkapitals der Hotelbetriebs AG von 2,1 Millionen DM auf 3 Millionen DM und eine entsprechende Aktienausgabe gedeckt wurden.[92]

Neben dem sehr knapp gefaßten Notariatsprotokoll müssen die Vertragspartner noch anderweitig fixierte Verabredungen über die Handhabung der Namensrechte getroffen haben. Der Gebrauch des Namens Kempinski war auf die Berliner Unternehmungen der M. Kempinski & Co. bzw. der Hotelbetriebs AG beschränkt worden: »Im Jahre 1950 [Jahreszahl handschriftlich hinzugefügt; E.P.] wurde die neue Firma M. Kempinski & Co. GmbH gegründet, deren alleiniger Gesellschafter die Hotelbetriebs-AG. ist; mit Dr. Unger wurde vertraglich vereinbart, daß diese Firma für Berlin den Namen Kempinski führt, wie auch von der Familie Unger das Grundstück Kurfürstendamm übernommen wurde. Im übrigen aber hat diese Firma mit der alten Firma M. Kempinski & Co. nichts zu tun.«[93]

Die Hotelbetriebs AG war zu diesem Zeitpunkt an einem darüber hinausgehenden Erwerb des Namens Kempinski nicht interessiert. Die Bezeichnung des Berliner Hauses als »Bristol Hotel Kempinski« sollte an das verlorengegangene Luxus-Flaggschiff des Hotelkonzerns erinnern.[94]

Der Verkauf der M. Kempinski & Co. GmbH und damit die Übernahme des Kempinski-Ecks mit dem zukunftsweisenden Hotelkomplex markiert zwar das Ende der Geschäftstätigkeit der OHG M. Kempinski & Co., ist aber als Transaktion in ihrer Gültigkeit nicht anzuzweifeln. Der bedeutendste Geschäftsanteil an der GmbH war durch die Einbringung des Grundstücks am Kurfürstendamm entstanden; der Rest des Kapitals kam aus dem Vermögen der Gesellschafter Steinke und Unger. Die

Kempinski-Grundstücke befanden sich im Besitz von Frieda Unger, die sie von ihrer Mutter Helene Kempinski geerbt hatte. Frau Unger übertrug am 13. Juli 1947 dem Sohn Frederic ihr gesamtes Vermögen einschließlich der Grundstücke. 1950 teilten Unger und Steinke das Eigentum an dem Grundstück Kurfürstendamm im Verhältnis von 51 zu 49 Prozent.[95] Der Verkauf muß als gültig angesehen werden, obwohl er für die OHG im Ergebnis sehr ungünstig war: Für einen Anteil von über 1 100 000 DM und bei einem 1950 geschätzten Verkehrswert des enttrümmerten Grundstücks von 1,5 Millionen DM wurde – offiziell – ein Gegenwert von 560 000 DM erzielt. Die Königstadt AG zahlte der OHG 180 000 DM, während sie selbst beim Weiterverkauf 456 000 DM erhielt. Es ist allerdings davon auszugehen, daß verdeckt Abfindungen an die Gesellschafter der OHG gezahlt wurden. Auch Frau Elisabeth Kohsen, die Schwester Dr. Frederic W. Ungers, betonte, daß sie den Vertrag vom 16. Januar 1953 als sehr ungünstig betrachtet und ihn daher gern angefochten hätte; allerdings äußerte auch Frau Kohsen keine Zweifel an der Legalität der Transaktion.[96]

Die Gründe für den Verkauf der M. Kempinski & Co. GmbH durch die OHG können nicht mehr restlos geklärt werden. Es ist davon auszugehen, daß die GmbH über Bau und Betrieb des Hotels in finanzielle Schwierigkeiten geraten war. Entscheidend war wohl, daß die M. Kempinski & Co. GmbH ihren finanziellen Verpflichtungen gegenüber der Berliner Industriebank AG nicht nachkommen konnte. Mit dem Betrag, den der Verkauf der Anteile an der GmbH gebracht hatte, sollten Lieferantenschulden zurückgezahlt werden und der »über die Industriebank beanspruchte ERP-Kredit von den Großaktionären abgebaut werden«.[97] Der rentable Betrieb eines Hotels dieser Größenordnung – zumal in einer derart unsicheren politischen Situation, wie sie zu Anfang der 50er

Das Hotel »Kempinski«. Hotelhalle, 1952

Jahre in Berlin herrschte – erforderte ein größeres Betriebskapital als es im Falle der OHG vorhanden war.

Vielleicht wußte Dr. Frederic W. Unger auch schon um seine Krankheit, an der er im November 1955 in Amsterdam starb; er litt wahrscheinlich an einem Gehirntumor.[98] Schon am 4. Februar 1953 legte Unger sein Aufsichtsratsmandat bei der M. Kempinski & Co. GmbH nieder. Am 21. Juni 1953 erteilte er seiner Ehefrau Ruth C. Unger Generalvollmacht, »mich in jeglicher Hinsicht rechtsgültig zu vertreten und in meinem Namen sowohl gegenüber Behörden und Gerichten, wie gegenüber Banken und Privatpersonen, alle Erklärungen rechtsgeschäftlicher oder sonstiger Art abzugeben«.[99]

Möglicherweise sah Dr. Unger voraus, daß er bald nicht mehr in der Lage sein würde, rechtsverbindliche Handlungen vorzunehmen.

Nachdem die Hotelbetriebs AG die Anteile an der Kempinski & Co. GmbH übernommen hatte, bedurfte das Verhältnis zur Aschinger AG einer weiteren Klärung. Durch die Personalunion war auf höchster Ebene eine Zusammenarbeit angebahnt worden. In einem Artikel im »Tagesspiegel«, der sich mit dem Verkaufsvertrag vom 16. Januar 1953 beschäftigte, war von einer geplanten Verbindung zwischen Hotelbetriebs AG und Aschinger AG die Rede.[100] Wenig später kam es zu einer Vereinbarung über die gemeinsame Verwaltung der Berliner Betriebe – Hotel, Restaurant und Café »Kempinski« am

Kurfürstendamm – unter der Führung der Hotelbetriebs AG – »ähnlich wie vor dem Kriege«, wie man sich damals in den Medien erinnerte.[101] Das Rationalisierungsargument spielte auch bei dieser Übereinkunft eine wichtige Rolle. Von einer Kapitalverflechtung der beiden Gesellschaften wurde allerdings abgesehen.[102]

Interessant ist auch, daß einige leitende Mitarbeiter der alten Kempinski OHG und/oder Aschinger AG sich nun in führender Position bei der Hotelbetriebs AG wiederfanden. Abgesehen von Paul Spethmann ist da zunächst Fritz Eger zu nennen, der allerdings schon 1940 zum Hotelkonzern wechselte. Eger arbeitete seit 1927 bei der M. Kempinski & Co. OHG und wurde sehr schnell zum Prokuristen befördert. Neben dem Lebensmitteleinkauf waren ihm die Leitung der Filiale in Breslau, Schloß Marquardt und schließlich die Geschäftsführung von »Haus Vaterland« anvertraut. 1945 bekam Eger – angeblich auf Betreiben der sowjetischen Besatzungsmacht – einen Posten im Vorstand der Hotelbetriebs AG. Ihm oblag die Oberaufsicht über das Feinkostgeschäft Rollenhagen und die Kranzlerbetriebe.[103] Der Prokurist Georg von Kaulbars wurde nach der »Arisierung« von M. Kempinski & Co. in die M. Kempinski & Co. Weinhaus und Handelsgesellschaft mbH und dann in die Borchardt GmbH übernommen und wechselte schließlich nach dem Krieg zur Hotelbetriebs AG. Artur Mai, der seit 1940 die Direktion im »Hotel Schloß Marquardt« innehatte, wurde 1953 Restaurant-Direktor des Hotels »Kempinski«. Richard Fleischer, in der Aschinger-Zeit Direktor von »Haus Vaterland«, bekleidete ebenfalls einen Direktorenposten im Restaurant des neuerbauten Hotels. Der frühere Direktor des Aschinger-Hotels »Der Furstenhof«, Max Zeidler, wurde Leiter des Kempinski-Hotels am Kurfürstendamm. Albert Colas, seit 1953 Geschäftsführer des Cafés »Schloß Marquardt« im Hotel »Kempinski«, war früher im »Café Fürstenhof« tätig.

Treppenhaus im Hotel »Kempinski«, 1952

Werner Steinke erhielt 1953 eine Abfindung und einen auf fünf Jahre bemessenen Geschäftsführervertrag. Da das Verhältnis zwischen ihm und dem recht anmaßend auftretenden Spethmann sehr getrübt war, fand die Tätigkeit Steinkes für die Hotelbetriebs AG nach Ablauf des Vertrages ein Ende.[104]

Zunächst profitierten beide Gesellschaften – sowohl Aschinger als auch die Hotelbetriebs AG – von dem Erwerb der M. Kempinski & Co. GmbH, obwohl die gemeinsame Verwaltung der Berliner Betriebe Anlaß für diverse Querelen bot. Am 10. September 1953 meldete »Die Berliner Wirtschaft«, daß die Betriebe im Kempinski-Hotel eine »wachsende Bedeutung« für die Ertragslage der Aschinger AG gewännen.[105] Daneben besaß Aschinger nur noch drei Bier-

Blick in das Treppenhaus im Hotel »Kempinski«, 1952

quellen, eine Schlachterei mit Wurstfabrikation und eine Anlage zur Weinabfüllung und Spirituosenherstellung. Die Liaison mit dem Hotelkonzern endete für Aschinger diesmal allerdings endgültig mit den Bankrott.

Die Hotelbetriebs AG erwarb mit den Anteilen an der M. Kempinski & Co. GmbH und dem Besitz des Hotels »Kempinski« einen der modernsten und repräsentativsten Hotelneubauten Europas. Dieser Schritt bedeutete für das Unternehmen ein »Wiederfußfassen im internationalen Hotelgeschäft«. Wenn es im Geschäftsbericht der Hotelbetriebs AG von 1952/53 heißt: »Die Entwicklung des neuen Unternehmens ist von der weiteren Gestaltung der allgemeinen Verhältnisse in Berlin abhängig«, so mischte sich angesichts des Ost-West-Konflikts

und der Insellage Berlins einige Skepsis in die Beurteilung der sonst recht optimistisch eingeschätzten Entwicklungschancen der Gesellschaft.[106] Für die Hotelbetriebs AG markiert der Erwerb des Kempinski-Ecks jedenfalls den Punkt, von dem aus es wieder aufwärts ging.

Keine Entwicklungsmöglichkeiten dagegen gab es für die M. Kempinski & Co. OHG. Was nach 1953 noch folgte, kann man als das langsame Verlöschen der Gesellschaft bezeichnen, das sich bis 1969 hinzog. Am 16. Januar 1953 wurde die OHG in eine Kommanditgesellschaft umgewandelt und unverändert ohne den Zusatz »Kommanditgesellschaft« weitergeführt. Laut Ausweis des Handelsregisters vom 17. September 1953 schied Dr. Frederic W. Unger als persönlich haftender Gesellschafter aus, er blieb Kommanditist mit einer Einlage von 25 377,53 DM; das Vermögen der Gesellschaft betrug nur noch 78 583,40 DM.[107] Am 12./18. September 1953 übertrug Unger seinen Kommanditistenanteil an die SANAG AG, Zürich, die durch Sonderrechtsnachfolge an seine Stelle trat. Unger erhielt keine Abfindung aus dem Gesellschaftsvermögen. Als persönlich haftender Gesellschafter der KG M. Kempinski & Co. fungierte Werner Steinke; die SANAG war Kommanditistin.[108]

Ende der 50er Jahre müssen wohl noch Hoffnungen auf eine Ausweitung der Geschäftstätigkeit bestanden haben. Auf der Grundlage von Informationen Steinkes schrieb die IHK Berlin am 18. August 1959: »Die alte Firma M. Kempinski & Co., jetzt KG, deren persönlich haftender Gesellschafter Herr Steinke ist, hat z. Zt. nur eine formalrechtliche Existenz ohne besondere Vermögenswerte. Sie trägt sich mit der Absicht, unter dem Namen Kempinski in Westdeutschland neue Betriebe zu eröffnen.«[109] Aus diesen Plänen ist nichts geworden.

Am 21./24. November 1961 wurde zur Eintragung in das Handelsregister gemeldet, daß die SANAG AG, Zürich, aus der Gesellschaft ausscheiden werde. Werner Steinke führte das Geschäft unter der Firma M. Kempinski & Co. fort.[110] Seit dem 4. Januar 1962 war Steinke Alleininhaber. Am 13. Juni 1962 veräußerte er die Firma M. Kempinski & Co. an den Berner Kaufmann Max Beutler mit dem Recht, die Firma fortzuführen. Die Zweigstelle in Frankfurt wurde aufgelöst. Der zuletzt dokumentierte Einheitswert des Betriebsvermögens betrug 255 000 DM.[111]

Noch immer verteidigte die in Berlin ansässige Firma die bei ihr liegenden Namensrechte. 1964 war sie lediglich gewillt, im Rahmen eines Lizenzvertrages der holländischen Firma CP das Recht zuzugestehen, den Handel mit Weinen, Spirituosen und anderen Getränken in

Holland unter der Bezeichnung »Wijnhandel Kempinski« zu betreiben. Ansonsten galt:

»Das Recht am Namen KEMPINSKI steht dem 1862 gegründeten Stammhaus M. Kempinski & Co., Berlin, zu. Diese Firma ist alleinige Eigentümerin der gewerblichen Schutzrechte an dem Namen KEMPINSKI und einer langen Reihe von Warenzeichen, die ihr national und international geschützt sind. ... Die Firma M. Kempinski & Co. denkt nicht an eine Veräußerung ihrer Namens- und Warenzeichenrechte. Das stände mit ihrer anderweitigen wirtschaftlichen Betätigung im In- und Ausland in Widerspruch.«[112]

Langfristig konnte jedoch die Auflösung der Amsterdamer N.V. Wijnhandel M. Kempinski & Co. nicht verhindert werden. 1966 kam es zum Verkauf der Warenbestände, des Kellerinventars und der Kraftwagen an die N.V. Distilleerding Wijnkoperij Simon Pijper. Am 15. August 1966 stellte die N.V. Wijnhandel M. Kempinski & Co. ihren Warenhandel ein; es war vereinbart, daß die Firma zu gegebener Zeit ihren Namen ändern sollte. Das Aktienkapital der N.V. wurde 1967 an die skandinavische Fluggesellschaft SAS veräußert. Ein Verkauf der Grundstücke läßt sich nicht nachweisen.[113] Die N.V. muß sich in ihren letzten Jahren in einem desolaten Zustand befunden haben: So mahnte Werner Steinke am 24. November 1967 B.T.W. Parson, zumindest während der Verkaufsverhandlungen einen guten Eindruck zu machen: »Ich schlage Dir vor, jetzt die Zeit zu nutzen, um ›klar Schiff‹ in den Büroräumen Leidsedwarsstraat zu machen. Falls ein höherer Funktionär der SAS aus Schweden kommt, womit zu rechnen ist, muß alles Gerümpel beseitigt sein. Die Räume, Tische und Schränke müssen sauber und die Gesellschaftsakten geordnet sein.«[114]

Werner Steinke, der nun nach »30jähriger Tätigkeit in der Leitung großer Unternehmen« als Betriebs- und Finanzberater – seit 1963 mit Wohnsitz in Fribourg – tätig war, analysierte

Das Hotel »Kempinski« am Kurfürstendamm mit »Café Schloß Marquardt«, um 1955

seine gescheiterten Bemühungen um die Sanierung der maroden Amsterdamer N.V. Er machte vor allem geltend, daß sich Restaurant und Weinhandel nicht den Erfordernissen der Zeit anpassen konnten; der technische Rückstand des Kellereibetriebes, die Überalterung des Personals – ein Nachfolger für den inzwischen 72jährigen Parson konnte nicht gefunden werden –, eine unzureichende Kapitalgrundlage und die Übersetzung des niederländischen Wein- und Spirituosenhandels wurden als Argumente herangezogen: »Wir sind im Laufe der Zeit immer mehr ins Hintertreffen geraten.«[115]

Kurz vor der endgültigen Liquidation der M. Kempinski & Co. wurden laut »Grundvertrag« vom 16. Dezember 1967 alle Warenzeichen der Stammfirma auf die M. Kempinski & Co. GmbH übertragen. Der Vorstand der Hotelbetriebs AG – und hier vor allem Hans F. König –

hatte seit den 50er Jahren für den Kauf des Namens Kempinski plädiert. Der Aufsichtsrat hatte sich lange Jahre gegen die Erwerbsabsichten gesperrt. Erst als personelle Veränderungen stattgefunden hatten und dem Aufsichtsrat überzeugend nahegebracht werden konnte, welch große Wertschätzung der Name Kempinski im Ausland und vor allem in Kreisen jüdischer Emigranten erfuhr, kam es Ende der 60er Jahre zum Meinungsumschwung und Vertragsabschluß.[116] Es mußten noch Schwierigkeiten überwunden werden, die sich aus der Übertragung der niederländischen Warenzeichen ergaben[117], da sechs der acht in Holland eingetragenen Warenzeichen – allerdings mit Einschränkung auf den Weinhandel – von der N.V. Pijper, Amsterdam, genutzt werden konnten. Am 1. August 1969 meldete »Die Berliner Wirtschaft«, daß die M. Kempinski & Co. GmbH alle Warenrechte sowie das Recht, den

Namen Kempinski weltweit zu führen, von der alten M. Kempinski & Co. erworben habe. Die Stammfirma sollte ihren Namen ändern.[118] Wenige Wochen später war der Vollzug des Vertrages weit vorangeschritten:

»Mit der Übertragung der Warenzeichen in den Niederlanden dürfte nunmehr unser Vertrag vom 16.12.67 weitgehend durchgeführt sein. Es ist nunmehr erforderlich, daß gemäß Ziff. 4 dieses Vertrages Ihre Firma dergestalt geändert wird, daß in der Firma der Name KEMPINSKI nicht mehr erscheint. Wir wären Ihnen für weitere Veranlassung in dieser Hinsicht und für Mitteilung über das Veranlaßte dankbar. Bei dieser Gelegenheit dürfen wir darauf hinweisen, daß uns bekannt geworden ist, daß in Rüdesheim a.Rh. in der Oberstraße sich offenbar noch Räume ihrer Firma befinden, an deren Eingang sich der Namenszug Ihrer Firma mit dem inzwischen auf uns übergegangenen Warenzeichen befindet. Wir nehmen an, daß Sie nach der Löschung und Veränderung Ihrer Firma auch dieses Schild entfernen lassen. Damit dürfte dann der zwischen uns bestehende Vertrag von beiden Seiten erfüllt worden sein.«[119]

Am 31. Dezember 1969 meldete Max Beutler die Löschung der Firma M. Kempinski & Co. aus dem beim Amtsgericht Charlottenburg geführten Handelsregister an, »da mein Geschäft nach Art und Umfang eine kaufmännische Einrichtung nicht mehr erfordert«. Das Betriebsvermögen betrug am 1. Januar 1969 noch 4000 DM.[120]

Am 17. Juli 1970 beschloß die Hauptversammlung der Hotelbetriebs AG, das gesamte Unternehmen in Kempinski Hotelbetriebs AG umzubenennen. Am 14. Juli 1977 erfolgte die endgültige Änderung des Firmennamens in Kempinski AG.

Anmerkungen

1 Schreiben von Hans Christian Taeger an die Aschinger AG vom 5. August 1946; StA Berlin, Rep. 225, Nr. 624.
2 Aschinger AG an Taeger am 25. September 1946, ebd.
3 Fritz Saar, von der sowjetischen Militäradministration eingesetzter Treuhänder der Aschinger AG und der F.W. Borchardt GmbH, an den Polizeipräsidenten, Polizei-Inspektion Berlin-Mitte, am 23. Dezember 1947; StA Berlin, Rep. 225, Nr. 315.
Fritz Saar (1889–1948), von Beruf Kellner, Mitglied der SPD, in der Weimarer Zeit Funktionär des Zentralverbandes der Hotel-, Restaurant- und Caféangestellten (ZVHRC), 1930–1933 Vorsitzender des ZVHRC, 1933 Emigration nach Amsterdam und aktiv im Widerstand. 1945 von der Roten Armee befreit. 1941 nach Verhaftung durch die Gestapo Verurteilung durch die Volksgerichtshof zu lebenslänglicher Zuchthausstrafe. Nach dem Krieg widmete sich Saar neben der treuhänderischen Verwaltung der Aschinger AG vor allem dem Wiederaufbau der Mitropa.
4 Fritz Saar an den Polizeipräsidenten, Polizei-Inspektion Berlin-Mitte, am 2. Januar 1948, ebd.
5 Fragebogen des Magistrats von Groß-Berlin vom 6. Juni 1945; StA Berlin, Rep. 225, Nr. 315.
6 »Aschinger AG«, in: Die Berliner Wirtschaft, Nr. 47 vom 29. November 1951, S. 1375.
7 Aschinger AG an den Kommandanten des Verwaltungsbezirks Berlin-Mitte am 13. Juni 1945; StA Berlin, Rep. 225, Nr. 315.
8 Aschinger AG an den Polizeipräsidenten, Gewerbepolizei, am 27. August 1945, ebd.
9 Fritz Saar an den Magistrat von Groß-Berlin, Abt. Wirtschaft, Handel, Handwerk, am 23. September 1947, ebd.
10 Fritz Saar an den Berliner Polizeipräsidenten am 22. Dezember 1947, ebd. Die Aschinger AG reagierte sehr heftig, vor allem auf den Vorwurf der gastronomischen Inkompetenz. 1947 habe die Firma in ihren Gaststätten einen Umsatz von 12 Millionen RM erzielt; an diesem Ergebnis war der Ersatzbetrieb »Café Vaterland« mit fast 1 Million beteiligt.
11 Bezirksamt Prenzlauer Berg von Groß-Berlin, Abt. Wirtschaft und Gewerbe, an die Abt. Finanzwesen im Bezirksamt Prenzlauer Berg am 10. April 1947; StA Berlin, Rep. 105, Nr. 1539.
12 Entnazifizierungskommission Bezirk Prenzlauer Berg an die Deutsche Treuhandstelle zur Verwaltung sequestrierten und beschlagnahmten Vermögens im sowjetischen Besatzungssektor der Stadt Berlin am 16. Mai 1947, ebd. Der von Aschinger ausgefüllte Fragebogen zur parteistatistischen Erhebung der NSDAP 1939 bestätigt die Mitgliedschaft Fritz Aschingers unter der oben angegebenen Nummer; Berlin Document Center. Es befindet sich im BDC allerdings auch eine Karteikarte mit einem Vermerk von 1940, daß die Aufnahme Aschingers abgelehnt und die Mitgliedsnummer

13 Spethmann war am 1. Mai 1937 unter der Mitgliedsnummer 5377101 Mitglied der NSDAP geworden; Berlin Document Center.
14 Fritz Saar an Dr. von Frankenberg von der Treuhandstelle zur Verwaltung des beschlagnahmten Vermögens im sowjetischen Sektor Berlins, am 23. Oktober 1947, ebd.
15 ebd.
16 Vgl. StA Berlin, Rep. 225, Nr. 564.
17 Fritz Saar an Dr. von Frankenberg, a.a.O.
18 Verordnungsblatt von Groß-Berlin, 9. Februar 1949, S. 49.
19 Magistrat von Groß-Berlin, Hauptamt für Wirtschaft/ Hauptamt für Volkseigentum, an das Amtsgericht Berlin-Mitte, Abt. Handelsregister, am 2. Juni 1949; StA Berlin, Rep. 105, Nr. 1539. Es wurde gebeten, das Unternehmen aus dem Handelsregister zu löschen.
20 Das wertvolle Grundstück Leipziger Straße 25 wurde am 8. Februar 1949 nicht enteignet, da es sich im Besitz der OHG befand. Nach den Rückerstattungsbestimmungen, die sich im Zuge der Auflösung der DDR herauskristallisiert haben, resultieren aus diesem Eigentum Ansprüche der Erben Dr. Frederic W. Ungers.
21 »Aschinger AG«, in: Die Berliner Wirtschaft, Nr. 47 vom 29. November 1951, S. 1375.
22 Interview mit Hans F. König, 3. Januar 1991.
23 »Aschinger AG«, in: Die Berliner Wirtschaft, a.a.O.
24 Dr. Frederic W. Unger an Edwin Meyer am 18. Dezember 1945; Gemeentearchief Amsterdam, P.A. 816/4.
25 Notariatsprotokoll der Gesellschafterversammlung am 29. August 1945; Gemeentearchief, P.A. 816/2.
26 Schreiben Ungers an Steinke am 12. September 1946; Gemeentearchief, P.A. 816/3.
27 Ebd.
28 Frederic W. Unger an B.T.W. Parson am 21. September 1946, ebd.
29 Unger an B.T.W. Parson am 22. September 1946, ebd. Auch Parson leistete offenbar Rechenschaft, so daß Unger herzliche Dankesworte fand: »Ich habe Ihre Berichte über die gegenwärtige Geschäftslage der N.V. mit großer Genugtuung entgegengenommen. Ich möchte Ihnen aber auch noch meine Anerkennung wiederholen für die Art und Weise, wie Sie in der schweren Zeit der deutschen Okkupation die Schwierigkeiten zum Wohle der Gesellschaft und ihrer holländischen Mitarbeiter zu meistern verstanden.«
30 Unger an Steinke am 21. September 1946, ebd. Die Generalvollmacht Steinkes für die OHG datierte vom 29. Oktober 1941, die Generalvollmacht für Frieda Unger vom 30. Juli 1938 mit Ergänzung vom 16. Mai 1939.
31 Erklärung Dr. F.W. Ungers am 4. Oktober 1946, ebd.
32 Richard Unger an Steinke am 14. Oktober 1946, ebd.
33 Gemeentearchief Amsterdam, P.A. 816/3.
34 Bericht von Tom Kempinski, London, vom 24. März 1993.

35 Bericht von Tom Kempinski, London, vom 24. März 1993; Gespräch mit Fritz Teppich, Berlin, 16. Mai 1993.

36 Ebd.

37 Ebd.

38 Ebd.

39 Auf eine Anfrage beim Schweizerischen Bundesarchiv in Bern in bezug auf Unterlagen zur Einreise Steinkes in die Schweiz, seine Aufenthaltsbewilligung und seine Tätigkeit dort, wurde der Verfasserin mitgeteilt, daß Werner Steinke am 4. August 1944 in die Schweiz eingereist sei und sich zunächst im Sanatorium Schatzalp in Davos aufgehalten habe. Eine Wegweisungsverfügung wurde aufgehoben, als Steinke nachweisen konnte, daß die Kosten für seinen Unterhalt in der Schweiz weiterhin gesichert waren; Schreiben von Prof. Dr. Christian Graf vom 7. Juli 1993.
Hans F. König, Vorstandsmitglied der Hotelbetriebs AG nach dem Krieg, der Steinke recht gut kannte, berichtete in einem Interview am 3. Januar 1991, daß Steinke auch auf Nachfrage nie über seine Vergangenheit gesprochen habe; König habe den Eindruck gehabt, daß er – Steinke – etwas verbergen wollte. Herrn Steinke konnte ich leider nicht interviewen, da er 1990 einen Schlaganfall erlitten hatte und ein Jahr später verstarb.

40 Gemeentearchief Amsterdam, P.A. 816/3.

41 Dr. F.W. Unger an Louis Carp am 8. Mai 1950, ebd.

42 Vgl. »Trouw« vom 10. Juli 1950; »Het Parool« vom 11. Juli 1950; »De Waarheid« vom 12. Juli 1950 sowie »Het Parool« vom 17. November 1951 und andere nicht näher bezeichnete Zeitungsausschnitte im Amsterdamer Stadtarchiv, P.A. 816/52.

43 Schreiben Richard Ungers und Frederic W. Ungers an das Amtsgericht Berlin-Mitte am 20./21. Januar 1947; Amtsgericht Charlottenburg, Handelsregisterakten, 90 HRA 3448 Nz., Bd. I, Bl. 86.

44 Amtsgericht Charlottenburg, Handelsregisterakten, 90 HRA 3448 Nz., Bl. 47.

45 Ebd. Der Rechtspfleger vermerkte seine Einwände handschriftlich auf dem Schreiben des Anwalts.

46 Amtsgericht Charlottenburg, Handelsregisterakten, 90 HRA 3448 Nz., Bl. 48.

47 Ebd.

48 Richard Unger an Werner Steinke am 14. Oktober 1946; Gemeentearchief Amsterdam, P.A. 816/3: »Der Vollständigkeit halber möchte ich Ihnen mitteilen, daß ich noch gestern das Schreiben an Frau Luise Kempinski, das die Klarlegung des Verhältnisses des ›Kempinski-Betriebs‹ zu ihr darstellt, auf den Weg gebracht habe.«

49 Bericht von Tom Kempinski, London, vom 24. März 1993.

50 Testament Hans Kempinskis, London, 24. Juni 1940. Eine Kopie des Dokuments wurde der Verfasserin freundlicherweise von Fritz Teppich zur Verfügung gestellt.

51 Aus einer juristischen Stellungnahme, die von der Verfasserin eingeholt wurde, 26. Juli 1993.

52 Die Wahrheit, Nr. 41 vom 10./11. Oktober 1987. Vgl. zur Erbschaftsproblematik auch Fritz Teppich, »Offener Brief an Mr. Bronfman«, in: Die Wahrheit vom 14. Juli 1988: »Nach einem heimtückischen Coup unter Beteiligung des früheren ›Arisierers‹ Steinke gelang es, die in London im Exil lebende Witwe von Hans Kempinski und deren verwitwete Schwiegertochter Mela nebst kleinem Sohn ihrer Erbrechte zu berauben; ein tolles Stück in der deutschen Rechtsgeschichte.« Vgl. auch: Horsta Krum, »›Die Zeit vergeht, das Schöne bleibt‹«, in: Volksblatt vom 2. Juli 1989; SFB-Sendung »Die Zeit vergeht – das Schöne bleibt« von Otto Langels; Horsta Krum, »Warum wir den Finger auf die Wunde legen«, in Volksblatt vom 22. Oktober 1989; Fritz Teppich, Leserbrief im »Volksblatt« vom 5. Juli 1989; »Zweite ›Arisierung‹ in Deutschland. Interview mit Tom Kempinski«, in: Neues Deutschland vom 14. Mai 1993.

53 Amtsgericht Charlottenburg, Handelsregister, Bd. 31, HRA 3448 Nz.

54 Amtsgericht Charlottenburg, Handelsregisterakten, 91 HRA 3448 Nz., Bd. I, Bl. 91/92.

55 Amtsgericht Charlottenburg, Handelsregisterakten, 91 HRA 3448, Bd. I, Bl. 94.

56 Amtsgericht Charlottenburg, Handelsregister, Bd. 31, HRA 3448 Nz.

57 Amtsgericht Charlottenburg, Handelsregisterakten, HRA 3448 Nz., Bd. I, Bl. 97.

58 Aus den Akten des Oberfinanzpräsidiums geht hervor, daß der Oberfinanzpräsident Berlin-Brandenburg, Vermögensverwertungsstelle, dem zwischen Dr. Walter Unger und Werner Steinke geschlossenen Vertrag wohl zustimmen wollte, allerdings finanzielle Forderungen stellte. (LA Berlin, Rep. 92, Akte Dr. Walter Unger.)

59 Amtsgericht Charlottenburg, Handelsregisterakten, HRA 3448 Nz., Bd. I, Bl. 97.

60 Ebd., Bl. 97RS.

61 Amtsgericht Charlottenburg, Handelsregisterakten, HRA 3448 Nz., Bd. I, Bl. 95/95RS.

62 Amtsgericht Charlottenburg, Handelsregisterakten, 93 HRB 689, Bl. 2ff.

63 Ebd.

64 Amtsgericht Charlottenburg, Handelsregisterakten, 93 HRB 689, Bl. 11ff.

65 Exposé Steinkes über die historische Entwicklung der M. Kempinski & Co. GmbH als Anlage zum Antrag auf Gewährung eines Investitionskredits zwecks Baus des Hotels »Kempinski« vom 2. August 1950, S. 1; Sammlung der Kempinski AG (im folgenden zitiert als: Exposé Steinkes).

66 »Aschinger AG«, in: Die Berliner Wirtschaft, Nr. 47 vom 20. November 1951, S. 1375.

67 Exposé Steinkes, a.a.O., S. 2. Die Berliner Wirtschaft vom 29. November 1951 sprach von der Vereinbarung einer neunjährigen wirtschaftlichen Zusammenarbeit.

68 Die Berliner Wirtschaft, Nr. 47 vom 29. November 1951, S. 1375.

69 Exposé Steinkes, a.a.O., S. 2.

70 »Das Beherbergungsgewerbe in Westberlin«, in: Die Berliner Wirtschaft, Nr. 8 vom 1. März 1951.

71 Exposé Steinkes, a.a.O., S. 2. Es lagen noch weitere Hotel-Neubaupläne vor, so das Projekt des Wiederaufbaus des Eden-Hotels am Kurfürstendamm. Diese Pläne wurden als nicht förderungswürdig betrachtet. Für das Beherbergungswesen wurden bis Anfang 1951 nur 1,5 Prozent (oder 2,71 Millionen DM) aller für den Aufbau der Berliner Wirtschaft zur Verfügung gestellten ERP-Mittel eingesetzt. Der Großteil dieser Gelder floß also in das Kempinski-Projekt.

72 Ebd., S. 3.

73 Zeitungsausschnitt (Quelle unbekannt); Archiv der sozialen Demokratie, Bonn/Bad Godesberg.

74 Exposé Steinkes, a.a.O., S. 4.

75 Zeitschriftenausschnitt »Ausländisches Vertrauen zu Berlin« (Quelle unbekannt); Privatbesitz. Dem Artikel beigegeben ist ein Foto Dr. Frederic W. Ungers mit dem Modell des Hotels »Kempinski« sowie ein Foto der Grundsteinlegung.

76 Über die Baugeschichte informieren lediglich recht dürftige Notizen; vgl.: Die Bauwerke und Kunstdenkmäler von Berlin. Stadt und Bezirk Charlottenburg, bearb. von Irmgard Wirth, Berlin 1961, S. 577 f., sowie: Berlin und seine Bauten, VIII/B, S. 44.

77 »Wieder ›Kempi‹ am Kurfürstendamm«, in: Der Tagesspiegel vom 30. Juli 1952.

78 »Aschinger AG«, in: Die Berliner Wirtschaft, Nr. 29 vom 17. Juli 1952, S. 917.

79 Hotelbetriebs AG an den Magistrat von Groß-Berlin, Abt. Bau- und Wohnungswesen, am 30. Juni 1949; StA Berlin, Rep. 105, Nr. 4089, Bl. 16; Deutsche Treuhandverwaltung des sequestrierten und beschlagnahmten Vermögens im sowjetischen Besatzungssektor der Stadt Berlin an den Magistrat von Groß-Berlin, Abt. Bau- und Wohnungswesen, ebd., Bl. 18; Magistrat von Groß-Berlin an Hotelbetriebs AG am 15. Juli 1949, ebd., Bl. 19.

80 Josef Schmidt, 50 Jahre Hotelbetriebs AG 1897–1947, S. 31; Sammlung der Kempinski AG. Der Prokurist der Hotelbetriebs AG verfaßte das maschinenschriftlich vorliegende Manuskript im Jahre 1954.

81 Ebd, S. 30. Zur Gründung weiterer Betriebe außerhalb Berlins vgl.: Hans F. König, Vom Pikkolo zum Manager, Hochheim 1985, S. 88 ff.

82 Schmidt, 50 Jahre Hotelbetriebs AG, S. 31.

83 Ebd., S. 32 f.

84 Die Berliner Wirtschaft, Nr. 44 vom 8. November 1951, S. 1280; vgl. auch: Die Berliner Wirtschaft, Nr. 40 vom 2. Oktober 1952, S. 1256.

85 Die Berliner Wirtschaft, Nr. 9 vom 8. März 1951, S. 261.

86 Interview mit Hans F. König, 3. Januar 1991. 1959/60 schied Spethmann aus der Konzernleitung aus – in Unfrieden mit der Gesellschaft.

87 »›Hotelbetrieb‹ lebt auf. Neue Entwicklung einer berühmten Berliner Aktiengesellschaft«, in: Berliner Morgenpost vom 10. Dezember 1952; vgl. »Konzentration im Berliner Hotelgewerbe. Hotelbetriebs-AG, Aschinger AG und Kempinski arbeiten zusammen«, in: Der Volkswirt. Wirtschafts- und Finanz-Zeitung, Nr. 5 vom 31. Januar 1953.

88 Der Tagesspiegel vom 17. Januar 1953.

89 Notariatsurkunde, Amtsgericht Charlottenburg, Handelsregisterakten, 93 HRB 689, Bl. 45–49.

90 Notariatsprotokoll, Amtsgericht Charlottenburg, Handelsregisterakten, 93 HRB 689, Bl. 50–52.

91 Notariatsprotokoll, Amtsgericht Charlottenburg, Handelsregisterakten, HRB 689, Bl. 53–55.

92 Die Berliner Wirtschaft, Nr. 24 vom 11. Juni 1953, S. 763.

93 Vermerk der IHK Berlin vom 18. August 1959 über ein Gespräch mit Werner Steinke. Der Vermerk war Grundlage für ein Schreiben der IHK an die United Restitution Organisation, in dem es um die Abwehr von Pensionsansprüchen ehemaliger Mitarbeiter der OHG ging; IHK-Archiv, ohne Aktennummer.

94 Interview mit Hans F. König, 3. Januar 1991.

95 Gütliche Einigung zwischen Dr. Frederic W. Unger und Werner Steinke gemäß Art. 56 Abs. 3 REAO vor dem Wiedergutmachungsamt am 14. Juni 1950; Amtsgericht Charlottenburg, Handelsregisterakten, HRA 3448 Nz., Bd. I, Bl. 93/93RS.

96 Interview mit Elisabeth Kohsen, 9. Juli 1990. Ein Vorgehen gegen den Bruder verhinderte das Testament Richard Ungers, das bestimmte, daß Dr. Frederic W. Unger in seinen geschäftlichen Aktionen nicht behindert werden sollte.

97 »Kempinski-Hotel wechselt Besitzer«, in: Der Tagesspiegel vom 17. Januar 1953. Vgl. Schreiben von Dr. Heinz Michaud an die Verfasserin vom 6. Februar 1991.

98 Interview mit Frau Kohsen, 9. Juli 1990. Elisabeth Kohsen berichtete auch, ihr Bruder sei nach dem Verkauf des Kempinski-Hotels und nach einem Gehirnschlag entmündigt worden. In den Akten gibt es keinen Beleg für die Entmündigung. Friedrich Wolfgang Unger hatte ohnehin seiner Ehefrau Generalvollmacht erteilt.

99 Gemeentearchief Amsterdam, P.A. 816/6. Am 18. August 1952 erhielt Dr. jur. Alfred Platz, wohnhaft in New York City, die Generalvollmacht. Dr. Platz hat alle Verträge, von denen bisher die Rede war, in Abwesenheit Dr. Ungers unterzeichnet.

100 Der Tagesspiegel vom 17. Januar 1953.

101 Die Berliner Wirtschaft, Nr. 35 vom 27. August 1953, S. 1116.

102 Schmidt, 50 Jahre Hotelbetriebs AG, S. 40.

103 IHK-Archiv, ohne Aktennummer.

104 Interview mit Hans F. König, 3. Januar 1991.

105 Die Berliner Wirtschaft, Nr. 37 vom 10. September 1953, S. 1179.

106 Geschäftsbericht der Hotelbetriebs AG für 1952/53; Sammlung der Kempinski AG.

107 Amtsgericht Charlottenburg, Handelsregisterakten, 91 HRA 3448, Bd. II, Bl. 1.

108 Amtsgericht Charlottenburg, Handelsregisterakten, 91 HRA 3448 Nz., Bd. II, Bl. 3.

109 Vermerk der IHK Berlin vom 18. August 1959 über ein Gespräch mit Werner Steinke; IHK-Archiv, ohne Aktennummer.

110 Amtsgericht Charlottenburg, Handelsregisterakten, 91 HRA 3448 Nz., Bd. II, Bl. 4/4RS.

111 Amtsgericht Charlottenburg, Handelsregisterakten, 91 HRA 3448 Nz., Bd. II, Bl. 5.

112 Bemerkungen der Firma M. Kempinski & Co. im Zusammenhang mit dem Verzicht auf Weinhandel in Holland und Lizenzvergabe, 26. November 1964; Gemeentearchief Amsterdam, P.A. 816/8.

113 Gemeentearchief, P.A. 816/9.

114 Ebd.

115 Papier Steinkes vom 8. Februar 1967, ebd.

116 Interview mit Hans F. König. Zum Kauf des Namens Kempinski vgl. auch: Hans F. König, Vom Pikkolo zum Manager, S. 122.

117 Dr. Gerold Bezzenberger, Berlin, am 18. September 1990.

118 Die Berliner Wirtschaft, Nr. 22 vom 1. August 1969.

119 M. Kempinski & Co. GmbH an M. Kempinski & Co. am 19. September 1969; Notariatsarchiv Dr. Gerold Bezzenberger, Berlin.

120 Amtsgericht Charlottenburg, Handelsregisterakten, 91 HRA 3448 Nz., Bd. I, Bl. 99.

Zusammenfassung

Im Verlauf der 70er Jahre des 19. Jahrhunderts war der Weinhändler Berthold Kempinski mit seiner Ehefrau Helene aus der Provinz – nach einer Zwischenstation in Breslau – in die Hauptstadt des gerade geschaffenen Deutschen Reiches gekommen.

Obwohl die Gründung seiner Firma mit dem Ausbruch einer wirtschaftlichen Krise zusammenfiel, gelangen sehr schnell die geschäftliche Etablierung und der kontinuierliche Aufstieg der Weinhandlung M. Kempinski & Co., die nach Bertholds in Breslau lebendem Bruder Moritz benannt war. Der zunächst auf Ungarweine spezialisierten Weingroßhandlung in der Friedrichstraße 178 wurde bald ein – bescheidener – Restaurationsbetrieb angegliedert, der vor allem Meeresfrüchte und einfache Gerichte zu einem Einheitspreis offerierte. Aufgrund der originellen Konzeption der halben Portion zum halben Preis, der persönlichen Atmosphäre und der Liebenswürdigkeit Berthold Kempinskis wurde das Geschäft beim Berliner Publikum ein Erfolg. Die jüdische Familie Kempinski hatte sich bald in Berlin akklimatisiert und spätestens in der zweiten Generation akkulturiert.

Ein weiterer Schritt vorwärts auf dem Weg seiner gastronomischen Karriere war der Ankauf eines eigenen Geschäftshauses in der Leipziger Straße 25, das am 1. Juli 1889 seine Pforten öffnete. Etwa 1890 traten Hans Kempinski, der Neffe Berthold Kempinskis, und um die Jahrhundertwende der Schwiegersohn Richard Unger aus Erfurt in das Geschäft ein. Die Nachfolge Berthold Kempinskis war gesichert. Die bisherige Einzelhandelsgesellschaft M. Kempinski & Co. wurde fortan in der Rechtsform einer offenen Handelsgesellschaft geführt. Nach dem Hinzukauf von Nachbargrundstücken erfolgte 1906/07 die architektonische Vereinheitlichung des Gebäudekomplexes in der Leipziger Straße zu einem riesigen, luxuriös ausgestatteten, farbenprächtigen Speiselokal, das auch in innenarchitektonischer Hinsicht aufsehenerregend und neuartig war. Hier wurden auch diverse Nebenbetriebe untergebracht. Ein erneuter Umbau im Jahre 1910 brachte den Rückgriff auf antikisierendes Design. Da die königliche Manufaktur in Cadinen die Kacheln für den größten Saal geliefert hatte, ließ sich Wilhelm II. eine Besichtigung des Restaurants nicht nehmen. Die damalige »Firmenphilosophie« beinhaltete, feine Gerichte, die zu opulenten Menüs zuammengestellt werden konnten, aufmerksame Bedienung und luxuriöse Atmosphäre einem großen Publikum anzubieten. Auch Gäste, die nur über ein kleines Budget verfügten, konnten sich einen Besuch bei Kempinski leisten. Kempinski war eben eine »Volksküche für die bess're Welt«.

Als Berthold Kempinski am 14. März 1910 starb, hinterließ er ein florierendes und populäres Haus. 1912 wurde das erste Delikatessengeschäft in der Krausenstraße 71, Ecke Friedrichstraße 198–199 eröffnet. 1913 konnte das modern ausgestattete Zentralweinlager in der Friedrichstraße 225 eingerichtet werden. M. Kempinski & Co. verfügte damit über den größten Weinkeller Berlins. Nach dem Tod des Gründers rückte Richard Unger als maßgebliche Persönlichkeit des Unternehmens in den Vordergrund. Dem Weinhändler, Bankier und Handelsrichter, der sich auch in der Kommunalpolitik engagierte, wurde 1911 der Titel eines Preußischen Kommerzienrats verliehen. Tatkräftig unterstützt wurde er von Hans Kempinski, dem Weinhandels- und Gastronomiefachmann des Unternehmens.

Der Ausbruch des Ersten Weltkrieges, der Zusammenbruch des wilhelminischen Kaiserreichs in der militärischen Niederlage, die Krisenjahre der jungen Republik markierten auch in der Geschichte Kempinskis eine Zäsur. Auf eher konservative Solidität und ein kontinuierliches Wachstum, das Jahrzehnte gebraucht hatte, folgte nach der Überwindung der Inflation eine beschleunigte Expansion des Unternehmens. Die Hinwendung zu neuen Größenordnungen wurde im wesentlichen getragen von der dritten Gesellschafter-Generation: von Dr. Friedrich Wolfgang Unger-Kempinski, Dr. Walter Unger und Dr. Walter Kohsen. Die eigentliche Firmenleitung lag weiterhin in den Händen Richard Ungers und Hans Kempinskis. Es erfolgte eine verstärkte Ausdehnung des Weingroßhandels in den europäischen und außereuropäischen Bereich. Auf den Weinhandel wurde aus Prestigegründen stets größtes Gewicht gelegt, obwohl der geschäftliche Schwerpunkt bei Kempinski zunehmend auf der Gastronomie lag. 1920 wurde die niederländische Zweigniederlassung N.V. Wijnhandel M. Kempinski & Co. in Amsterdam gegründet, zu der auch ein Restaurant in der damaligen »Leidschestraat« gehörte. M. Kempinski & Co. Inc. in New York sollte den Weinabsatz in den USA vorantreiben. 1926 erwarb Kempinski die Mehrheitsbeteiligung an der Likörfabrik Bardinet AG in Berlin. 1927 wurde die Domkellerei zu Köln AG eine hundertprozentige Tochter von M. Kempinski & Co. Die Firma weitete kontinuierlich ihr Netz von Weinbergen, Kelterhäusern und Kellereien in den Weinanbaugebieten aus. Ein attraktives Lebensmittelangebot stand der Kundschaft in den Feinkostläden zur Verfügung oder erreichte sie durch den Versandhandel. Im Jahre 1926 eröffnete die Firma im Gebäudekomplex Kurfürstendamm 27, Ecke Fasanenstraße 21–22 neben einem neuen Delikatessengeschäft ein – im Vergleich zur Leipziger Straße – kleineres, eleganteres und exklusiveres Restaurant.

Seit 1931 wurde das »Café Trumpf« im Romanischen Haus gegenüber der Gedächtniskirche als Kempinski-Betrieb geführt. Die West-Wanderung der Firma Kempinski lag im Trend der Stadtentwicklung und machte sich bezahlt.

Am 1. September 1928 wurde nach einem Umbau, der fünf Millionen RM gekostet hatte, das am Potsdamer Platz gelegene ehemalige Ufa-Gebäude als »Haus Vaterland – Betrieb Kempinski« eröffnet. Mehrere Restaurants fanden hier unter einem Dach Platz; in jedem der entsprechend dekorierten Säle konnte der Gast eine andere nationale Speisekarte ausprobieren. Ein Revueprogramm sorgte für Unterhaltung. Der geschäftliche Nutzen lag für Kempinski darin, daß die Firma das alleinige Warenlieferungsrecht für »Haus Vaterland« besaß; mit der Haus Vaterland Gaststätten GmbH, die die Restaurants betrieb, konnte ein sehr günstiger Vertrag abgeschlossen werden. »Haus Vaterland« war der entscheidende Schritt Kempinskis in Richtung Massengastronomie und in den ersten Monaten seines Bestehens schlichtweg eine Sensation.

Der Expansion entsprachen Konzentrationsbewegungen auch im Gaststätten- und Hotelgewerbe; so nahm Kempinski an Kartellabsprachen mit der Aschinger AG und der Hotelbetriebs AG teil, die von 1926 bis 1935 eine Tochtergesellschaft des Bierquellenkonzerns Aschinger war.

Die 1929 einsetzende Weltwirtschaftskrise erfaßte vor allem die neu eingerichteten Kempinski-Betriebe: das zunächst hervorragende Gewinne abwerfende »Haus Vaterland«, die 1930 übernommene, um ein Weinrestaurant und ein Feinkostgeschäft erweiterte Breslauer Filiale sowie das 1932 von Ravené gepachtete, als Hotel-Restaurant betriebene Schloß Marquardt am Schlänitzsee bei Potsdam. Obwohl Kempinski von Umsatz- und Gewinneinbrüchen heimgesucht wurde, obwohl Kapitalschwund und ein wachsender Schuldenberg infolge der Finanzierung der Expansion durch Kredite Sorgen bereiteten, erwies das Unternehmen in der Krise doch ein erstaunliches Maß an Stabilität.

Nach der Machtübernahme durch die Nationalsozialisten hatte der jüdische Familienbetrieb keine Chance. Die wohlüberlegten und zunächst erfolgversprechenden Betriebsausweitungen konnten ökonomisch nicht ausreifen. Es war nicht möglich, die Einbußen während der Krise durch neue Gewinne wettzumachen. Die bald einsetzenden antijüdischen Kampagnen, die über die spektakulären Aktionen des Boykotts vom 1. April 1933 weit hinausgingen, hatten für Kempinski verheerende Folgen. Der Umsatz ging weiter zurück, seit 1933 konnten keine Gewinne mehr erzielt werden. Die Vermögenslage des Unternehmens gestaltete sich zunehmend kritisch: Die Zahlungsunfähigkeit war abzusehen. Die jüdischen Besitzer mußten mitansehen, wie ihre innerbetrieblichen Führungspositionen untergraben wurden. Betriebseinschränkungen, die Auflösung von Beteiligungen und eine entgegenkommende Haltung von Geschäftspartnern wie Ravené führten zu keiner erkennbaren Verbesserung der Lage. 1937 stand die Firma Kempinski vor dem Ruin.

Am 1. Juli 1937 übernahm die Aschinger AG nach langwierigen und komplizierten Verhandlungen auf dem Pachtweg die Kempinski-Betriebe und führte sie unter dem Namen M. Kempinski & Co. Weinhaus und Handelsgesellschaft mbH weiter. Diese Kempinski GmbH war das »arisierte« Kempinski-Unternehmen. Während der »Arisierungsverhandlungen« wurde die Fiktion einer ganz normalen geschäftlichen Transaktion aufrechterhalten. Die Behörden hielten sich zu dieser Zeit weitgehend aus dem Verfahren heraus. Es ist allerdings die wichtige Rolle der Banken bei der Finanzierung der »Arisierung« zu betonen. Für die Aschinger AG, die 1935 ihr Hotelbetriebs-Aktienpaket verkauft und nach einer gefährlichen Krise wie-

der Fuß gefaßt hatte, bedeutete die »Arisierung« von M. Kempinski & Co. den Schlußpunkt der eigenen Sanierung. Nach anfänglichen Schwierigkeiten wurden die Rationalisierungsprojekte und die Hoffnungen auf einen Profitschub Wirklichkeit. Die Übernahme der bald wieder florierenden Kempinski-Betriebe erwies sich für Aschinger als ausgesprochen gewinnbringend. Während des Zweiten Weltkrieges erwog die Gesellschaft, das »Haus Vaterland«-Grundstück am Potsdamer Platz zu erwerben. Schloß Marquardt wurde schließlich gekauft. 1941 erzwang eine Verordnung den Verzicht auf die alten jüdischen Namen der »arisierten« Firmen. Kempinski hieß fortan F.W. Borchardt Weinhaus und Handels GmbH bzw. Borchardt GmbH.

Die OHG M. Kempinski & Co. existierte auch nach der »Arisierung« der Betriebe als »Unternehmen in Abwicklung« weiter; die OHG besaß noch die Grundstücke und Beteiligungen und nahm ein nur begrenztes geschäftliches Engagement im In- und Ausland wahr. Über diese Rest-Firma wurde auch die Entschuldung vorgenommen. Die Versuche der Aschinger AG, die Grundstücke zu erwerben, scheiterten am Widerstand Dr. Walter Ungers, des letzten in Deutschland lebenden Gesellschafters. Am 28. November 1941 unterzeichneten Dr. Unger und Werner Steinke, ein leitender Angestellter, einen Vertrag, nach dem Steinke die OHG übernehmen sollte. Möglicherweise dachte Dr. Unger hier an eine »Arisierung« in freundlichem Einvernehmen, die einem späteren Wiederaufbau des Konzerns den Weg ebnen würde.

Während der Zeit der nationalsozialistischen Gewaltherrschaft wurden die Familien Unger und Kempinski um ihren Besitz gebracht und aus Deutschland vertrieben. Dr. Walter Unger wurde in Auschwitz ermordet.

Die Familie, vor allem Dr. Friedrich Wolfgang Unger-Kempinski, bemühte sich nach dem Krieg um eine Restitution der OHG M. Kempinski & Co. Auf eine Mitarbeit Werner Steinkes, der sich in den Augen der Ungers während der Nazizeit als loyaler Sachwalter der Firma und der Familie erwiesen hatte, wurde dabei großer Wert gelegt. Parallel zu einer »gütlichen Einigung« mit Steinke und einem Arrangement mit der Aschinger AG, deren Vermögenswerte im Ostteil der Stadt am 8. Februar 1949 enteignet worden waren, erfolgte die Auflösung der alten Kempinski OHG am 26. Mai 1950 und ihre Neugründung am 8. Juni 1950. Die im Ausland lebenden Erben von Hans Kempinski und Dr. Walter Unger wurden zu diesen Transaktionen nicht befragt, eine Auszahlung des Erbteils aus dem Firmenvermögen unterblieb. Die OHG rief am 15. Juni 1950 die M. Kempinski & Co. GmbH ins Leben, in die bald darauf das im Besitz von Dr. Unger-Kempinski und Steinke befindliche Kurfürstendamm-Grundstück eingebracht wurde. Aufgabe der GmbH sollte die Bewirtschaftung des projektierten Kempinski-Hotels sein. Es war geplant, die Aschinger AG für die Dauer von zehn Jahren am Management des neuen Hotels zu beteiligen. Der Bau des Kempinski-Hotels am Kurfürstendamm – von der OHG als erster Schritt zum Wiederaufbau des Konzerns gewertet – konnte dank der Bereitstellung von ERP-Mitteln realisiert werden. Am 29. Juli 1952 wurde das Hotel eröffnet. Finanzielle Schwierigkeiten führten dazu, daß die M. Kempinski & Co. OHG ihre Geschäftsanteile an der GmbH am 16. Januar 1953 verkaufen mußte.

Die Hotelbetriebs AG, deren Vermögen am 10. Mai 1949 vom Groß-Berliner Magistrat enteignet worden war, gelangte schließlich in den Besitz der M. Kempinski & Co. GmbH und übernahm damit auch das Hotel am Kurfürstendamm. Die Banken, insbesondere die Bank für Handel und Industrie (so der Name der Dresdner Bank in Berlin bis zum 7.3.1989), fungierten als Geldgeber und gewannen auch Einfluß auf die Zusammensetzung der Leitung des Unternehmens. Auf Betreiben der Dresdner Bank wurde eine Arbeitsgemeinschaft mit der Aschinger AG ins Leben gerufen. Der ehemalige Direktor der Aschinger AG, Paul Spethmann, wurde zum Chef der Hotelbetriebs AG ernannt. Für die Hotelbetriebs AG bedeutete der Erwerb der GmbH-Anteile den ersten Schritt auf dem Weg zur Prosperität. Die Aschinger AG konnte in Berlin nicht mehr Fuß fassen; die letzte Bierquelle am Bahnhof Zoo mußte nach dem Bankrott der Firma schließen. Die M. Kempinski & Co. OHG führte noch einige Jahre ein Schattendasein und ging langsam ein.

Nach der Umbenennung der Hotelbetriebs AG in Kempinski AG muß das Unternehmen mit dem Verwirrung stiftenden Kontinuitätsbruch leben, den sein Name eher verdeckt, und sich der Tatsache bewußt bleiben, daß einmal – völlig unabhängig voneinander – zwei Berliner Firmen mit ausgeprägtem Eigencharakter und ganz unterschiedlicher Geschichte existiert haben: die Hotelbetriebs AG und die alte Firma OHG M. Kempinski & Co.

V. Anhang

Benutzte Archive

Stadtarchiv Berlin (StA)
Landesarchiv Berlin (LA)
Zentrales Staatsarchiv Potsdam (Bundesarchiv Potsdam; ZStA)
Gemeentearchief Amsterdam
Staatsarchiv zu Breslau
Amtsgericht Charlottenburg, Abteilung Handelsregister
Archiv der Industrie- und Handelskammer zu Berlin
Archiv für den wissenschaftlichen Film der DDR, Potsdam-Babelsberg
Sammlung der Kempinski AG, Frankfurt a. M./Neu-Isenburg
Brandenburgisches Landeshauptarchiv, Potsdam
Berlin Document Center, Berlin

Fotonachweis

Berliner Architekturwelt, 1907   S. 25, 29
Berolina. Das Magazin der Kempinski-Betriebe, hrsg. von der Haus Vaterland Gaststätten GmbH, 1931   S. 53 oben, 76
Deutsche Bauzeitung, Nr. 35, 1927; Nr. 60, 1927   S. 60, 73
Blätter für Architektur und Kunsthandwerk, XXI. Jg., 1908   Umschlag, S. 23, 24
Gemeentearchief Amsterdam   S. 49–52, 111, 121
Heppner, Aron und J. Herzberg, Aus Vergangenheit und Gegenwart der Juden und der jüdischen Gemeinden in den Posener Landen, Koschmin-Bromberg 1909   S. 15 links
Landesarchiv Berlin   S. 34, 61, 63, 133
Privatbesitz   S. 17, 20, 21, 32, 42–44, 131, 156
Reichshandbuch der deutschen Gesellschaft, 2 Bde., Berlin 1930/31   S. 66, 67, 69, 97
Sammlung der Kempinski AG, Frankfurt a. M./Neu-Isenburg   S. 53 unten, 55, 159, 161–163
Stadtarchiv Berlin   S. 81
Ullstein Bilderdienst   S. 15 rechts, 26 oben und unten, 65, 74, 80, 134, 145

Literatur

Adam, Uwe Dietrich: Judenpolitik im Dritten Reich (= Tübinger Schriften zur Sozial- und Zeitgeschichte 1), Düsseldorf 1972.

Adlon, Hedda: Hotel Adlon, 8. Aufl., München 1988.

Barkai, Avraham: Das Wirtschaftssystem des Nationalsozialismus. Der historische und ideologische Hintergrund 1933–1936, Köln 1977.

Barkai, Avraham: Die deutschen Unternehmer und die Judenpolitik im »Dritten Reich«, in: Geschichte und Gesellschaft, 15. Jg., 1982, Heft 2, S. 227–247.

Barkai, Avraham: Vom Boykott zur »Entjudung«. Der wirtschaftliche Existenzkampf der Juden im Dritten Reich 1933–1943, Frankfurt a. M. 1988.

Berlins Aufstieg zur Weltstadt. Ein Gedenkbuch. Hrsg. vom Verein Berliner Kaufleute und Industrieller aus Anlaß seines 50jährigen Bestehens, Berlin 1929.

Berlin um 1900. Querschnitt durch die Entwicklung einer Stadt um die Jahrhundertwende. Erinnerungen und Berichte, gesammelt und hrsg. von Hans O. Modrow, Berlin 1936.

Berlin. Berlin. Die Ausstellung zur Geschichte der Stadt. Katalog, hrsg. von Gottfried Korff und Reinhard Rürup, Berlin 1987.

Berlin und seine Bauten. Teil VIII/Bd. B: Bauten für Handel und Gewerbe/Gastgewerbe, Berlin-München-Düsseldorf 1980.

Berliner Bilder. Eine illustrierte Sammlung von Einzeldarstellungen aus allen Gebieten des Berliner Lebens, Heft: Berliner Nächte, Berlin 1914.

Berlin wie es schreibt & ißt. 61 Betrachtungen Berliner Autoren über ihre Lieblingslokale, gesammelt und hrsg. von Marianne Steltzer, Berlin 1967.

Bertz, Inka: Keine Feier ohne Meyer. Die Geschichte der Firma Hermann Meyer & Co. 1890–1990 (=Schriftenreihe des Berlin Museums zur Geschichte von Handel und Gewerbe in Berlin, Bd. 2), Berlin 1990.

Buschak, Willy: Von Menschen, die wie Menschen leben wollten. Die Geschichte der Gewerkschaft Nahrung-Genuß-Gaststätten und ihrer Vorläufer, Köln 1985.

Buschak, Willy: Kellner im Widerstand, in: Bochumer Archiv für die Geschichte des Widerstandes und der Arbeit, 8. Jg., 1987, S. 165–174.

Die Chronik der Kempinski AG, hrsg. von der Kempinski Aktiengesellschaft/Direktion Marketing, Frankfurt a. M. 1988.

Erman, Hans: Bei Kempinski. Aus der Chronik einer Weltstadt, Berlin 1956.

Genschel, Helmut: Die Verdrängung der Juden aus der Wirtschaft im Dritten Reich, Berlin-Frankfurt a. M.-Zürich 1966.

Geschichtslandschaft Berlin. Orte und Ereignisse, hrsg. von Helmut Engel, Stefi Jersch-Wenzel, Wilhelm Treue, Bd. II: Tiergarten, Teil 1, Berlin 1989.

Günther-Kaminski, Michael und Michael Weiß (Bearb.): »... als wäre es nie gewesen.« Juden am Ku'damm, hrsg. von der Berliner Geschichtswerkstatt e.V., Berlin 1989.

Heppner, Aron und J. Herzberg: Aus Vergangenheit und Gegenwart der Juden und der jüdischen Gemeinden in den Posener Landen nach gedruckten und archivalischen Quellen, Koschmin-Bromberg 1909.

Hoffmann, Moritz: Goldener Anker und Schwarzer Walfisch. Ein Führer durch denkwürdige Gaststätten, Berlin 1941.

Hundert Jahre Soll & Haben 1879–1979. Eine Dokumentation in Bildern, hrsg. von Heinz Mohr und Fritz M. Tübke für den Verein Berliner Kaufleute und Industrieller e.V., Berlin 1979.

Jersch-Wenzel, Stefi (Hrsg.): Das Leinenhaus Grünfeld. Erinnerungen und Dokumente von Fritz V. Grünfeld (= Schriften zur Wirtschafts- und Sozialgeschichte, Bd. 12), Berlin 1967.

Juden in Berlin 1671–1945. Ein Lesebuch, mit Beiträgen von Annegret Ehmann, Rachel Livné-Freudenthal, Monika Richarz, Julius H. Schoeps und Raymond Wolff, Berlin 1988.

Köhrer, Helmuth: Entziehung, Beraubung, Rückerstattung. Vom Wandel der Beziehungen zwischen Juden und Nichtjuden durch Verfolgung und Restitution, Baden-Baden 1951.

König, Hans F.: Vom Pikkolo zum Manager, Hochheim 1985.

Köster, Baldur: Berliner Gaststätten von der Jahrhundertwende bis zum Ersten Weltkrieg, Berlin 1964.

Lange, Annemarie: Das Wilhelminische Berlin. Zwischen Jahrhundertwende und Novemberrevolution, Berlin (Ost) 1967.

Lange, Annemarie: Berlin zur Zeit Bebels und Bismarcks. Zwischen Reichsgründung und Jahrhundertwende, 3. Aufl., Berlin (Ost) 1980.

Langels, Otto: »Die Zeit vergeht – das Schöne bleibt.« Zur Vergangenheit der Kempinski AG. Manuskript einer SFB-Sendung, Berlin 1989.

Lestschinsky, Jakob. Das wirtschaftliche Schicksal des deutschen Judentums, Berlin 1932.

Levy, Hans: »Leben à la Kempinski«. Ein Berliner Jubiläums-Krimi, Teil I-VII, in: Die Wahrheit. Im Zeichen der Zeit, Nr. 36 vom 5./6. September 1987 bis Nr. 42 vom 17./18. Oktober 1987.

Ludwig, Johannes: Boykott – Enteignung – Mord. Die »Entjudung« der deutschen Wirtschaft, Hamburg-München 1989.

Marcus, Alfred: Die wirtschaftliche Krise der deutschen Juden. Eine soziologische Untersuchung, Berlin 1931.

Metzger, Karl-Heinz und Ulrich Dunker: Der Kurfürstendamm. Leben und Mythos des Boulevards in 100 Jahren deutscher Geschichte, hrsg. vom Bezirksamt Wilmersdorf von Berlin aus Anlaß der 750-Jahr-Feier der Stadt Berlin 1987, Berlin 1986.

Mosse, Werner E. (Hrsg.): Entscheidungsjahr 1932. Zur Judenfrage in der Endphase der Weimarer Republik, Tübingen 1965.

Mosse, Werner E.: Jews in the German Economy. The German-Jewish Economic Elite 1820–1935, Oxford 1987.

Prinz, Arthur: Juden im deutschen Wirtschaftsleben. Soziale und wirtschaftliche Struktur im Wandel 1850–1914, bearb. und hrsg. von Avraham Barkai, Tübingen 1984.

Die Reise nach Berlin, hrsg. von der Berliner Festspiele GmbH im Auftrag des Senats von Berlin zur 750-Jahr-Feier Berlins. Katalog zur Ausstellung im Hamburger Bahnhof, Berlin 1987.

Ribbe, Wolfgang (Hrsg.): Von der Residenz zur City. 275 Jahre Charlottenburg, Berlin 1980.

Rürup, Reinhard: Emanzipation und Antisemitismus. Studien zur »Judenfrage« der bürgerlichen Gesellschaft, Göttingen 1975.

Schebera, Jürgen: Damals im Romanischen Café. Künstler und ihre Lokale im Berlin der zwanziger Jahre, Frankfurt a. M.-Wien 1988.

Sichelschmidt, Gustav: Berliner Lokale in alten Ansichten, Zaltbommel (Niederlande) 1979.

Stürmer, Michael, Gabriele Teichmann und Wilhelm Treue: Wägen und Wagen. Sal. Oppenheim jr. & Cie. Geschichte einer Bank und einer Familie, München-Zürich 1989.

Treue, Wilhelm: Das Bankhaus Mendelssohn als Beispiel einer Privatbank im 19. und 20. Jahrhundert, in: Mendelssohn-Studien. Beiträge zur neueren deutschen Kultur- und Wirtschaftsgeschichte, Bd. I, hrsg. für die Mendelssohn-Gesellschaft e.V. von Cécile Lowenthal-Hensel, Berlin 1972, S. 29ff.

Treue, Wilhelm: Das Schicksal des Bankhauses Sal. Oppenheim jr. & Cie. im Dritten Reich (= Zeitschrift für Unternehmensgeschichte, Beiheft 27), Wiesbaden 1983.

Treue, Wilhelm: Zur Frage der wirtschaftlichen Motive im deutschen Antisemitismus, in: Ders.: Unternehmens- und Unternehmergeschichte aus fünf Jahrzehnten, hrsg. von Hans Pohl (= Zeitschrift für Unternehmensgeschichte, Beiheft 50), Stuttgart 1989, S. 238ff.

Wangenheim, Inge: Mein Haus Vaterland. Erinnerungen einer jungen Frau, Berlin 1950.

Wegweiser durch das jüdische Berlin. Geschichte und Gegenwart. Mit Beiträgen von Vera Bendt, Nicola Galliner, Stefi Jersch-Wenzel und Thomas Jersch, Berlin 1987.

Weltsch, Robert (Hrsg.): Deutsches Judentum – Aufstieg und Krise. Gestalten, Ideen, Werke, Stuttgart 1963.

700 Jahre Weinhandel in Berlin 1254–1954, hrsg. vom Verband Berliner Weingroßhändler e.V., Berlin 1954.

Wilke, Adolf von: Alt-Berliner Erinnerungen, Berlin 1930.

Zielenziger, Kurt: Juden in der deutschen Wirtschaft, Berlin 1930.

Elfi Pracht, geb. 1955. Studium der Geschichte, Germanistik und Theater-, Film- und Fernsehwissenschaft an der Universität zu Köln. Erstes Staatsexamen für das Lehramt am Gymnasium, 1989 Promotion im Fach Geschichte.
1988–1990 wissenschaftliche Mitarbeiterin im Historischen Archiv der Stadt Köln/NS-Dokumentationszentrum, 1990/91 Forschungsauftrag bei der Historischen Kommission zu Berlin, 1991–1993 wissenschaftliche Mitarbeiterin im Steinheim-Institut, Duisburg. Seit 1993 Mitarbeiterin beim Wissenschaftlichen Forschungsreferat der Kölner Museen (Forschungsprojekt: »Jüdisches kulturelles Erbe in Nordrhein-Westfalen«).
Veröffentlichungen u.a. zur jüdischen Geschichte in Köln.

Professor Ernst Cramer, geb. 1913 in Augsburg. Nach der Pogromnacht vom 9./10. November 1938 war er in das Konzentrationslager Buchenwald gekommen und mußte 1939 emigrieren. Als amerikanischer Soldat kehrte er 1944 nach Europa zurück. Nach Kriegsende arbeitete Cramer für die US-Militärregierung. 1949 wurde er stellvertretender Chefredakteur der »DIE NEUE ZEITUNG«, 1955 Deutschland-Verkaufsleiter der Nachrichtenagentur United Press. Seit 1958 ist er Journalist im Axel Springer Verlag. Heute ist er stellvertretender Aufsichtsratsvorsitzender dieses Verlages, Herausgeber der »WELT am SONNTAG« und Vorsitzender des Vorstands der Axel Springer Stiftung.

Stefi Jersch-Wenzel, Prof. Dr. phil., geb. 1937, Studium der Geschichte und Germanistik. Leiterin der Sektion für deutsch-jüdische Geschichte der Historischen Kommission zu Berlin.
Veröffentlichungen u.a.: Jüdische Bürger und kommunale Selbstverwaltung in preußischen Städten 1808–1848 (1967), Juden und »Franzosen« in der Wirtschaft des Raumes Berlin/Brandenburg zur Zeit des Merkantilismus (1978), Deutsche – Polen – Juden (1987, Hrsg.), Von Zuwanderern zu Einheimischen. Hugenotten, Juden, Böhmen, Polen in Berlin (1990, Hrsg.).

Historische Kommission zu Berlin

Kirchweg 33 (»Mittelhof«). D-14129 Berlin (Nikolassee)

Entwicklung der Kempinski Aktiengesellschaft

Ausgewählte Ereignisse

1957
Erwerb des Atlantic Hotel Kempinski Hamburg.

1970
Die Hauptversammlung beschließt die Namensänderung der Firma in Kempinski Hotelbetriebs-Aktiengesellschaft.
Das Unternehmen erwirbt eine 50prozentige Beteiligung an der Hotel Vier Jahreszeiten GmbH, München.

1972
Übernahme der Verpflegung von täglich 12 500 Teilnehmern der Olympischen Spiele in München.

1973
Übernahme der gastronomischen Betriebsführung des Congress Centrums Hamburg.

1976
Die gastronomische Betriebsführung des Hotels Gravenbruch in Neu-Isenburg wird durch einen Managementvertrag übernommen.

1977
Die Hauptversammlung beschließt die Umbenennung der Firma in Kempinski Aktiengesellschaft.
Übernahme der gastronomischen Betreuung der Messehallen in Berlin.

1979
Das Hotel Gravenbruch Kempinski Frankfurt wird an die HGK Hotel Gravenbruch GmbH veräußert. Die Betriebsführung erfolgt durch die Kempinski AG.

1980
Unterzeichnung eines Verkaufsförderungsvertrags mit der Deutschen Lufthansa AG.

1985
Die Deutsche Lufthansa AG beteiligt sich an der Kempinski AG.

1986
Kempinski, Lufthansa und Rolaco S.A. gründen die Kempinski Hotels S.A. mit Sitz in Genf. Ihre Aufgabe ist, Kempinski Hotels außerhalb Deutschlands aufzubauen.

1987
Gründung der Kempinski International Inc., New York. Ihre Aufgabe ist die Koordination der Verkaufsaktivitäten in Nordamerika.
Mit dem The Grand Kempinski Dallas übernimmt Kempinski das erste Kempinski Hotel im Ausland.
Inbetriebnahme des weltweiten Kempinski Reservierungssystems mit zentralen Reservierungsbüros in Frankfurt, Hongkong und New York.

1988
Abschluß eines Managementvertrages mit dem Hotel Libertador Kempinski Buenos Aires. Mit dem Sutton Place Hotel Kempinski Toronto (bis 1993) und dem Hotel 21 East Kempinski Chicago (bis 1990) werden Verkaufsförderungsverträge abgeschlossen.

1989
Abschluß eines Verkaufsförderungsvertrages mit dem The Leela Kempinski Bombay.
Abschluß eines Managementvertrages mit dem Hotel Plaza San Francisco Kempinski Santiago und dem Hotel Kempinski Airport München (1994).

1990

Abschluß eines Verkaufsförderungsvertrages mit dem Hotel Furama Kempinski Hongkong.
Übernahme des The Mansion Kempinski Bangkok als Managementbetrieb.
Gründung der Adlon-Aufbaugesellschaft zum Wiederaufbau des Hotels Adlon in Berlin.
Eröffnung des Ciragan Palace Hotel Kempinski Istanbul.

1991

Übernahme des Campton Place Hotel Kempinski San Francisco und des Checkers Hotel Kempinski Los Angeles als Managementbetriebe.
Abschluß eines Managementvertrages mit dem Grand Hotel Taschenbergpalais Kempinski Dresden.

1992

Übernahme des Ritz-Carlton Kempinski Montreal als Managementbetrieb.
Eröffnung des Grand Hotels Corvinus Kempinski Budapest, des Hotels Baltschug Kempinski Moskau und des Kempinski Hotels Beijing Lufthansa Center, Peking.
Die in der Immobilienentwicklung international tätige Advanta Management AG, Frankfurt, übernimmt die Aktienmehrheit der Kempinski AG sowie 80 Prozent der Anteile an der Kempinski Hotels S.A.

1993

Die Kempinski AG übernimmt 80 Prozent der Anteile an der Kempinski Hotels S.A. von der Advanta Management AG und wird somit alleinige Gesellschafterin.
Die Beteiligung an der Hotel Vier Jahreszeiten GmbH, München, wurde von 50 Prozent auf 75 Prozent erhöht.
Die M. Kempinski & Co. GmbH, Berlin, hat die restliche Zweidrittelbeteiligung an der HGK Hotel Gravenbruch GmbH & Co. KG, Neu-Isenburg, und an der Hotel Gravenbruch GmbH, Neu-Isenburg, erworben.
Die Finanzierung dieser Maßnahmen erfolgte durch einen Sale-and-lease-back-Vertrag für die Grundstücke und Gebäude des Bristol Hotel Kempinski Berlin.

1994

Eröffnung des Hotels Kempinski Airport München.

Ausblick

Geplante Neueröffnungen: Grand Hotel Taschenbergpalais Kempinski Dresden (Ende 1994), Hotel Opera Kempinski Warschau (1996) und Grand Hotel Kempinski Brüssel (1996).

Während früher zeitweise auch Cafés und Restaurants bewirtschaftet wurden, betreibt die Kempinski AG heute ausschließlich Hotels und zwei Großgastronomien.

Zusammengestellt von der Abteilung Öffentlichkeitsarbeit der Kempinski AG, Frankfurt a.M./Neu-Isenburg